Schnell kann jeder.

Mit BEA, dem Schlauchboot,
500 Kilometer durch Friesland.

Sebastian Janotta.

millemari.

KEEP IT SIMPLE,
STUPID.
Sebastian Janotta.

BEA

Inhalt.

WWW.MARREKRITE.NL

1. Törn.

Kapitel 1.

Verdammt! Verärgert sehe ich auf die Mail, die ich eben gelesen habe. Da hatte ich alles so schön organisiert – und dann das. Mein Segelpartner ist abgesprungen! Sollte ich jetzt allein zwei Wochen lang ein Dickschiff übers Ijsselmeer segeln? Zum einen habe ich nicht sonderlich viel Erfahrung, da würden zwei weitere Hände, ganz gleich wie erfahren sie sind, helfen. Zum anderen, und das ist wohl das entscheidende Argument für mich, kann ich mir die Charter für zwei Wochen allein nicht leisten. Ich wollte mir irgendwann etwas Eigenes kaufen, nicht mein Geld bei Vercharterern lassen. Nein, das ist einfach zu viel.

Also was jetzt? Ich könnte mir natürlich eine Jolle an einem See mieten und daneben campen. Aber so ganz will mir das nicht schmecken. Während ich nach möglichen Seen für meinen Plan B suche, stolpere ich in einem Segelforum über ein Thema, über das ich bisher nur wenig gehört habe: besegelte Schlauchboote.

Taugt das überhaupt was? Nun, mit dieser Frage mache ich mich im ersten Moment vielleicht nicht beliebt, aber nachdem ich klarmache, dass mein Interesse durchaus ernsthaft ist, erhalte ich die Antwort: „Ja, die taugen was." Kurzerhand stöbere ich in verschiedenen Verkaufsportalen und finde schließlich meine „Kleine". Natürlich ist sie noch nicht meine, aber sie ist das einzige gebraucht angebotene Schlauchsegelboot, das in meinen SMART passen könnte, ich muss sie haben. In dem Gespräch mit dem Verkäufer einigen wir uns auf einen Preis von 300 Euro. Und mal ehrlich, da kann man eigentlich nichts mehr falsch machen. Jetzt muss ich nur noch warten. Und warten. Und warten. Denn dummerweise hat es das Transportunternehmen geschafft, mein Boot zu verschlampen. Man stelle sich vor: Die haben einfach mein Boot verloren!

Letztlich wird es wieder gefunden. Während ich mich mit Begeisterung ans Aufbauen mache und mein neues Gebrauchtes probehalber ins Wasser schiebe, sehe ich, dass das Schlauchboot nicht dicht ist. Am Boden bildet sich schnell eine kleine, aber unübersehbare Pfütze. Von unten dringt Wasser durch den Rumpf ins Innere. Was jetzt? Alles zurückschicken? Die Zeit bis zum geplanten Urlaubsbeginn wird langsam, aber sicher knapp. Wenn ich das tue, habe ich am Ende vielleicht Urlaub, aber kein Boot. So habe ich mir das nicht vorgestellt.

Doch sie segelt und meine Erwartungen sind nicht groß. Für zwei Wochen Baggersee wird es schon reichen. Und so repariere ich sie schließlich selbst.

Gerade fertig, eröffnet sich mir das nächste Problem: Eigentlich wollte ich auf einem Campigplatz nah an einem See im Saarland campen und eben ein wenig herum segeln. Doch die erste halbe Woche meines Urlaubs ist der Platz ausgebucht. Langsam reißt mir der Geduldsfaden. Statt Yacht – Schlauchsegelboot. Statt Ijsselmeer – Baggersee. Mir reicht's. Ich wollte Fahrtensegeln. Und genau das würde ich auch tun. Das Ijsselmeer mag ja etwas groß sein. Aber was ist mit den Friesischen Meeren? Genau, da würde es hin gehen.

Der Vorbesitzer hatte meinem Boot irgendeinen langen männlichen Namen gegeben – zwei Dinge, die nicht zu mir passen. Ihr alter Name klebt mit viel zu kleinen Buchstaben und längst nicht mehr leserlich auf dem Gummi. Es sieht nicht schön aus und es passt nicht zu mir. Mit insgesamt sechs Klebebuchstaben gedenke ich dies zu ändern: B-E-A. Perfekt!

Darf ich vorstellen: Das ist BEA.

Darf ich vorstellen: Das ist BEA

Wer also ist BEA? BEA ist meine „Kleine“ – ein Schlauchsegelboot der Marke Zephyr (DSB), ein Giopti 2. Gebaut wurde sie Ende der Siebzigerjahre. Man kann sie rudern, segeln mit einem Segel von maximal 5 Quadratmetern oder mit einem Motor von maximal 2 PS ausrüsten. Meine BEA hat keinen Motor und auch keine Motorhalterung. BEA ist gerade mal so groß, dass sie in den Kofferraum meines wahrlich auch nicht besonders großen SMART passt. Und das sind ihre Maße:

- Länge: 2,40 m
- Breite: 1,20 m
- Tiefgang: etwa 50 cm
- Höhe: etwa 4 m, davon 3 m Mast
- Segelfläche: 5 m
- Maximalzuladung: 300 kg bzw. 2 Personen
- Baujahr: 1978
- Sprietsegel (Made in „West-Germany“)
- 2 Schläuche aus Hypalon
- Holzboden
- Mittelschwert
- Gebaut für maximal 4 Beaufort

Kapitel 2.

Freitag, der 22. August 2014

Mein Gepäck für den ersten Törn mit BEA.

- BEA
- Schlafsack
- Isomatte
- Einmannzelt
- 12 Tütenmahlzeiten
- Gaskocher mit Kartusche
- Kochgeschirr
- 1 lange Outdoorhose
- 2 kurze Hosen/Badehose
- T-Shirts
- Pulli und Fleeceshirt
- Ölzeug
- Neopren- und normale Sandalen
- Rettungsweste
- Unterwäsche für zwei Wochen
- 3 Paar Socken
- Bücher
- Kamera
- Tablet und Ladekabel
- Notizbuch, Bleistifte
- Wasserkarte
- Outdoorhandy

Um etwa 14 Uhr komme ich in Stavoren an. Hier führt mich mein Weg ins Tourismusbüro, um einen Marrekrite-Wimpel zu kaufen. Ich will ihn von Anfang an haben. In Friesland gibt es rund 3.500 besonders schöne Marrekrite-Anlegeplätze, die man für drei Tage kostenlos nutzen kann. Zugegeben, an den meisten darf ich mein Zelt nicht aufstellen. Mir gefällt die Idee, dass sich jemand um diese Anlegeplätze kümmert, dass Bojen und Baken gewartet werden und dass der Abfall weggeräumt wird.. Das ist es wirklich wert.

Anschließend geht es weiter zum Tanken, denn mittlerweile ist mein Tank praktisch leer. Bereits bei der letzten Tankstelle wäre es nötig gewesen, ihn aufzufüllen. Jetzt stehe ich bei einer dieser Selbstbedienungstankstellen und stelle ich mich einfach ungeschickt an. Wie soll das bitte funktionieren? Verwirrend. Schließlich kapiere ich, das ich erst meine Karte einstecken muss und kurz darauf ist der Tank wieder voll. Als ich sehe, wie viel ich da getankt habe, wird mir klar, wie knapp mein Vorrat war. Ich hatte nicht mal mehr einen ganzen Liter Benzin im Tank. Glück gehabt. Jetzt ist es an der Zeit, die letzten Meter mit dem Auto zu fahren. Auf nach Warns.

Kaum sage ich dort „Schlauchsegelboot", erinnert sich der Hafenmeister an meine E-Mail. Man kann wohl getrost davon ausgehen, dass hier nicht allzu oft Leute mit aufblasbaren Segelbooten vorbeikommen. Mit Han, dem Hafenmeister, geht es zu einer Wiese am Rande des Yachthafens. Hier darf ich mein Zelt aufschlagen. Lossegeln werde ich heute wohl nicht mehr. Da der Himmel recht dunkel aussieht, nutze ich die Zeit und baue gleich als Erstes das Zelt auf. Bereits während des Aufbaus merke ich, wie ich tief durchatme. Ich bin angekommen. Und es ist so schön hier. All die Boote und das Wasser. Moderne Plastikyachten liegen Seite an Seite mit niederländischen Stahlbooten und den traditionellen Plattbodenseglern im Hafen. Und dann noch das Grün der Bäume. Eine friedliche, geradezu verträumte Kulisse, die so ist, wie ich sie mir erträumt hatte für meinen Törn.

Kaum habe ich meine Seesäcke ins Zelt gebracht, fängt es auch schon an zu regnen. Ich habe keine Lust, nass zu werden, also verkrieche ich mich schnell mit meinen Sachen im Zelt. Das Boot ist in Einzelteilen noch immer im Smart, BEA muss eben bis später im Kofferraum warten. Gelangweilt warte ich geschlagene 30 Minuten darauf, dass es aufhört zu regnen. Ich weiß, dass dies mit Sicherheit nicht der letzte Regen während meines Urlaubs sein wird, und das ist auch gar nicht weiter tragisch. Ich hab ja mein Ölzeug dabei, da kann man auch im Regen aufs Wasser. Aber gerade jetzt? Ich wollte BEA aufbauen. Statt dessen liegt die Kleine im Kofferraum. Kein Aufenthaltsort für ein Boot …

Als der Dauerregen endlich aufhört, mache ich mich an den Aufbau. Als Erstes kommen die Bodenbretter rein, dann muss ich pumpen. Und pumpen. Und pumpen. Ich habe nur eine Handpumpe, keine elektrische, um BEA aufzublasen. Keine Ahnung, warum ich daran nicht gedacht habe. Jetzt ist es eben so, wie es ist. Zuerst pumpe ich den einen Schlauch auf. Dann mache ich eine kurze Pause, damit die mittlerweile heiß gewordene Pumpe abkühlen kann, und mache mich anschließend an den zweiten Schlauch. Endlich steht der Rumpf komplett aufgebaut und aufgepumpt neben dem Zelt.

Rigg, Schwert und Ruder habe ich mir für den Moment gespart. Ich werde sie wohl erst montieren, wenn BEA schwimmt. Das Wetter ist recht gut, also nehme ich mir Zeit für einen Spaziergang durch den Hafen. All die kleinen und großen Boote, die hier vor Anker liegen – hauptsächlich Segelboote – sind einfach ein herrlicher Anblick. Manche sind neu, andere sehen aus, als wären sie schon seit vielen Dekaden unterwegs. 30, 40, 50 oder noch mehr Jahre ist manch eines dieser Schiffe alt. Und das sind noch nicht mal die Klassiker. Ich bin mir sicher, diese Boote wüssten spannende Geschichten zu erzählen, wenn sie nur reden könnten. Doch sie flüstern gewiss nur mit ihrem Eigner, wenn er kopfüber im Motorraum hängt oder sonst irgendwo eine Reparatur durchführt. Sonst bleiben sie stumm und lassen sich von mir bewundern.

Viel wichtiger ist all das Wasser. Sicher, ich bin hier nicht am Meer. Noch nicht einmal an einem See. Aber ich weiß, dass ich von diesem Kanal aus, der gleich neben dem Hafen verläuft, in die weite Welt segeln könnte. Dreht man bei der Ausfahrt aus dem Hafen nach Backbord, statt nach Steuerbord, geht es über Stavoren ins Ijsselmeer. Ab da ist's nur noch ein Katzensprung bis ins Watt und somit in die See. Und vom Watt aus geht es nach Überall. Mein Plan sieht allerdings vor, dass ich mich bei der Ausfahrt nach Steuerbord halte. Ich will ins Innere der Provinz. Zahlreiche Seen – von den Niederländern so wundervoll als Meere bezeichnet – und noch mehr Kanäle warten auf mich. Und ich freue mich darauf. Das kann einfach nur toll werden. Auf Entdeckungsfahrt durch die Kanäle zu gehen ist ein großes Abenteuer im Kleinen. Genau das Richtige für mich.

Nach dem Spaziergang entschließe ich mich, nun doch das Rigg aufzubauen. Es ist nicht viel Arbeit und wird mich beim Wassern nicht stören. Und was getan ist, ist getan! Also stecke ich die Mastteile zusammen, dann dieselben in den Rumpf, knote den Baum an den Mast, daran das Segel. Fertig – mehr Arbeit ist es nicht.

So langsam bekomme ich Hunger. Nachdem ich erfahren habe, dass der nächste Supermarkt in Stavoren ist, setzte ich mich ins Auto.

So viel zu den zwei autofreien Wochen, die ich geplant habe. Aber okay, dann muss ich die zwei Wochen Autofreiheit eben auf nach meinem Einkauf verschieben. Jetzt will ich niederländischen Käse. Und Vla! Besonders Vla! Ich kenne ihn bereits von Fahrradtouren durch die Niederlande, die ich als Kind mit meiner Familie gemacht habe. Es handelt sich dabei um eine Art flüssigen Pudding, der in unterschiedlichen Geschmäckern erhältlich ist.

Allerdings brauche ich auch Brot und das hätte ich, um die Wahrheit zu sagen, besser schon in Deutschland gekauft. Denn hier finde ich statt Vollkorn- nur einfaches Weizen- und Roggenbrot. Nun, Seeleute sind genügsam. Ich gebe mich mit dem zufrieden, was ich finde.

In Anbetracht der Tatsache, dass ich seit dem frühen Morgen nichts mehr Richtiges gegessen habe, sind die Feinheiten des Bäckerhandwerks meinem Magen auch egal. Jetzt, da ich nichts mehr zu erledigen habe, knurrt er deutlich hörbar und fordert von mir Beschäftigung. Mit Essen – am besten mit etwas Leckerem. Ich habe keine Lust, großen Aufwand zu betreiben oder lange zu warten und bin auch nicht so wählerisch ... Also reiße ich eine Tüte mit der Aufschrift „Rindfleischsuppe mit Fleischklößchen" auf und schütte sie in kochendes Wasser. Für die Zubereitung dieser Mahlzeit reicht auch mein kleiner Gaskocher. Die Suppe schmeckt okay, vor allem weil sie tatsächlich sättigt und sich mein Magen allmählich etwas beruhigt. Zum Nachtisch gönne ich mir eine Schale Double Vla, eine Mischung aus Schokolade und Vanille. Sehr lecker. Und vor allem: Die Niederländer machen echt guten Vla. Was man in Deutschland als Vla vorgesetzt bekommt, ist dagegen nur ein müder Abklatsch.

Was dieses Abendessen zu etwas Besonderem macht, ist das Wetter. Fast alle Wolken haben sich verzogen. Nur noch ein paar kleine helle Wölkchen ziehen über mir vorbei, sonst ist der Himmel blau. Aber nein – eigentlich nicht blau, denn die Sonne geht langsam unter und färbt den Himmel rot-orange-gelb. Im Vordergrund dieser traumhaften Kulisse: der Hafen. Ein wundervolles Bild, ein Traum. Ich liebe es – und freue mich auf die nächsten Wochen.

Samstag, der 23. August 2014

Um 6:30 Uhr am nächsten Morgen stehe ich auf. Ich will aufs Wasser, lossegeln. Aber erst mal heißt es Frühstück – natürlich Vla – und duschen. Das zieht sich länger hin, als gedacht. Auch habe ich noch nicht für die Nacht bezahlt und will das natürlich erledigen, bevor ich ablege. Ich komme zwar in zwei Wochen wieder, mein Auto steht auf dem Parkplatz, aber einfach zu verschwinden erscheint mir falsch. Das bedeutet, ich muss den Hafenmeister finden. Nach einigem Suchen finde ich ihn schließlich im *Stormvogel* – dem Hafen gleich auf der anderen Seite der Brücke, für den er ebenfalls zuständig ist.

Nachdem ich also für die Nacht bezahlt habe, kann es losgehen. Oder jedenfalls fast, denn zunächst muss BEA ins Wasser. Zunächst verfrachte ich sie auf eine Bauplane, um den Rumpf beim Transport zu entlasten, und ziehe sie dann bis zum Ende der Grasfläche. Hier geht es etwa 30 Zentimeter nach unten ins Wasser. Und was mache ich? Ich werfe BEA kurzerhand in die Tiefe. Über die Kante geschoben landet sie, den Gesetzen der Schwerkraft folgend, im Wasser. Ganz einfach. Nur habe ich nicht daran gedacht, alles zu sichern, was lose im Boot liegt, oder es an Land zu verwahren. Und so geht als Erstes eine Leine über Bord. Beinahe wäre das Spriet verloren gegangen – und das wäre wirklich schlimm gewesen.

Auf eine Leine kann ich verzichten, auf das Spriet hingegen nicht. Nun muss ich nur noch meine gepackten Seesäcke, die Umhängetasche und meinen Rucksack ins Boot laden, das Ruder inklusive Pinne befestigen und das Schwert in den Schwertkasten in der Bootsmitte stecken. Fertig. Es kann endlich losgehen.

Und so mache ich, zum ersten Mal als Bootseigner, die Leinen los. Auf dem Baggersee hatte ich BEA einfach nur ins Wasser geschoben und los ging's, so ganz ohne an- und ablegen. Jetzt gilt es, ein sauberes Manöver zu fahren. Gleich zu Beginn der Reise macht es mir BEA nicht gerade leicht. Dabei will ich nur die kurze Strecke aus dem Hafen raus und auf den Kanal kreuzen. Sie scheint aber einen eigenen Kopf zu haben und hat viel mehr Lust, kreuz und quer durch den Hafen zu segeln. Eben überallhin – nur nicht dahin, wo ich hin will. Vielleicht ist ein weiblicher Name doch keine so gute Wahl für ein Boot?

Ich komme nicht umhin, mich zu fragen, ob BEA mir damit nicht vielleicht etwas sagen will. So was im Sinne von: „Das wird nie was." Oder: „Lass es lieber gleich!" Ich fange tatsächlich an, darüber nachzudenken, ob es nicht sinnvoller wäre, wieder anzulegen, das Ganze abzublasen. Nein! Ich weiß einfach, dass ich heute los muss. Es ist im Grunde egal, wie weit ich komme. Und wenn ich im Stormvogel schon wieder anlege, ist das auch okay. Wichtig ist nur, dass ich überhaupt loskomme – auch wenn ich hier vermutlich das lächerlichste Hafenkino seit Langem biete. Würde es nicht schütten, wären die Stege mittlerweile vermutlich voll von Seglern, um sich das Schauspiel „BEA segelt auf dem Kanal" aus nächster Nähe anzusehen. Dennoch bin ich mir sicher, dass mich der ein oder andere aus seiner Kajüte beobachtet. Immerhin, ich sehe niemanden. Eine geschlagene dreiviertel Stunde versuche ich, hier raus zu kreuzen. Schließlich gebe ich auf, greife zum Paddel und rudere einfach aus dem Hafen. Fast unnötig zu erwähnen, dass sich der Wind, kaum bin ich auf dem Kanal, stark abschwächt und ich ganz gemütlich in Richtung Brücke segeln kann. Außerdem hört der Regen auf.

Sofort verraucht mein Ärger. Ich segele. Ich bin unterwegs. Alles ist gut. Links ein Hafen, rechts ein Hafen und vor mir das süße Dorf Warns mit seiner Brücke auf. Dieses Bild muss ich einfach in mich aufsaugen. Viel zu schnell bin ich bei der Brücke, an der ich warten muss.

Erst später erfahre ich, dass ich einfach den Knopf für die Brücke drücken und um Öffnung hätte bitten können. Nur – um das zu tun, hätte ich wissen müssen, dass es diesen Knopf überhaupt gibt. So bleibt mir eben nur das Warten. Dabei kommt mir das eigentlich ganz gelegen. Denn – ob jetzt von oben oder von unten – in BEA hat sich Wasser gesammelt, das ich in der Zwischenzeit mit einem Schwamm nach draußen befördere. Zwar habe ich Neoprensandalen an, möchte aber nicht jetzt schon im Nassen sitzen. Es funktioniert gut mit dem Schwamm, wohl auch, weil sich die Wassermenge an Bord noch in Grenzen hält. Kaum bin ich fertig, kommen mehrere Yachten an, die sich hier besser auskennen und den Knopf drücken.

Da ich nur auf die Ampel geachtet habe, die neben der Brücke angebracht ist, bekomme ich das allerdings gar nicht mit. Bei der Brückendurchfahrt mache ich mich erneut zum Affen und versperre, kaum bin ich unter der geöffneten Brücke, die Durchfahrt komplett. Hastig beginne ich zu paddeln und hebe entschuldigend die Hand. Eigentlich hatte mein Plan keine Verkehrsbehinderung vorgesehen. Aber passiert ist passiert und die Crews der Boote, die nun an mir vorbeifahren, sehen auch nicht sonderlich verärgert aus.

Nun liegt er endlich vor mir: der Kanal. Es ist wunderschön hier. Wie sich das Schilf im Wind wiegt und dazu das Wasser, das die Sonne reflektiert … Überall ist Leben. Kleine Insekten auf, Fische im Wasser, Vögel über mir – und doch ist es, kaum sind die Yachten mit ihren blubbernden Motoren davongefahren, ruhig. Gemütlich segeln BEA und ich über den Kanal. Von der Geschwindigkeit einer Jolle oder gar foilender Flitzer kann wirklich keine Rede sein, aber das habe ich auch nicht erwartet. Was ich tue, kann man getrost nennen: Zen und die Kunst, ein Schlauchboot zu segeln.

Wenige Minuten nachdem ich den letzten Hafen in Warns hinter mir gelassen und auf den ersten See gefahren bin, höre ich hinter mir ein bedrohliches Donnern. Ein Blick nach hinten bestätigt meine Befürchtungen: Es nähert sich eine schwarze Unwetterfront. Also nichts wie an Land. Oder nein: besser in den nächsten Hafen. Ich schaffe es noch bis zum nächsten See, dem De Morra-See, dann fängt es auch schon an zu schütten. Zum Glück trage ich bereits mein Ölzeug. Ich habe gar keine Lust, darüber nachzudenken, wie das hier sonst ausgegangen wäre. Trotz des schlechten Wetters fällt mir auf, was für ein schönes Gewässer der De Morra ist. Natur rundherum. Ich kann mich leider nur kurz darüber freuen, dann muss ich mich wieder ganz auf den Kanal konzentrieren. Eigentlich hatte ich ja vorgehabt, den nächsten Hafen anzufahren, aber dieser entpuppt sich als irgend so ein Nobelschuppen mit Hotel im Hafen.

Obwohl ich dringend vom Wasser weg muss – es grollt gefährlich nah –, will ich hier nicht bleiben. Ich weiß, dass es nur ein paar Meter weiter einen zweiten Hafen gibt. Und schlimmer als das hier kann es nicht sein. Es ist erst 14 Uhr, als ich BEA neben einer Sliprampe festmache. Noch immer gießt es in Strömen. Schnell wird mir klar, dass dies kein reiner Yachthafen, sondern eine Mischung aus Yachthafen und Campingplatz ist. Nun, auch okay. Hauptsache, ich bin nicht auf dem Wasser, wenn das Gewitter direkt über mir ist. Und das ist ziemlich genau jetzt. Beim Betreten der Rezeption grinst mich ein Mann in Ölzeug an, der Kleidung nach – wasserdichte Seglerjacke und vor allem wasserdichte Hosen – ist er selbst ein Segler.

„So sieht Wassersport aus!"

Ich kann nicht anders, ich freue mich. Das ist mal ein Kompliment! Als man von mir 16 Euro für eine Nacht im Hafen verlangt, muss ich schlucken. Dabei liegt BEA aufgrund ihrer Größe sogar kostenlos, nur für mich kostet es etwas. Vor die Alternative gestellt, im Unwetter auf das mit Abstand größte Gewässer zu segeln, auf dem ich mit BEA bisher unterwegs war, wird mir klar, das ich nicht Nein sagen werde. Wenigstens ist in dem Preis der Eintritt ins hafen- und campingplatzeigene Hallenbad inbegriffen.

Ich habe gerade die Rezeption verlassen und die ersten Schritte Richtung Boot gemacht, als es aufhört zu regnen. Also wirklich! Jetzt habe ich bezahlt, also bleibe ich auch. Zunächst lade ich alles aus dem Boot aus und baue das Zelt auf. So ganz traue ich dem Wetter nicht. Bevor es wieder anfängt zu regnen, brauche ich ein Dach über dem Kopf, wohin ich mich verkriechen kann. Dank des Ölzeugs sehe ich zwar aus, als wäre ich ins Wasser gefallen, meine Kleidung und ich selbst sind jedoch absolut trocken.

Nachdem das Zelt erledigt ist, kommt BEA aus dem Wasser. Das heißt: Schwert hochholen, Ruder mit Pinne abbauen und eine Plane bereitlegen – denn auch hier möchte ich den Rumpf meines alten Schlauchboots nicht direkt über die grobe Betonrampe ziehen. Schon mit der Plane als Rutschhilfe bereitet mir die bloße Vorstellung Bauchschmerzen. Aber ich muss sie rausholen. Meiner Rumpfreparatur ist nicht unbedingt zu trauen. BEA soll nicht unbeaufsichtigt über Nacht im Wasser zu bleiben. Mithilfe der Bauplane kann ich zumindest das Schlimmste verhindern und parke BEA schließlich an Land, gleich neben dem Zelt. Näher kann ein Boot nicht liegen.

Ich hoffe einfach, keinen großen Schaden angerichtet zu haben. Ein wenig Wasser kommt noch immer von unten durch. Nicht viel, aber genug, um mich zu beunruhigen. Es ist kein Drama, es darf eben nur nicht zu viel werden. Als ich es wieder Rumpeln höre und sehe, dass sich das nächste Unwetter nähert, bin ich froh, hiergeblieben zu sein. Weitersegeln wäre toll gewesen, aber ich muss bei einem Unwetter mit BEA nicht auf dem Wasser sein.

Nun kann ich mit dem Rest des Tages ... ja, was eigentlich? Nach kurzer Überlegung schnappe ich mir mein Handtuch und ziehe Badesachen an. Ich werde ins Schwimmbad gehen. Erst mal wird geduscht – ich habe geschwitzt und fühle mich nicht sauber. Danach geht es ab ins Becken. Das Wasser ist warm, und obwohl es gechlort ist, riecht es nicht danach. Trotzdem halte ich es nur eine Stunde hier aus. Das Wasser ist angenehm, aber wirklich schwimmen kann man nicht. Es ist einfach zu klein, überall toben Kinder mit ihren Eltern herum. Ich freue mich für sie, dass sie ihren Spaß haben, für mich ist das aber zu viel Trubel und irgendwann wird es mir auch zu eintönig. Also geht's raus aus dem Wasser, abtrocknen und zurück zum Zelt. So weit komme ich gar nicht. An einem Becken, das durch einen L-förmigen Steg vom Kanal her abgetrennt ist, sehe ich mehrere Optis. Während die Eltern in aller Ruhe an Land stehen, üben hier zwei Kinder das Segeln auf diesen Kleinstbooten. Ein tolles Bild und eine geniale Idee! Die Eltern müssen sich keine Sorgen machen, denn das Becken ist nicht übermäßig groß. Würde etwas passieren, wären sie schnell bei den Kleinen. Wegsegeln geht auch nicht, schließlich ist es ein abgeschlossener Bereich.

BEA im Hafen De Kulliart.

Die Kinder fahren ein Manöver nach dem anderen und scheinen ihren Spaß zu haben. BEA ist mit ihrer Länge von 2,40 Meter gerade mal 10 Zentimeter größer als die kindertauglichen Optimisten.

Auch wenn es Spaß macht, ihnen dabei zuzusehen, gehe ich irgendwann zurück ins Zelt. Noch ist es zu früh fürs Abendessen und so hat mein Kopf Zeit zum Denken. Gewöhnlich ist das ja etwas Gutes, in diesem Fall hingegen eher weniger. Zu viele Gedanken wirbeln mir durch den Kopf.

In mein Logbuch schreibe ich: „Bin ich verrückt? Das Wetter ist schon für Wanderjollen und Yachten schlecht. Was mache ich mit BEA hier?“

Die Zeit vergeht. Im Laufe des Abends kündigt mein Magen durch ein leises Grummeln an, dass er hungrig wird. Also: Wasser zum Kochen bringen, Tüte aufreißen und Nudeln mit Sahne-Speck-Soße rein. Von genussvollem Essen kann auf dieser Reise keine Rede sein, aber es ist okay und macht satt. Obwohl der Abend wirklich schön wird und mir die Aussicht auf all die Boote sehr gefällt, kann ich nicht abschalten. Selbst ein Buch reicht nicht, um mich von meinen Zweifeln zu befreien. War's das jetzt vielleicht schon? Das Wetter ist schlecht, das Boot leckt … Soll ich morgen zurück nach Warns – möglicherweise sogar zu Fuß – und den Törn beenden, kaum dass er begonnen hat? Denn eigentlich habe ich mir mehr vom ersten Segeltag erhofft. Ich wollte jetzt schon De Fluezen und das Heeger Meer hinter mir haben. Und nicht noch davor im Hafen liegen, geflüchtet vor einer kleinen Gewitterfront. Ich bin nervös. Unruhig. Schließlich gelingt es mir, doch noch in einen, wenn auch unruhigen, Schlaf zu fallen.

Kapitel 3.

Sonntag, der 24. August 2014

Obwohl ich nicht gut geschlafen habe, bin ich beim Aufwachen am nächsten Morgen gut gelaunt. Mehr als das. Alles scheint wieder gut zu sein. Vergessen sind die Zweifel und Sorgen vom letzten Tag. Aufgeben? Warum? So schlimm ist es gestern nicht gewesen. Eigentlich sogar schön! Vielleicht muss ich mehr Rücksicht auf das Wetter nehmen als erwartet, aber das ist auch kein Drama. Ich fühle mich fit und bereit für den Tag, ganz gleich was er auch bringen mag. Beim Verlassen des Zeltes hatte ich eigentlich nur vor, kurz die Waschräume aufzusuchen. Als ich bemerke, wie schön es ist, so ruhig und außer mir niemand unterwegs, beschließe ich, weiter zu laufen.

Zwischen Booten, Zelten und Campingwagen laufe ich entlang dem Ufer den Campingplatz ab. Dabei entdecke ich sogar ein weiteres besegeltes Schlauchboot – einen Schlauchbootkatamaran. Noch kann man sich kaum vorstellen, dass hier bereits in wenigen Stunden Hunderte, wenn nicht sogar Tausende Menschen unterwegs sein werden. Alles ist still und scheint geradezu verlassen. Ich genieße die Ruhe, bevor ich mich zurück zum Zelt begebe.

Mein Frühstück besteht (natürlich) aus Vla und etwas Brot mit Käse. Währenddessen sehe ich mir die Wasserkarte genau an und mache meine Planung für den Tag. Weiter im Voraus denke ich nicht. Ich entscheide mich dafür, heute De Fluessen und das Heeger Meer zu überqueren. Dahinter gibt es einen Marrekrite-Platz, an dem man meines Wissens auch zelten darf. Sollte ich dann noch weiter wollen, kann ich mir die Karte erneut vornehmen. Um 8:30 Uhr stehe ich im campingplatzeigenen Supermarkt. Dort kaufe ich Brötchen und Kaba für ein zweites Frühstück. Das ist zwar eigentlich nicht meine Art – ich bin schließlich kein Hobbit –, aber irgendwie habe ich gerade Lust darauf.

Ich wäre um 9:30 Uhr auf dem Wasser gewesen. Das Zelt ist abgebaut, das zweite Frühstück verspeist und BEA liegt im Wasser. Die Betonung liegt auf „wäre“, denn als ich beginne, all mein Gepäck zu verstauen und mit einer Leine zu sichern, werde ich von einer Gruppe Segler angesprochen. Sie sind neugierig und wollen mehr über mein Boot wissen. Ob ich wirklich nur mit diesem Boot unterwegs sei? Aber natürlich.

Begierig betrachten sie BEA, weitere Fragen prasseln auf mich ein. Wo ich sie her hätte, wo ich gestartet und wie lange ich schon unterwegs sei und wo es hin gehe. Geduldig beantworte ich alle Fragen. Ich werde regelrecht interviewt. So gerne ich auf dem Wasser wäre – ich bin stolz auf meine Kleine und freue mich über das ihr entgegengebrachte Interesse. Also beantworte ich alle Fragen, während ich, wenn auch nur langsam, mein Gepäck sichere und sogar das Segel setze. Um 10 Uhr wird es wirklich Zeit, ich löse die Leinen, mit denen ich BEA neben der Sliprampe festgemacht hatte. 3 Beaufort schieben mich zügig aus dem Hafen.

Über mir scheint die Sonne und kitzelt meine Haut – ein angenehmes Gefühl. Schnell bin ich mitten auf dem See und mitten in der Natur. Eine kleine Welle lässt BEA schaukeln. Nicht stark. Sie bremst nicht, ist nicht unangenehm. Eher das genaue Gegenteil. Das leichte Schaukeln lullt mich ein, verleiht mir noch mehr das Gefühl, unterwegs zu sein. Einfach perfekt. Auch ein paar andere Boote sind auf dem Wasser.

Egal ob mit oder ohne Rigg, alle haben ihre Motoren an und brummen über das Wasser. So weit ich sehen kann, nutze ich als Einziger diesen See, um zu segeln. Irgendwie schade – immerhin sind die Bedingungen geradezu perfekt. Oder zumindest fast, mir ist es ein bisschen zu warm. Hin und wieder wäre es nicht verkehrt, wenn mir ein kleines Wölkchen kurzzeitig Schatten spenden würde. Aber ich will nicht fordernd sein. Auch so ist's ein toller Schlag. Bald schon bin ich auf De Fluessen.

Es ist ein für meine Möglichkeiten riesiges Gewässer. Der Wind drückt jetzt von hinten und ich habe das Gefühl, als würden wir nur so übers Wasser fliegen. Nichtdestotrotz überholt mich jedes Boot, das sich von hinten nähert. Auch hier haben die meisten gar kein Segel gesetzt, sondern lassen ihre Motoren laufen. Für mich ist es ein Genuss, hier zu sein. Was für ein Bild! Das weite Wasser, das Ufer voller Schilf und mittendrin mehrere Inseln mit Bäumen und Sträuchern. Ein toller Anblick.

Allzu lange kann ich diese Aussicht nicht genießen. Bei einem zufälligen Blick nach hinten sehe ich wie schon tags zuvor eine große, dunkle Wolke, die sich uns zügig nähert. Schräg vor mir befindet sich eine Marrekrite-Insel und ich beschließe, dort Schutz zu suchen. So wie es auf der Karte aussieht, gibt es in der Insel eine Bucht und ich hoffe, dort vor dem Schlimmsten geschützt zu sein. Also heißt es: Kurs ändern und so schnell wie möglich ab in die Bucht. Doch es ist bereits zu spät.

Kurz bevor ich die Einfahrt erreiche, greift eine Böe in das Segel und BEA beginnt zu krängen. Schnell sorge ich mit meinem Gewicht für einen Ausgleich. Zeitgleich fängt es an zu schütten und alles um mich herum wird grau. Ich schaffe es, mich in den Windschatten einiger Bäume zu retten. Hier ist der See nicht ganz so wild. Während es gleich neben BEA so stark pustet, dass ich darauf achten müsste, nicht zu kentern, ist es hier nahezu windstill. Ich muss sogar paddeln, um vorwärtszukommen.

Schließlich bekommt mich doch noch eine Windböe zu fassen. BEA macht das nichts aus, meinem Käppi hingegen schon. Es geht auf dem schnellsten Wege über Bord – nicht akzeptabel, ich habe es mir extra für diesen Törn gekauft. Also drücke ich die Pinne von mir weg und schieße aus dem windgeschützten Bereich heraus. Der Wind erfasst BEA. Sofort muss ich sie stabilisieren. Es gilt, sich zu beeilen, denn es wird nicht unbegrenzt lange schwimmen. Also: „Käppi über Bord!"

Regen schlägt auf mein Ölzeug, Wind drückt auf Boot und Skipper, während ich eine Wende fahre. Ganz perfekt ist das Manöver nicht: Statt neben meiner Kopfbedeckung zum Stehen zu kommen, fahre ich daran vorbei und fische es wieder aus dem Wasser. Zu meiner Ehrenrettung kann ich sagen, dass ich gar nicht vorhatte, prüfungsgerecht mein Boot zum Stehen zu bringen. Ein Käppi bekommt man auch so gut rein. Nach erfolgreicher Rettung segle ich nicht zurück in den windgeschützten Bereich neben den Bäumen, sondern direkt in die Bucht.

Hier ist der Wind deutlich sanfter, er beträgt schätzungsweise um die 2 Windstärken. Im strömenden Regen beginne ich, Kreise zu segeln, denn an Land holen, kann ich BEA hier nicht so einfach. Mit dem Zelt bleiben kann ich außerdem sowieso nicht. Zudem befinden sich die Poller zum Festmachen erschreckend weit weg vom Wasser.

BEA im Gewitter.

Warum das so ist, will sich mir nicht so ganz erschließen. Nach nur einer Runde unter strömendem Regen werde ich von der Besatzung einer Yacht gerufen, die hier fest gemacht hat. Sie fordern mich auf, neben ihnen festzumachen und an Bord zu kommen. Das lasse ich mir nicht zweimal sagen. So lustig ist es nun auch wieder nicht, in strömendem Regen Kreise zu segeln.

Bei der Crew handelt es sich um eine niederländisch-deutsche Familie, bestehend aus den Eltern Ragna und Bob sowie dem Sohn Klaas. Alle drei sind begeisterte Segler. Sie laden mich ein, reinzukommen und mich mit einem heißen Tee aufzuwärmen. Im Niedergang ziehe ich schnell mein Ölzeug aus, um nicht alles nass zu machen. Kaum ist das getan, drückt Ragna mir auch schon eine dampfende Tasse Tee in die Hand, an der ich zu nippen beginne. Zunächst geht es um mein „Käppi über Bord". Sie haben es beobachtet und sogar Bilder davon gemacht. Mann, BEA sieht einfach geil aus. Und das in dem Wetter ...

Ich bin beeindruckt von meiner Kleinen und frage, ob ich die Bilder bekommen könnte. Natürlich, kein Problem, und so gebe ich ihnen meine E-Mail-Adresse. Schließlich wendet sich das Gespräch weg von BEA und hin zu ihnen. Sie erzählen mir von ihrem Boot und dem Törn, der gerade hinter ihnen liegt. Sie sind gestern von Enkhuizen hierher gesegelt und werden ihren Urlaub bald in Sneek beenden. Gespannt lausche ich ihren Erzählungen. Es entwickelt sich ein angenehmes Gespräch, das auch nicht aufhört, als das Unwetter schon längst weitergezogen ist.

Doch irgendwann müssen und wollen wir alle weiter. Sie nach Sneek, ich über den De Fluessen. Klaas begleitet mich ein Stück mit dem Dingi der Familie. Obwohl sein Motor auf der niedrigsten Stufe läuft, ist er schneller als ich. Er muss immer wieder warten. Währenddessen machen Ragna und Bob die Segelyacht fertig und legen schließlich ebenfalls ab. Kurz nach mir verlassen sie die Bucht. Ich sehe eine Kamera, sie machen anscheinend noch mehr Fotos von mir. Während Klaas den Motor aufheulen lässt und seinen Eltern folgt, hebe ich die Hand zum Abschied. Die Begegnung war in all ihrer Kürze wunderbar und hat mir sehr viel gegeben.

Während ich mit BEA langsam über De Fluessen segle, behalte ich die Yacht im Auge. Kurz nach dem Verlassen der Bucht schalten sie den Motor aus, setzen die Segel und werden mir so nur noch sympathischer. Das Wetter ist wieder angenehm sonnig, es gibt guten Segelwind und ich bin glücklich. Sie haben mir prophezeit, dass das nicht die letzte Begegnung dieser Art werden würde. Ob sie damit wohl Recht behalten? Ich bin gespannt.

So vergeht die Zeit und ich denke an eine Pause. Gegenüber vor Heeg liegt eine Insel. Dort will ich anlegen. Hier befindet sich sogar ein kleiner Hafen, denn die Insel ist Teil des Passantenhafens Heegerwal. Bis hierher habe ich immer wieder die Yacht der Familie in der Ferne gesehen, jetzt ist sie verschwunden. Ich kann nur annehmen, dass sie bereits auf dem Kanal ist, auf den auch ich muss. Ich raste nur kurz und lege schnell wieder ab, folge dem Inselverlauf und sehe kurz hinter den letzten Bäumen die Einfahrt in einen Kanal. Vorwärts!

Auf dem Heeger Meer scheinen die Wellen etwas höher zu sein als auf De Fluessen. Die Natur ist aber genauso schön. Und ich genieße die Bewegungen, mit denen BEA die Wellen hoch und wieder runter gleitet. Kurz darauf bin ich auf dem Kanal. Die Fahrt wird wieder ruhiger. Etwas aber ist seltsam: Laut Wasserkarte sollte der Kanal kerzengerade nach Osten führen. Der Verlauf hier ist aber eher treppenartig. Eine Biegung nach der anderen. Seltsam. Trotzdem folge ich dem Kanal weiter. Erst kurz vor dem Yachthafen De Rakken in Woudsend merke ich, dass ich mich auf dem falschen Kanal befinde. Irritiert von dieser Feststellung komme ich nicht auf die Idee, auf der Karte nach einer Alternativroute zu suchen. Dabei hätte ich festgestellt, dass ich einfach weitersegeln könnte, um über den nächsten Kanal wieder nach Norden, auf Halbwindkurs, und dann zu dem angepeilten Marrekrite-Platz zu kommen. Oder ich hätte einfach in Woudsend rasten können. Auf diese naheliegende Idee komme ich nicht.

Stattdessen wende ich und versuche, gegenan zu segeln. Dummerweise geht das nicht ganz so gut: Denn BEA ist ungelenk, wenn es ums Kreuzen geht. Bei der leichten, durch den Wind entstehenden Strömung, ist es geradezu unmöglich. Bestenfalls gelingt es mir, die Position zu halten, schlimmstenfalls geht es rückwärts. Generell verhält es sich auf meiner Route so: Während ich die Teilabschnitte nach

Westen rudern muss, kann ich die nach Norden segeln. Also wird das Paddel ausgepackt. Mit starken Schlägen beginne ich gegenan zu rudern. Das ist anstrengend, besonders in den Biegungen komme ich kaum voran. Kurz nachdem ich angefangen habe, stoppt neben mir ein offenes Motorboot auf und bietet an, mich ins Schlepp zu nehmen. Mit einem freundlichen „Nein, danke“ lehne ich ab – ich Idiot! Manchmal tut Dummheit tatsächlich weh, denn ich muss nun geschlagene zwei Stunden rudern, um wieder zurück aufs Heeger Meer zu kommen. Der Kanal ist zwar eigentlich recht schön, aber es ist wirklich kräftezehrend und mein untrainierter Körper ist nicht wirklich dafür geeignet. Verbissen kämpfe ich mich durch. Das habe ich mir selbst eingebrockt, also werde ich mich auch selbst wieder hier rausholen.

So anstrengend es auch ist, schließlich gelingt es mir. Das Heeger Meer empfängt mich mit einer hohen See und starken Winden. Ich muss immer wieder ausreiten, um zu verhindern, dass BEA kentert. Wirklich auf Fahrt kommen wir nicht. Immer wieder kracht der Bug in ein Wellental und verlangsamt auf diese Weise das ohnehin schon geringe Tempo noch zusätzlich. Während ich also langsam auf die Insel, mein erneutes Ziel, zurücksegle, passiert das nächste Unglück. Der Achtknoten, mit dem ich die Schot gesichert habe, öffnet sich in der rauen See und die Schot rauscht durch. Plötzlich ist der Baum frei, das Segel stellt sich in den Wind und beginnt zu killen. Das Heeger Meer ist zu ungemütlich, um die Schot in Ruhe wieder einzufädeln und mit neuen Achtern zu sichern, stattdessen packe ich mit der freien Hand den Baum. Schon bin ich kein Einhandsegler mehr, sondern ein „Keinhandsegler“. Wenigstens befinde ich mich nahe der Insel. Seitdem die Schot durchgerauscht ist, schlägt mein Herz schneller, ein Adrenalinschub gibt mir neue Kraft. So schnell wie möglich steuere ich das Hafenbecken an, wo ich die Schot wieder einfädeln könnte.

Erst einmal im Hafenbecken angekommen, kann ich genauso gut auch anlegen. Obwohl ich eigentlich keine Hand frei habe, geht es recht gut. Langsam suche ich mir meinen Weg an den anderen Booten vorbei, bis ich an eine passende Stelle komme. Dort mache ich fest. Dafür steuere ich ganz normal den Liegeplatz an. In dem Moment, in dem BEA richtig positioniert ist, löse ich meine Rechte vom Baum und packe das Land. Schnell ist BEA festgemacht, und noch bevor ich das Sprietsegel einhole, wird die Schot wieder eingefädelt. Gleich geht es mir besser. Ich bin nervös. Aber nicht etwa wegen der rauen Überfahrt oder weil die Schot durchgerauscht ist. Das ist alles halb so wild und kann passieren.

Nein, es wird BEAs erste Nacht im Wasser. Das Leck scheint nicht sonderlich schlimm zu sein, es kommt kaum Wasser durch und sie kann doch recht viel ab. Nachdem all mein Gepäck an Land verfrachtet ist, spanne ich eine Bauplane wie eine Persenning über sie. Diese deckt zwar auch den Steg mit ab, aber das ist mir egal. Wenn es jemanden stört, kann er oder sie auch über die angrenzende Wiese laufen. Der Ort ist gut für diesen ersten Versuch. Der Liegeplatz ist ausgesprochen geschützt, das Hafenbecken zu klein, um in den Böen ernsthafte Wellen aufzubauen. Durch seine Form kann ich mir nicht vorstellen, dass Wellen vom Heeger Meer bis hierher gelangen. Außerdem ist der Platz recht windgeschützt. Etwas Besseres werde ich so schnell nicht finden. Nun baue ich das Zelt auf, natürlich schön nah bei BEA. Der Nachmittag ist schon weit fortgeschritten, trotzdem entschließe ich mich dazu, noch einen Spaziergang über die Insel zu machen. Sie ist recht groß, man kann sich richtig bewegen. Es gibt mehrere kleine Trampelpfade und viele versteckte Ecken. Ich finde sogar ein paar Zelte, die man vom Hafen aus nicht sehen kann. Auch andere suchen offenbar die Einsamkeit.

Die Bewegung tut mir gut. Wieder zurück beim Zelt, reiße ich eine weitere Fertigpackung auf und schütte sie in kochendes Wasser: Abendessenszeit.

Bis kurz vor Sonnenuntergang passiert nichts. Dann nähert sich ein Schnellboot der Insel. Der Hafenmeister kommt, um die Liegegelder zu kassieren. Dabei weigert er sich, für BEA mehr als 2 Meter Länge zu berechnen. 2,40 Meter? Ach was, 2 Meter, die zusätzlichen 40 Zentimeter sind ihm egal. Nicht, dass es preislich einen großen Unterschied gemacht hätte, trotzdem ist er mir dadurch gleich sympathisch. Während ich abends im Zelt liege und einschlummere, höre ich, wie eine der Gruppen auf der Insel singt. Es ist nicht etwa Gegröle, nein, sie sind gut. Es ist angenehm, ihnen zuzuhören, während ich langsam in den Schlaf gleite.

Montag, der 25. August 2014

Mitten in der Nacht schrecke ich aus dem Schlaf. Immer wieder kreist ein Hubschrauber über der Insel und durchdringt mit seinem lärmenden Motor die nächtliche Stille. Zunächst versuche ich wieder einzuschlafen, doch nach mehreren Überflügen bin ich hellwach. Was soll das? Wieso muss er hier mitten in der Nacht herumfliegen? Schließlich stehe ich auf. Da ich wach bin, muss ich auf die Toilette. Außerdem könnte ich bei diesem Lärm so schnell sowieso nicht wieder einschlafen.

Draußen erwartet mich eine Überraschung, die wenigstens teilweise für die nächtliche Ruhestörung entschädigt. Auf der Wiese neben dem Zelt hoppeln Hasen herum. Sie springen munter umher, jetzt, wo all die Menschen der Insel schlafen oder zumindest in ihren Zelten und Booten verschwunden sind. Obwohl ich niemand anderen hier draußen sehe, bin ich davon überzeugt, dass ich nicht als Einziger von dem Lärm geweckt wurde. Erleichtert kehre ich nach einiger Zeit ins Zelt zurück und nach etwa einer halben Stunde wird es wieder ruhig. Der Hubschrauber hat endlich abgedreht. Und schon bald sinke ich zurück ins Reich der Träume.

Ein paar Stunden später wache ich wieder auf. Es ist noch früh. Trotzdem packe ich geschwind meine Sachen zusammen und baue das Zelt ab. Ich will nach Heeg, die Dusche im Hafen benutzen. Laut Hafenmeister benötige ich dafür 50-Cent-Stücke, darum hatten wir uns gleich beim Bezahlen gekümmert. Kaum ist alles verstaut und noch bevor die anderen aus ihren Kojen gekrochen sind, lege ich ab. Der Schlag ist kurz und angenehm. Eine freundliche Brise treibt BEA über das ausgesprochen ruhige Heeger Meer. Leider ist es bewölkt. Der Himmel über mir verschwindet hinter einer dicken, grauen Wolkendecke.

Unter der Dusche lasse ich heißes Wasser über mich plätschern. Es ist angenehm warm, aber nicht heiß. Meine vom Rudern verspannten Muskeln fangen an, sich zu entspannen. Anschließend heißt es wieder anziehen und ab zum Hafenmeister. Der arbeitet bereits und erklärt mir auf Nachfrage, wo ich den nächsten Supermarkt finde. Heeg gefällt mir. Es ist eine gemütliche Stadt, mit schönen Häusern, durchzogen von Kanälen. Mein Herz lacht.

Ich mag diese alten Orte einfach. Man entdeckt an vielen Ecken etwas Maritimes. Das macht diese Orte für mich nur noch schöner. Fast bin ich ein bisschen traurig, dass ich schon nach wenigen Minuten am Supermarkt ankomme, wo ich mich wie üblich mit Vla, außerdem Eierkuchen und einem Einmalgrill sowie ein paar Würstchen fürs Abendessen eindecke. Ein besonderer Fund ist aber etwas anderes: Spekulatiuscreme. Ich kenne sie von einer Klassenfahrt nach Belgien – und kann auch dieses Mal nicht widerstehen. Somit landet auch ein Glas davon in meinem Körbchen, bevor ich an die Kasse gehe. Karte rein, Pin eingeben und schon bin ich wieder raus. Hier in den Niederlanden ist es ganz normal, auch Minieinkaufssummen mit Karte zu zahlen. Der eigentliche Grund, warum ich mein Bargeld nicht nutze, ist jedoch ein anderer. Es ist einfach begrenzt – und ich möchte Auszahlungsgebühren an Bankautomaten vermeiden. Wieder zurück setze ich mich gemütlich neben BEA ans Ufer.

Sie ist an einer Sliprampe festgemacht, die direkt Richtung Heeger Meer weist, und so habe ich eine wundervolle Kulisse für mein Frühstück. Ein paar wenige Boote sind schon auf dem Wasser, viel ist nicht los.

Nach wie vor aber hängt eine dichte Wolkendecke am Himmel, die jeden Sonnenstrahl abhält. So wirkt nicht nur die Landschaft farblos, es wird auch nicht richtig warm. Schließlich verhole ich mich selbst ins Boot und löse die Leinen. Weit will ich nicht, fürs Erste geht es nur bis zu dem Marrekrite-Platz, den ich eigentlich schon gestern ansteuern wollte. Von hier aus gelingt es mir sofort, den richtigen Weg zu finden. Außerdem bemerke ich so, an welchem Punkt ich gestern falsch gesegelt bin. Beim Ablegen von der Insel habe ich nicht, wie es nötig gewesen wäre, einen Nordost-Kurs eingeschlagen, sondern mich eher südöstlich orientiert. Kein Wunder, dass ich den falschen Kanal besegelt habe.

Bald habe ich Heeg hinter mir gelassen und befinde mich auf dem Johan Frisokanal. Schon nach wenigen Minuten lege ich erneut an. Ich habe mein Ziel erreicht. Hier hatte ich gestern eigentlich geplant, über Nacht zu bleiben. Bei dem aktuellen Wetter bin ich wenig motiviert, weiterzusegeln. Warum zwanghaft Strecke machen? Also stelle ich das Zelt auf. Wenn ich es mir später anders überlege, kann ich jederzeit wieder zusammenpacken und ablegen. Für den Moment will ich genau hier sein.

Kurz nach mir kommt eine Gruppe auf Polyvalken an. Es hat den Anschein, als handele es sich um eine Jugendgruppe. Vielleicht von einer Segelschule? Interessant an der Gruppe sind allerdings nicht die Boote. Polyvalken sieht man hier schließlich an jeder Ecke. Nein, was mich wirklich fasziniert, ist die Kopfbedeckung der Älteren. Sie tragen Wikingerhelme. Ein herrliches Bild und für die Kinder sicherlich ein zusätzliches Abenteuer. Obgleich die Boote nicht originalgetreu zur Kopftracht passen, grinse ich mit ihnen um die Wette.

Fürs Erste bleibe ich. Es ist immer noch trist, der Wind langweilig. Was soll ich da auf dem Wasser? Etwas frustrierend ist allerdings der blaue Streifen am Horizont, der die ganze Zeit im Norden zu erkennen ist. Nur leider kommt er aufgrund des Westwinds nicht näher. Über Stunden sehe ich auf das Blau, das es nicht bis zu mir schafft. Als es dann schon wieder anfängt zu regnen, verziehe ich mich ins Zelt. Wenigstens vertreibt der Regen den Güllegeruch aus der Luft. Eine ganze Stunde liege ich auf meiner Isomatte und lese. Das Buch fesselt mich schnell und lenkt meine Gedanken von dem ab, was längst klar ist: Ich bleibe. Jetzt ist das Zelt nass. Bei dem aktuellen Wetter wird es länger dauern, bis es trocknet. Wobei das eine Ausrede ist. Das Zelt trocknet schnell, wirklich schnell, selbst wenn die Sonne nicht scheint.

Wenn ich auf den Kanal sehe, scheinen auch die übrigen Boote Ausreden zu haben. Gestern um diese Zeit war das Wasser voll, heute sieht man nur vereinzelt eine Yacht, die unter Motor vorbeidampft. Nachdem ich das Buch ganz durchgelesen habe, hat es auch aufgehört zu regnen und ich traue mich aus dem Zelt. Mittlerweile geht der Nachmittag schon in den Abend über, ohne dass ich heute wirklich viel gemacht habe. Und dennoch, dieses Nichtstun hat etwas Angenehmes, Beruhigendes. Ich habe keinen Druck, ich muss nicht jeden Tag lange auf dem Wasser sein. Wenn es mir Spaß macht, bin ich von Sonnenauf- bis Sonnenuntergang unterwegs. Und wenn ich nicht will, kann ich den ganzen Tag einfach nur rumsitzen. Beides gehört dazu und ist Teil des Unterwegsseins. Und das gefällt mir sehr.

Bei einem Spaziergang in den frühen Abendstunden begegne ich einem Kanuten. Er ist deutlich älter als ich, die ersten Haare haben sich bereits weiß gefärbt. Doch er ist fit. Begeistert erzählt er mir davon, dass er so oft wie möglich sein Boot zu Wasser lässt und rudert. Obgleich er sicherlich 40 Jahre älter ist als ich, bin ich mir sicher, dass er deutlich sportlicher ist als ich. Und er strahlt von innen heraus. Trotz der weißen Haare hat er etwas Jugendliches an sich. Im Laufe des Gesprächs bietet er mir selbst gesammelte Brombeeren an Spontan beschließe ich, ihn nach dem Wind- und Wetterbericht zu fragen. Genaueres kann er mir nicht sagen, erklärt aber mit einem breiten Grinsen, dass es nicht so warm werden wird, der Wind sicherlich weiter pustet und es vielleicht auch weiter regnet.

Ich sehe ihn fassungslos an. Ernsthaft? Das wusste ich auch vorher. Aber andererseits ist offensichtlich, dass, obgleich sie etwas Wahres enthält, die Antwort mit einer guten Portion Humor gespickt ist. Und je länger ich darüber nachdenke, desto mehr gefällt mir seine Einstellung. Das Wetter kommt, wie es kommt, etwas daran ändern kann ich nicht. Trotzdem. Mit meiner Kleinen wäre es hilfreich, genauer zu wissen, was auf mich zukommt. Bald darauf verabschiedet er sich. Er muss sich allmählich auf den Heimweg machen, um noch vor Sonnenuntergang zu Hause zu sein. Nachdem er sein Kanu ins Wasser zurückgeschoben hat, setze ich meinen Spaziergang fort.

Weit komme ich auch dieses Mal nicht. Zum einen ist die Insel nicht gerade groß, zum anderen bleibe ich bei einem Motorboot stehen. „Alter Ego“ heißt es und ist wohl die Geliebte des Eigners. Tatsächlich erklärt die Frau des Skippers lachend, sie sei wohl nur die Zweitfrau. Und doch liebt auch sie das Boot – oder besser das, was das Boot aus ihrem Mann gemacht hat. Arbeitsbedingt war er immer im Stress, dann kam das Boot und alles änderte sich. Hier an Bord sei er so ruhig und ausgeglichen wie sonst nirgends. Eine schöne Geschichte, die ich von der Frau mit glänzenden Augen erzählt bekomme. Wir unterhalten uns noch ein wenig, doch nicht nur das Paar, auch ich bekomme langsam Hunger. Während die beiden sich ins Innere ihres Bootes zurückziehen, krame ich den Einmalgrill hervor und versuche zu grillen.

Vielleicht taugt der Grill nichts. Oder es liegt an mir? Jedenfalls schaffe ich es nicht, ihn anzufeuern. Nach einigen Versuchen wird es mir zu dumm. Sicherheitshalber lösche ich den Grill mit Wasser aus dem Kanal ab und stelle ihn zur Seite. Dann hole ich wieder meinen Gaskocher und eine Pfanne raus. Leider sind die Würstchen keine kulinarische Entdeckung. Sie schmecken zwar nicht schlechter als Pasta aus der Tüte, besser aber leider auch nicht. Bevor ich mich erneut ins Zelt verkrieche, sehe ich mir BEA genauer an. Es scheint, als hätte sie etwas Luft verloren. Und obwohl ich von Haus aus eher faul bin, mache ich mich sofort daran, diesen Zustand zu ändern. Kurzerhand gehe ich an Bord, ziehe die Handpumpe hervor und beginne zu pumpen, während BEA im Wasser schwimmt und ich darinsitze. Eindeutig eine neue Erfahrung. Danach geht es wirklich ab ins Zelt. Die Sonne dürfte, obgleich ich es nicht sehen konnte, schon untergegangen sein. Nach wenigen Seiten im nächsten Buch klappen meine Augen zu.

Dienstag, der 26. August 2014

Ich habe gerade erst das Zelt abgebaut, als die letzten grauen Wolken den Weg für die Sonne frei machen. Ich spüre das Kitzeln der ersten Sonnenstrahlen auf meiner Haut, genieße die Wärme. Vorsichtshalber behalte ich mein Ölzeug an, sonderlich weit reicht mein Vertrauen in das Wetter nicht. So viel habe ich bisher schon gelernt. Kurzerhand verstaue ich alles an Bord, binde es fest, dann kann es losgehen. Alle anderen scheinen noch zu schlafen oder zumindest nicht an Deck zu sein, denn ich kann niemanden sehen. Lautlos segelt BEA an den anderen Booten vorbei und ist kurz darauf auf dem Kanal. Erst wende ich den Bug gen Westen und segle ein Stück zurück Richtung Heeg. Anders geht es nicht, denn ich will nach Sloten.

Kurz darauf drehe ich erneut den Bug und nun geht es in die richtige Richtung: nach Süden. Man hat mir gesagt, dass Sloten ein süßes Dorf sei. Das will ich mir selbst ansehen. Da der Wind gerade passt, warum nicht heute?

Der Kanal empfängt mich friedlich, viel Schilf, glitzerndes stilles Wasser. Ein paar Vögel folgen mir ein Stück weit, dann bin ich wieder allein. Wobei – wirklich allein bin ich hier nie. Es gibt immer irgendein Tier, das in der Nähe ist: Fische, Insekten, Kühe, Schafe, Pferde, Vögel … sie alle betrachten mich mal mehr, mal weniger aus der Nähe.

Schon bald erreiche ich die Ortsgrenze von Woudsend. Hier erwartet mich die nächste Brücke. In Erinnerung an meine erste Brückendurchsegelung krampft sich mein Magen zusammen. Hoffentlich stelle ich mich nicht wieder so ungeschickt an. Ich werde von einem freundlichen Brückenwärter empfangen, der mir erklärt, dass er normalerweise die Brücke für ein offenes Segelboot nicht öffnen kann. Erst denke ich, dass ich jetzt warten muss, bis eine Yacht kommt, oder dass ich eben mein Rigg abbauen muss. Der Brückenwärter weist mich an, einfach auf die Backbordseite zu wechseln. Dort wird sich die Brücke als Erstes öffnen. Da nicht viel Platz für mein Durchkommen nötig ist, wird er sie einfach nicht komplett öffnen.

Dankend beginne ich damit, die Seite zu wechseln. In der kurzen Zeit, die ich dafür brauche, kommt auf der anderen Seite ein Polyvalke an. Die Crew weiß anscheinend bereits Bescheid über die Regelung für offene Boote und beginnt sofort damit, den Mast zu legen. Umgehend winkt der Brückenwärter ab. Mit einem Grinsen im Gesicht erklärt er, dass zwei offene Boote ja schon irgendwie eine Yacht seien und er ausnahmsweise die Brücke komplett öffne. Beim Durchsegeln der Brücke kann ich die überraschten Blicke der Crew des Polyvalken sehen. Dieses Mal richten sie sich aber nicht auf BEA, sondern auf die Brücke. Obwohl ich mit meinem Segel erstaunlich viel Platz brauche, passen wir beide wunderbar nebeneinander und die Brücke kann schnell wieder geschlossen werden.

Jetzt bin ich mitten in Woudsend. Hier gibt es schöne alte Häuser mit vielen Anlegemöglichkeiten. All das ist im Moment nicht so wichtig. Denn etwas anderes hat sofort meine Aufmerksamkeit auf sich gezogen: die erste Windmühle. Sie ist auch keine bloße Deko-Windmühle wie viele, die noch stehen, sondern arbeitet seit 1719 kontinuierlich. Natürlich habe ich schon früher einige Windmühlen gesehen, aber das ist die erste für diesen Törn. Dieser alte imposante Holzbau mit seinen zerbrechlich scheinenden Flügeln, drumherum etwas Natur, ein tolles Bild. Breit lächelnd segle ich daran vorbei. Segeln? Nun, wenn man es so nennen will. Tatsächlich ist es nahezu windstill, „vorbei treiben" ist vermutlich die treffender Beschreibung. Ich beschließe einfach, dass ich segle. Das hört sich besser an. Und da auch noch die Sonne scheint, ist das Tempo nur halb so wichtig. Es ist angenehm warm.

Die Windmühle in Woudsend.

Der pittoreske Ort Woudsend mit der alle Häuser überragenden Mühle auf der einen, die Natur auf der anderen Seite, dazwischen der Kanal: Ich bin glücklich und genieße die Langsamkeit, die mir Zeit lässt, meinen Blick schweifen zu lassen. Hier kreuzen sich mehrere Wasserwege: Ich könnte von hier aus ins Slotermeer im Süden, ins Hegemer Mar westlich oder ins Koevorder Meer östlich. Ich entscheide mich fürs Slotermeer.

Das friedliche Dümpeln ändert sich schlagartig, als BEA ihr Segel in das Slotermeer streckt. Sofort zeigt sich, dass ich bisher nur in windgeschützten Kanälen unterwegs war. Hohe Wellen und starke Winde packen BEA und beginnen mit ihr zu spielen. Mit neuen Höchstgeschwindigkeiten rast sie los, hebt fast aus dem Wasser ab, kommt ins Gleiten. Gleichzeitig benehmen sich die Wellen, als sei BEA gar nicht da. Sie wird in ihrer Raserei hin und her geworfen, es ist kaum möglich, sie aufrecht zu halten.

Ich muss mich anstrengen, nicht zu kentern. Aus früheren Versuchen weiß ich, dass BEA sofort kentert. Immerhin schwimmt sie dank der Schläuche oben und das ändert sich auch bei einer Kenterung nicht. Damit es trotzdem nicht dazu kommt, muss ich immer wieder ausreiten wie auf einer Jolle, nur um kurz darauf in die Mitte des Bootes zurückzuhechten, um einen Überschlag nach Luv zu verhindern. Während all dem muss natürlich auch noch der Kurs gehalten und die Schot aus der Hand geführt werden. Und dabei bin ich noch gar nicht weit draußen.

Nach vielleicht 100 Metern beginnen die Wellen, von Osten kommend, über BEA hinwegzurollen. Es ist, als wäre sie gar nicht da. Dabei hinterlassen sie riesige Wassermassen. Allein der Gedanke, diese Mengen in einer solchen See, nur mit einem Schwamm ausgestattet, wieder aus dem Boot herauszuschaffen, erscheint mir absolut lächerlich. Und es wird stetig mehr. Es hat aber auch einen Vorteil: Scheinbar hilft das zusätzliche Gewicht des überkommenden Wassers, mein Gummisegelboot ein wenig zu stabilisieren, sodass ich nur noch ausreiten muss. Trotz allem macht mir die Überfahrt riesigen Spaß. Mit einem lauten „Yiiihaa!“ verschaffe ich meiner Aufregung Luft. Ein Adrenalinschub nach dem anderen schießt durch meinen Körper. Das ist wahres Schlauchboot-Segeln!

Trotz aller Aufregung bin ich voll konzentriert. Jede Böe muss ausgeglichen werden, sonst läge ich sofort im Wasser. Und BEA würde kopfüber als Rettungsinsel für Fische dienen. Könnte ich sie bei derartig hohen Wellen und so starkem Wind wieder aufzurichten? Sicherheitshalber kontrolliere ich mein Handy. Es ist die einzige Möglichkeit, im Zweifelsfalls einen Notruf abzusetzen. Es ist gut verstaut und angebunden. Leider war ich während der Kontrolle kurz unaufmerksam. Das rächt sich sofort. Ich habe unbewusst an der Großschot gezogen, sodass ich dem Wind mehr Fläche direkt entgegenstelle. Sofort krängt BEA noch mehr und ich schaffe es in letzter Sekunde, zu verhindern, dass meine schlimmsten Befürchtungen eintreten. Mein Ölzeug ist jetzt von oben bis unten klitschnass. Wie ein Speedboot nähern wir uns dem Kanal nach Sloten. Ich denke: „Gleich ist der wilde Ritt vorbei.“

Einerseits ist es nervlich anstrengend und ich freue mich auf ruhigere Gewässer. Zudem ist der Rumpf durchgängig bereits zu etwa 10 Zentimetern mit Wasser gefüllt. Andererseits macht es riesig Spaß, so zu segeln. Mal über die Wellen hinweg und dann wieder als U-Boot unter den Wellen hindurch. Doch dann passiert etwas: Kurz vor dem Kanal werde ich durch einen lauten Knack abgelenkt. Mein Herz bleibt stehen. Sofort sehe ich in die Richtung, aus der dieses schreckliche Geräusch kam: die Pinne. Erschrocken sehe ich das Problem, einen etwa 10 Zentimeter langen Riss, der sich entlang der Pinne zieht. Es gibt wohl kaum einen Teil von BEA, bei dem mir dieses Geräusch mehr Sorgen bereiten würde. Wie viel sie wohl noch aushält? Warum es geknackt hat, ist klar. Ich habe während der gesamten Überfahrt ordentlich Druck auf der Pinne gehabt. Die Wellen hatten BEA und das Ruder immer wieder heftig angegriffen.

Nur einen kurzen Moment bin ich unkonzentriert, als eine Welle gegen BEA kracht, sodass ich die Kursänderung nicht sofort ausgleichen kann. Fassungslos sehe ich auf die Pinne. Es waren höchstens zwei Sekunden, die ich abgelenkt war, doch als ich wieder aufsehe, hat sich mein Kurs deutlich geändert. Wir segeln nicht mehr auf halbem Wind nach Süden, sondern stattdessen vor dem Wind nach Westen. So sind die Bewegungen gleich ruhiger, die Wellen kommen nicht mehr von der Seite, sondern von hinten. Doch ein Unglück kommt selten allein.

Der starke Wind drückt auf das Segel, welches am Bug den Druck über das Rigg weiterleitet, und zwar direkt auf den Bug. Normalerweise schießt BEA einfach nach vorne, aber irgendwann ist es einfach zu viel. Statt weiter nach vorne drückt der Wind BEA nun nach unten. Nun, nicht das ganze Boot wird nach unten gedrückt, sondern nur den Bug. Er taucht unter Wasser. Und das spült sofort gefühlte Hektoliter ins Innere.

Augenblicklich reiße ich an der Pinne. Oder habe ich gedrückt? Ich weiß es nicht mehr. Ich weiß nur, dass ich den Kurs schnell ändern wollte und wohl auch geändert habe. Der Wasserstand im Boot hat sich zwar weiter erhöht, aber immerhin kommt der Bug wieder aus dem Wasser. Wie durch ein Wunder haben auch die Schläuche die deutlich erhöhte Belastung überstanden und sind nicht geplatzt.

Laut Hersteller schwimmt BEA zwar auch mit nur einem Schlauch – aber ganz ohne Schlauch? Nun, das wäre wohl wahrlich eine Kunst, besonders mit mir, dem Gepäck und dem Wasser als Last. das mittlerweile reingelaufen ist.

Was ist hier los? Das sind ohne jeden Zweifel nicht die gemeldeten 4 Beaufort. Dass mich diese Tatsache nicht gestört hat, so lange alles gut ging, ignoriere ich an dieser Stelle einfach mal. Ich will mich über etwas ärgern, einen Schuldigen suchen. Ein mehrere Tage alter Wetterbericht, der nicht mehr stimmt, ist das Beste, was mir einfällt. Ein Blick auf die Wellen und das nahe Schilf lässt mich den Wind eher auf 6 Beaufort einstufen. Tatsächlich sollte mir das später bestätigt werden. Das ist aäußerst ungünstig, wenn man bedenkt, dass BEA nur bis 4 Windstärken seegängig ist. Meine Situation ist also bereits so schon schlecht. Bei einem weiteren kritischen Blick auf die Pinne, dieses Mal ohne den Kurs zu ändern, bemerke ich, dass der Riss sich durch das letzte Manöver noch vergrößert hat. Ich kann die Pinne nicht mehr benutzen, ohne zu riskieren, dass sie in der Mitte durchbricht. Somit kann ich sie nur noch im absoluten Notfall einsetzen.

Kurzerhand greife ich zu einem der Paddel und setze es mehr schlecht als recht als Notruder ein. In der Zwischenzeit wurde ich deutlich abgetrieben. Wenn ich zurück auf den Kanal nach Sloten will, muss ich gegenan. Das heißt: Kreuzen. Mit BEA. Obwohl ich doch eigentlich schon weiß, dass es nicht geht. Aber was soll ich sonst machen?

Also drehe ich den Bug gen Osten. Dafür halte ich das Paddel mit einer Hand schräg ins Wasser. Tatsächlich klappt das, auch wenn es etwas länger dauert, bis meine Kleine darauf reagiert. Mit einiger Mühe schaffe ich es durch die Wende, dann versuche ich voranzukommen, merke aber schnell, wie hoffnungslos das ist. Im besten Fall schaffe ich es, die Position zu halten. Bei der nächsten Wende geht es rückwärts, immer näher zum Ufer. Natürlich könnte ich mich durchs Schilf schlagen und anlanden. Aber dann? Auto holen, Törn beenden? Nein. Dazu bin ich nicht bereit. Erst will ich alle anderen Optionen probieren.

In der Nähe entdecke ich ein Motorboot, das einen Laser begleitet. Es sieht aus, als wäre es eine Segelschule, aber mit Sicherheit kann ich es nicht sagen. Mit lautem Rufen und Winken schaffe ich es, ihre Aufmerksamkeit auf mich zu ziehen. Um Hilfe zu rufen, war also schon mal erfolgreich. Dass sie in Lee von mir unterwegs sind und der Wind meine Worte zu ihnen trägt, schadet mit Sicherheit auch nicht. Zu meinem Entsetzen wird mir aber nicht geholfen, sondern die Leute an Bord des Motorboots packen eine Kamera aus. Die werden doch nicht, nein, das kann nicht sein. Ich sehe, wie die Kamera auf mich gehalten wird und allem Anschein nach mehrere Bilder gemacht werden. Dann dreht das Motorboot ab und fährt zurück zum Laser.

Ich bin fassungslos! Die Situation ist vielleicht noch unter Kontrolle, aber ich bin nur eingeschränkt manövrierfähig – auf einem 2,40 Meter langen Schlauchboot mitten in Wellen, die über mein Boot hinwegbranden. Im Moment mag das ja nicht lebensgefährlich sein, aber je nachdem, wie sich das Ganze weiter entwickelt, könnte es dazu kommen. Und die? Die machen ... Bilder? Ich fluche. Fluchen hilft aber nicht. Ich muss mir Gedanken machen, wie es allein weitergehen soll. Nach wie vor bin ich nicht bereit, anzulanden und den Törn hier zu beenden. Gut möglich, dass ich sogar BEA und den größten Teil meiner Ausrüstung aufgeben müsste, wenn ich wirklich versuchen würde, das Ufer zu erreichen. Nein, das kommt nicht infrage.

In östlicher Richtung sehe ich immer wieder Boote. Die sind aber weit weg und liegen gegen den Wind. Es ist zu bezweifeln, dass sie mich hören können. Und selbst wenn, ich befinde mich außerhalb der Schifffahrtsrinne. Ob die überhaupt bis zu mir könnten, ohne selbst aufzulaufen? Im Notfall habe ich noch immer mein wasserfestes Handy. Ich könnte den Notruf wählen. Aber ganz ehrlich, das will ich nicht. Nicht, bevor ich nicht alles versucht habe, um mir selbst zu helfen. Aber habe ich das nicht schon?

Nach Osten zu segeln schaffe ich nicht. Kein Boot, erst recht nicht meines, segelt gegen den Wind. Um nach Westen zu kommen, müsste ich vor den Wind, da geht der Bug unter Wasser. Also ist das ebenfalls keine Option. Ich könnte nach Süden ablaufen, da ist allerdings viel Schilf, das ich zerstören würde. Es würde zwar funktionieren, uns irgendwie durchzuschlagen und, wenn es die einzige Möglichkeit wäre, hier rauszukommen, würde ich es vermutlich auch tun. Aber ist das wirklich meine einzige Option?

In diesem Augenblick kommt mir ein neuer Gedanke. Osten geht nicht, Westen geht nicht, Süden ist extrem ungünstig – also was ist mit einem Nordkurs? Ebenso wie nach Süden wäre ich mit halbem Wind unterwegs.

Die Strecke, um vom Slotermeer runterzukommen, ist lang und ich müsste raus auf offenes Wasser. Würde etwas passieren, könnte ich nicht mehr ans Ufer zurückschwimmen, die Strecke wäre zu weit. Andererseits: BEA ist ein Schlauchboot. selbst wenn sie kentert, wird sie nicht untergehen. Sofern sie kentert und ich es nicht schaffe, sie wieder aufzurichten, könnte ich sie immer noch als Rettungsinsel benutzen, bis die Seenotrettung kommt oder sonst irgendjemand meine Situation bemerkt. Außerdem würde ich bei Nordkurs immer näher an die Schifffahrtsstraße herankommen. Die Wahrscheinlichkeit, dort Hilfe von anderen Wassersportlern zu bekommen, erscheint mir deutlich höher als hier. Einen Versuch ist es wert.

Ich fahre eine letzte Wende. Statt auf Amwindkurs die Drehung abzustoppen, lasse ich BEA auf Halbwindkurs abfallen. Kaum sitzt der Kurs, springt sie an und segelt los. Obschon sie mittlerweile ordentlich mit Wasser gefüllt ist, gleitet BEA über all die Wellen, die nicht über sie drüberlaufen. Während ich ausreite und die Schot aus der Hand führe, muss ich auch dieses Mal den Kurs halten. Nur habe ich eben keine Pinne. Ich muss es irgendwie mit einem leichten Alu-Kunststoffpaddel hinbekommen. Dementsprechend falle ich öfters ein Stück ab und luve im Anschluss wieder an. Dann luve ich mal zu viel an und muss wieder abfallen. Schließlich setze ich zusätzlich zum Ruder auch noch verschiedene Segelstellungen ein, um den Kurs zu korrigieren, was letztlich zu einem halbwegs geraden Kurs führt. Wir rasen über das Sloter Meer. Es scheint gar so, als wäre der Wind noch stärker, die Wellen noch höher als zuvor.

Wieder ist es Action-Segeln. Nur der Spaß ist weitgehend verflogen. Ich bin angespannt und hoch konzentriert zugleich. Je näher ich der Schifffahrtsrinne komme, desto öfters winke und rufe ich um Hilfe. Gegen den Wind bringt das nicht viel. Auf diese Distanz kann ich nicht erwarten, dass man erkennt, in was für einer Situation mein Boot und ich uns befinden. Also rennen wir weiter nach Norden. Plötzlich fällt mir auf, wie stark das Stag auf der Luvseite gespannt ist. Ja, es soll straff sein, aber das hier sieht aus, als würde es jede Sekunde reißen. Der Kanal kommt immer näher, bald habe ich das geschafft. Und dann? Auf dem Kanal ist viel los, soll ich da etwa mit meinem Paddel als Notruder rumtorkeln?

Plötzlich sehe ich einen Kleinkreuzer unter deutscher Flagge, der sich zügig meiner Position nähert. Mit einem letzten Einsatz der Pinne bringe ich mich und BEA auf die Leeseite des Bootes.

Eilig reicht man mir Leinen und ich zurre BEA fest. Ich versuche, das Segel zu bergen. Es geht nicht. Es bleibt mir nichts anderes übrig: Mit einem Messer schneide ich das Segel runter. Der Wind hat den Knoten so stark zugezogen, dass ein Öffnen in den Wellen unmöglich ist. Am ganzen Körper zitternd, steige ich über auf den kleinen Kreuzer. Der Motor röhrt auf und es geht Richtung Kanal. Obwohl ich ja immer noch auf dem Wasser bin, merke ich, wie ich schwanke. Das Boot meiner Retter liegt vergleichsweise ruhig im Wasser, nur ein ganz sanftes Schaukeln, statt des wilden Hin- und Hergewerfes auf BEA.

Ich bin fertig, körperlich wie auch geistig. Fast wundere ich mich, dass ich mich überhaupt noch auf den Beinen halten kann. Im Nachhinein bin ich mir nicht mehr sicher, ob ich BEAs Mast festgehalten habe, um ihn zu sichern, oder um selbst nicht umzufallen.

Schnell sind wir hinter der Brücke. Meine Retter bringen mich zum Yachthafen De Rokken. Am Meldesteiger mache ich BEA von der Yacht los und binde sie fest. Die Crew der Yacht leiht mir einen Eimer, mit dem ich BEA lehr schöpfe. Sie ist deutlich mit Wasser gefüllt. Ich wäre wohl den Rest des Tages damit beschäftigt gewesen, hätte ich es nur mit einem Schwamm heraussaugen wollen. Gepäckkontrolle: Die Seesäcke sind dicht geblieben. Nun, fast alle. Einer ist vollgelaufen. Und zwar jener Seesack, den ich mir neu gekauft hatte für meine Papiere, die Schlüssel und die Kamera. Noch bevor BEA ausgeleert ist, lege ich alles in die Sonne zum Trocknen. Besonders um den Autoschlüssel mache ich mir Sorgen, bei der Kamera habe ich ohnehin kaum noch eine Hoffnung. Als BEA wasserleer ist, reiche ich den Eimer sofort zurück. Meine Retter wollen gleich weiter, denn eigentlich hatten sie gar nicht vor gehabt, in Woudsend einen Stopp zu machen.

Ich hingegen begebe mich zum Hafenbüro und melde mich an. Wie schon in De Kulliart ist der Hafen nicht billig, in Anbetracht meiner Erlebnisse will ich dennoch bleiben. Ich bekomme kostenlosen WLAN-Zugang und man erklärt mir, wo ich ein Wassersportgeschäft finden kann. Nachdem das Boot in die zugewiesene Box verholt und das Zelt daneben aufgebaut ist, demontiere ich die Pinne und mache mich auf dem Weg. Woudsend ist auch von Land aus ein schöner Ort. Hier liegt das Zentrum für viele Wassersportaktivitäten der Region. Bevor ich das richtig genießen kann, muss ich mich um die Pinne kümmern. Was, wenn es hier keine Lösung dafür gibt?

Wie ich schon befürchtet habe, gibt es im Wassersportgeschäft keine passende Pinne. Der Verkäufer sieht mich an und erklärt mir, ich könnte mir natürlich eine neue anfertigen lassen. Das wäre allerdings entsprechend teuer. Alternativ schlägt er vor, einfach eine Rolle wasserfestes Tape für die Reparatur zu kaufen. Nachdenklich sehe ich erst ihn, dann die Pinne und schließlich wieder ihn an. Es könnte tatsächlich klappen, denn die Pinne ist längs und nicht schräg eingerissen. Mit ordentlich Kraft Tape drumgewickelt, dann müsste es wieder stabil sein. Sicherheitshalber kaufe ich zwei Rollen Tape. Zusätzlich erstehe ich eine weitere Leine, um die durchgeschnittene zu ersetzen. Und ich kaufe eine Pütz. Ich will nicht tatsächlich demnächst geschätzte 100 Liter Wasser nur mit einem Schwamm aus BEA schaffen müssen.

Bei meiner Rückkehr ist es bereits früher Abend. Wo die Zeit nur hin ist? Allmählich beruhige ich mich und beginne, meine Erlebnisse zu verarbeiten. Ich packe mein iPad aus, es war glücklicherweise nicht bei den anderen Wertsachen, und surfe ein wenig im Internet. Noch Fertigpackung aufreißen, Pasta kochen und essen, dann verschwinde ich in meinen Schlafsack. Ich bin fertig und habe den Schlaf sowohl körperlich als auch geistig dringend nötig.

Kapitel 4.

Mittwoch, der 27. August 2014

Mit meinem Frühstück aus Vla und Eierkuchen sammle ich in den frühen Morgenstunden Kraft für den Tag. Ich habe einen neuen Plan: Ich will ans Meer. Zunächst möchte ich allerdings versuchen, eine neue Kamera aufzutreiben. Meine funktioniert wirklich nicht mehr. Also gehe ich einmal durch Woudsend bis zu einem Elektrofachgeschäft. Dort könnte ich ein Bügeleisen kaufen, eine Waschmaschine, einen neuen Föhn oder einen Wecker inklusive Wetterstation. Nur eine Kamera – egal wie billig oder teuer – haben sie nicht. Ein wenig enttäuscht mache ich mich auf den Rückweg. Naja, so schlimm ist es auch nicht. Bisher habe ich nur morgens und abends, in der Zeit, die ich an Land war, Bilder gemacht. Unterwegs auf dem Wasser hatte ich die Kamera wasserdicht verpackt. Dachte ich.

Dann nutze ich ab jetzt eben mein iPad, um Bilder zu machen. Woudsend gefällt mir mit seinen Gassen gut und ich beeile mich nicht sonderlich. Ich halte erneut im Geschäft für Yachtzubehör an. Eigentlich wollte ich mir nur ein Messer kaufen, um notfalls das Segel selbst runterschneiden zu können. Jetzt, wo meine Nerven sich wieder beruhigt haben, entdecke ich noch etwas anderes. Beim Kauf meiner Kleinen hatte eine Segellatte gefehlt. Es gibt für die Latten zwei Fächer, bekommen habe ich nur eine. Dementsprechend killt das Segel fast immer ein wenig. Zufällig entdecke ich in dem Geschäft eine kleine Segellatte für wenig Geld, die gut passen könnte. Ich kaufe sie und stelle an Bord von BEA fest, dass sie nicht nur gut, sondern sogar exakt passt.

Anschließend gönne ich mir im Hafen eine heiße Dusche. Nachdem ich fertig bin, sind die Sachen schnell gepackt, das Zelt abgebaut und alles auf BEA festgebunden. Es kann losgehen. Ich mache mir gar nicht erst die Mühe, das Segel zu setzen. Der Wind soll aus Norden kommen und genau dort will ich hin. Normalerweise hätte das für mich bedeutet, dass ich bleibe, wo ich bin, allerdings ist der Wind sehr schwach, gerade so, dass man ihn noch wahrnehmen kann. Also rudere ich aus dem Hafen. Auf halbem Weg fällt mir ein Mann auf, der begeistert Bilder von mir aufnimmt. Nach dem üblichen „Do you speak English oder Deutsch?“ frage ich ihn, ob er mir die Bilder zuschicken könnte. Ohne Kamera wird jedes Bild von anderen umso wertvoller.

„Klar! Kein Problem!“ Ich gebe ihm meine Mailadresse, bedanke mich und rudere bereits weiter, als er mir hinterherruft, ich solle mich nicht über eine Mail von der Polizei wundern. Bitte was? Schnell erklärt er, dass er Polizeibeamter sei und das Smartphone sein Diensttelefon. Daher nutze er seine Dienstadresse, um mir die Bilder zu schicken. Ich kann mir ein Lächeln nicht verkneifen. Wenn jeder Kontakt mit den Behörden so sympathisch verläuft, freue ich mich schon auf den nächsten.

Gleich am Ortseingang von Woudsend gibt es einen Marrekrite-Platz, an dem ich anlege. Ich will zwar keine Pause machen, aber hier auf dem Kanal weht der Wind. Nicht stark, aber spürbar und nicht etwa wie erwartet von vorn, sondern von der Seite. Also setze ich das Segel und los geht‘s. Für die ganz großen Yachten scheint der Wind nicht auszureichen, aber ich komme wunderbar voran. Es geht langsam voran, würde ich rudern, wäre ich wohl schneller. Aber immerhin, ich segle und das ist mir verdammt viel wert.

Gemächlich geht es den Kanal hoch Richtung Norden. Bald schon teilt sich der Kanal und ich segle meinen Kurs weiter. Die Natur umarmt mich. Trotz der Unmengen an Vögeln, die hier unterwegs sind, ist es fast still. Und dann sind da noch diese seltsamen Badeinseln, auf denen die Vögel gern eine Pause einlegen. Obwohl ich mir sicher bin, dass es nicht die ursprüngliche Farbe war, sind sie weiß bis grau.

Moment … Badeinseln? Ich kann mich an keine erinnern, dabei bin ich erst gestern genau diese Strecke nach Süden gesegelt. Schnell ist die Wasserkarte ausgepackt. Tatsächlich, ich hätte dem Kanal nicht weiter nach Norden folgen sollen. Richtig wäre es gewesen, abzubiegen und auf dem anderen Kanal nach Norden zu segeln. Nun bin ich in einer Sackgasse – und habe das Ende erreicht. Ich sehe mich noch einmal um und sauge die Schönheit der Natur ein, die mich umgibt. Auch wenn es mich ärgert, falsch navigiert zu haben, die Ecke ist schon schön. Und zurück sollte der Wind ja besser passen. Dachte ich.

Natürlich ist diese Annahme falsch, denn damit der Wind von irgendwoher kommen kann, muss dafür überhaupt einer wehen. Da ich also nur auf der Stelle treibe, greife ich irgendwann zum Paddel und rudere zurück bis zur Kanalgabelung. Ich bin hin- und hergerissen. Das Kanalstück, auf dem ich fälschlicherweise unterwegs gewesen bin, war wirklich schön. Jetzt musste ich paddeln. Und das mag ich so gar nicht. Ich habe es nicht eilig und so waren meine Ruderschläge wohl auch nicht die kräftigsten. Trotzdem dauert es gar nicht mal so lange, bis ich den richtigen Kanal erreiche. Hier beginnt auch der Wind wieder, seiner Aufgabe nachzugehen, und ich kann wieder segeln. Das Segel schafft es gerade so, genug Wind aufzufangen. Solange es in die richtige Richtung geht, ist mir das Tempo recht gleichgültig.

Schon bald passiere ich den Johann Frisokanal. Statt nach Heeg abzudrehen, geht es dieses Mal nach Norden, Richtung Ijylst. Der Kanal liegt gerade kurz hinter meinem Heck, da sehe ich in der Ferne die nächste Brücke. Es sieht nicht so aus, als würden nur wenige Autos darüber fahren. Ich bin mir sicher, dass ich dieses Mal wirklich auf ein anderes Boot warten oder aber das Rigg abbauen muss.

Die Landschaft hier hat etwas Städtisches. Denn obgleich mir die Altstadt von Heeg gut gefällt, die Außenbezirke können mich nicht überzeugen. Ich habe nicht das Bedürfnis, unnötig lange zu verweilen. Als ich die Brücke fast erreicht habe, fährt neben mir ein Motorboot vorbei, für welches sich die Brücke öffnet. Ich habe Glück und kann ebenfalls noch mit durchschlüpfen.

Kurz hinter der Brücke wird BEA noch langsamer und bleibt schließlich ganz stehen. Nun kommt der Wind tatsächlich genau von dort, wo ich ihn schon zu Beginn des Tagestörns erwartet hatte: von vorn. Aber so schwach, wie er ist, baut er keine Strömung auf. Das Wasser im Kanal steht absolut still. Und BEA? Sie kann tatsächlich gegen den Wind kreuzen. Doch schon bald geht auch das nicht mehr. Der Grund dafür ist recht simpel ist. Um gegen den Wind zu kreuzen, muss der Wind vor allem wehen. Die Böe, die mich noch ein paar Meter getragen hatte, ist nun eingeschlafen. Das Schilf hat aufgehört, sich auch nur im Mindesten zu wiegen, die Luft steht ebenso still wie das Wasser. Und mir bleibt nichts anderes übrig, als schon wieder zum Paddel zu greifen und zu rudern. Ich bin ein geduldiger Mensch, aber wenn ich stehe, geht es selbst mir zu langsam. Hin und wieder verfängt sich eine Böe in BEAs Segel. Jedes Mal fange ich an zu kreuzen, bin dankbar für jeden Meter, den ich segeln kann. So torkele ich langsam den Kanal hoch. Hier wird es wieder schöner, auch wenn an die Schönheit jener Sackgasse in die ich vor ein paar Stunden gefahren bin, dieser viel befahrene Kanal nicht heranreicht.

Etwa auf halbem Weg zwischen Heeg und Ijylst stoppt ein offenes Motorboot neben mir auf und bietet mir einen Schlepp bis Ijylst an. Nach der Erfahrung meines zweiten Tages nehme ich dieses Mal an. Die freundliche niederländische Familie nimmt eine Leine von mir an und bald schießen wir übers Wasser. Ich mache mir etwas Sorgen. Wie BEA wohl dieses Tempo verträgt? Die Leine ist stramm gespannt, sonst scheint alles in Ordnung zu sein. Beim Ortseingang lösen wir die Leine. Die Familie auf dem Motorboot will weiter nach Norden, Richtung Bolsward. Ich hingegen habe mich entschlossen, weiter nach Sneek zu segeln. Dafür muss ich nach Osten. Wenn der Wind wiederkommen sollte, kann ich bis dorthin richtig toll segeln.

Entlang dem Kanal liegen einige schicke Häuser. Im Großen und Ganzen ist es sehr gepflegt, nur ein paar Häuser passen einfach nicht ins Bild. Architektonisch hätte ich sie eher in Italien oder zumindest an der Mittelmeerküste erwartet. Nicht in Friesland. Schon bald bin ich in der Altstadt. Hier erwarten mich wirklich hübsche alte Bauten, die die Bausünden weiter vorne schnell vergessen lassen. Obwohl ich eine halbe Stunde vor der nächsten Brücke warten muss, da der Brückenmeister gerade in die Kaffeepause gegangen ist, bleibt dank des Schlepps genug Zeit übrig, um bis zum Abend nach Sneek zu kommen. Andernfalls wäre es knapp geworden. Ich beschließe, die Zeit sinnvoll zu nutzen. In der Nähe der Brücke gibt es ein öffentliches Klo. Die Hygiene an Bord eines Schlauchsegelboots auf einem Kanal ist durchaus ein Thema. Von Ort zu Ort oder an den Brücken kann ich hierfür Pausen einlegen. Danach warte ich geduldig darauf, dass die Brücke sich öffnet.

Sicher, ich könnte auch einfach das Rigg abbauen. Viel Zeit würde ich damit aber nicht gewinnen. Lieber genieße ich die Atmosphäre. Bald ist es auch schon so weit. Die Brückenampel springt von doppelrot auf rot-grün. Ich mache BEA los. Kaum bin ich an der Brücke, öffnet sie sich schon. Eilig durchquere ich sie, ich habe keinen Grund zu warten, bis sie komplett offen ist. Auf diese Weise blockiere ich auch nicht die Durchfahrt, wenn die größeren Boote durch wollen.

Der Weg aus Ijylst raus ist ein ebenso großer Genuss wie die Einfahrt. Auch hier gibt es einige schöne Häuser und schließlich entdecke ich sogar eine Windmühle. Dann erwartet mich ein See. Oder wird der Kanal einfach nur breiter? Nun, jedenfalls ist es eine größere Fläche mit freiem Wasser. Das Ufer ist voller Schilf. Überall sehe ich Vögel, Fische und anderes Leben. Auch auf dem Wasser bin ich keineswegs einsam. Neben Yachten sehe ich viele offene Motorboote, meist besetzt mit jungen Männern und Frauen, die zwischen Ijylst und Sneek unterwegs sind. Das ist ja mal eine tolle Art, in die Stadt oder zur Arbeit zu fahren. Anstatt ins Auto zu steigen, stundenlang einen Parkplatz zu suchen und womöglich in den Feierabendverkehr zu geraten, gehen sie einfach mit dem Boot in die Innenstadt zum Shoppen und anschließend wieder zurück. Da würde ja selbst mir Shoppen-Gehen Spaß machen. Jedenfalls wenn man den Teil mit dem Shoppen weglassen würde.

Nachdem ich Ijylst verlassen habe, ändert sich nicht nur die Landschaft. Hier, wo das Wasser etwas breiter ist, greift auch wieder der Wind in mein Segel und ich kann aufhören zu rudern. Hat das Ufer bisher einfach jeglichen Wind abgefangen? Stark ist er heute wirklich nicht, aber es reicht, um gemütlich zu segeln.

Nach einer wundervollen Überfahrt überquere ich mein erstes Aquädukt. Ich finde Aquädukte einfach toll. Allein die Vorstellung, über eine Autostraße gesegelt zu sein, erheitert mich so sehr, dass ich grinsend in BEA sitze. Nun segle ich in die Stadt hinein. Die Umgebung ist nicht mehr so ländlich. Viel Industrie, manche Bauten sind neu, andere heruntergekommen. Hier lädt mich kaum etwas zum Verweilen ein.

Gegen 19 Uhr erreiche ich die Innenstadt. Vor mir liegen das Wassertor und die Altstadt. Wo eben noch heruntergekommene Häuserfassaden und Industriebauten das Ufer säumten, zieren jetzt wundervolle Altbauten den Kanal. Was für ein schönes Bild. An den Seiten des Kanals reiht sich ein Boot neben das andere, viele Motorboote, aber auch einige Segler sind darunter. Besonders begeistert winkt die Besatzung eines Motorboots. Sie haben mich heute Mittag bei meinem Aufbruch in Woudsend gesehen und sind beeindruckt, dass ich es mit meinem kleinen Boot bis hierher geschafft habe. Gerne würde ich mich länger mit ihnen unterhalten, aber hier kann ich nicht bleiben. Wäre ich hier einfach nur mitten in der Stadt, ich hätte wohl den Hafenmeister gefragt. Nur leider ist es nicht so einfach, denn hier gibt es keine Rasenfläche und auf den Pflastersteinen kann ich mein Zelt nicht aufbauen.

Zu meinem Zielhafen muss ich einmal schräg durch die Altstadt und es sind kaum noch Boote unterwegs, für die sich die Brücken öffnen würden. Überhaupt habe ich Glück, denn ab dem 1. September öffnen sich die Brücken immer nur bis 19 Uhr. Jetzt, Ende August, werden sie bis 20 Uhr am Abend bedient. Dem hiesigen Brückenwärter scheint zu gefallen, was ich mache, denn die Brücke wird sofort geöffnet. Gemächlich segle ich durch die Altstadt und nehme die Parade am Ufer ab. Immer wieder sehe ich Menschen mit Kameras und Smartphones, die Bilder von mir machen. Ich überlege aufzustoppen und zu fragen, ob sie mir eines ihrer Bilder schicken könnten, aber meine Zeit läuft ab. Ich muss mich beeilen, wenn ich vor Sonnenuntergang noch im Hafen sein und mein Zelt aufschlagen will.

Die zweite Brücke öffnet sich so früh, dass es noch etwas dauert, bis ich sie überhaupt erreiche. Wie schon bei der ersten winkt mir der Brückenwart mit einem freundlichen Lächeln zu. Ich erwidere den Gruß. Die dritte Brücke erreiche ich schließlich perfekt getimt. Sie öffnet sich, ich segle durch und sie schließt sich hinter mir. Wäre sie früher geöffnet worden, wäre ich noch nicht da gewesen, später und ich hätte warten müssen. Ich komme mir sehr herrschaftlich vor, wie sich die Brückenflügel genau vor meiner Nase öffnen, als hätten sie nur auf mich gewartet.

Nun liegt die wundervolle Altstadt hinter mir. Für mich geht es weiter nach Südosten. Die Häuser werden etwas moderner, aber am Kanal liegen viele schöne Boote, die ich mir gerne ansehe, bevor ich Richtung Hafen abbiege. Nach acht Stunden auf dem Wasser, um kurz vor 20 Uhr, lege ich am Meldesteiger an und suche den Hafenmeister. Allerdings ist er nicht mehr da, ich erreiche ihn nur über ein Intercom.

Seine Anweisung ist simpel: „Leg einfach irgendwo an, wo es passt, und schlag dein Zelt auf. Ist ja nur für eine Nacht." Also fahre ich einmal schräg durch den Hafen, bis ich einen passenden Platz finde. BEA wird mal wieder recht kreativ in einer Box fest gemacht. Im Grunde liege ich schräg in der Box, so wie andere an einem Kai liegen. Oder, noch simpler gesagt, ich ignoriere, dass mein Liegeplatz eigentlich eine Box ist, und nutze die Box quer. Andere Yachten sind so breit wie die gesamte Länge von BEA. Ein bisschen wirkt sie wie ein SMART unter den Yachten. Geradeso gelingt es mir, das Zelt aufzubauen, bevor die Sonne untergeht. Für ein Abendessen im letzten Tageslicht reicht es aber nicht mehr. Ich muss meinen Gaskocher in der Dunkelheit anwerfen.

Donnerstag, der 28. August 2014

Wie schon die Tage zuvor gönne ich mir heute ein Frühstück aus Vla, Brot und Spekulatiuscreme. Obwohl ich gestern erst spät angekommen bin, bin ich heute früh auf den Beinen. Da ich erst ablegen kann, wenn der Hafenmeister kommt, heißt es, Zeit totzuschlagen, denn er kommt erst um 9 Uhr. Nachdem ich ziellos durch die Gegend gelaufen bin, stehe ich pünktlich vor dem Hafenkontor. Der Hafenmeister hat mich, oder besser gesagt mein Boot, bereits entdeckt. BEA durfte kostenlos hier liegen. Zum Glück, denn der Mindestsatz für Boote beginnt bei

6 Meter Länge. Auch so bezahle ich 15,- Euro, wobei die Kurtaxe im Preis enthalten ist.

Kurz darauf lege ich ab und mache mich auf den Weg nach Norden. Heute muss ich durch einige feste Brücken, daher ist Rudern angesagt. Und so rudere ich den Kanal hoch, den ich gestern Abend erst runtergesegelt bin. Bereits an der ersten Brücke bleibe ich stehen. Ich habe die ganze Strecke auf der Karte angesehen und gedacht, ich müsste nur den oberen Mastteil abbauen. Jetzt stelle ich fest, dass ich die allererste Brücke übersehen habe. Für die müsste auch der untere Teil des Mastes weggebaut werden. Eigentlich kein großer Aufwand, aber es geht mir gegen den Strich, also beschließe ich, umzuplanen. Statt nach Norden will ich erst zurück nach Ijylst und dort, wo ich mich gestern nach Osten gewendet habe, dem Kanal heute nach Norden folgen. Dorthin kann ich ja auch gleich segeln. Also lege ich an und baue den Mast wieder auf.

Vor dem Ablegen hisse ich noch schnell das Segel, dann geht es zu den drei Brücken durch die ich gestern gekommen bin. Erneut öffnen sie sich sehr frühzeitig für mich und ich kann ohne anzuhalten durch die Altstadt segeln. Eine schöne Strecke. Obwohl der Wind nun gegen mich ist, kann ich zwischen Sneek und Ijylst segeln. Allerdings muss ich kreuzen, was Zeit kostet, und zwar nicht gerade wenig. Immer wieder sehe ich Motorboote, manche ohne Rigg, manche mit einem, aber alle ohne Segel an mir vorbeiziehen. Als ich schließlich vor der Brücke in Ijylst ankomme, macht der Brückenwärter Mittagspause. Für mich bedeutet das eine halbe Stunde Warten. Ich nutze die Zeit, überquere die Brücke und besorge mir in der Imbissbude auf der anderen Kanalseite eine kühle Zitronenlimonade. Kaum komme ich aus der Bude raus, werde ich von einem Jungen angesprochen. Er erklärt mir, dass er mich heute jetzt schon dreimal gesehen hat. Und das ich ebenso oft nicht zurückgegrüßt hätte. Als Erstes morgens, während er und seine Familie gefrühstückt hätten. Dann auf dem Wasser und jetzt hier. Ich entschuldige mich. Normalerweise grüße ich immer, wenn ich Boote sehe. Den Eltern scheint es im ersten Moment peinlich zu sein, dass ihr Sohn auf die guten alten Seetraditionen besteht, aber als sie sehen, dass ich lächle, entspannen sie sich. Es tut mir ernsthaft leid. Ich finde es selbst schade, wenn andere Boote einen Gruß nicht erwidern. Noch viel mehr interessiert mich an der Begegnung aber etwas ganz anderes. Und zwar, wie sehr BEA auffällt. Mit einem normalen Charterschiff hätte man wohl kaum bemerkt, dass ich jemandem zwei-, dreimal begegnet bin. Mit so einem Exoten wie BEA unterwegs zu sein hat eindeutig Vorteile.

Zurück auf meiner Kleinen genieße ich ein paar Eierkuchen, bevor die Wartezeit vorüber ist. Pünktlich öffnet sich die Brücke und ich gehöre zu den Ersten, die ihre Fahrt fortsetzen dürfen. Schon bald muss ich wieder warten. Die Eisenbahnbrücke hat feste Öffnungszeiten. Und diese Zeit ist nicht jetzt. Also heißt es wieder warten.

So schlimm wäre das nicht, läge ich nicht mitten im Wind und würde dieser BEA nicht in Richtung Brücke drücken. So ist es ausgesprochen anstrengend, die Position zu halten. Mit einem Aufschießer stelle ich mein Boot in den Wind, stelle das Segel kurz back und halte mich schließlich irgenwo neben der Brücke mit der Hand fest. Nie war Anlegen leichter. Unbequem ist es dennoch, sorgt aber dafür, dass ich nicht im Kreis segeln muss. Bevor die Brücke öffnet, bittet der Brückenwärter mich, BEA etwas beiseite zu segeln. Denn die Brücke öffnet sich nicht nach oben, sondern zur Seite. Und dort, wo ich aktuell bin, würde sie mir wohl Probleme bereiten.

Kaum bin ich weggesegelt, ist es auch schon Zeit für die Brückenöffnung. Wir können los. Hinter der Brücke erwartet mich eine fast schon niedliche dörfliche Idylle. Alte, aber nicht altbackene Häuser und Boote, Wasser, einfach perfekt. Hinter der nächsten Brücke werde ich geradezu ins Hinterland ausgespuckt. Viel Schilf, weite Weiden, immer mal wieder Kühe am Ufer und ansonsten nur Wasser. Und Wind. Genau richtig, um angenehm nach Norden voranzukommen.

Auch bei der nächsten Brücke fällt mir auf, wie wohlwollend die Brückenwärter mir gegenüber hier eingestellt sind. Denn bereits mehrere Minuten bevor ich die Brücke erreiche, fallen die Schranken für die Autos und die Brücke wird geöffnet. Im ersten Moment greife ich zu meinem Paddel, um mich zu beeilen, sehe dann aber, dass niemand wartet. Grundlos paddeln will ich nicht, also segle ich gemütlich weiter, bis ich die Brücke erreiche. Der Brückenwärter lächelt freundlich, hebt die Hand zum Gruß. Ich tue es ihm gleich.

Mittlerweile ist mir klar geworden, dass ich hier in einer der vielleicht schönsten und ruhigsten Ecken von Friesland unterwegs bin. Allerdings habe ich noch nicht viel gesehen. Hier sind kaum Boote unterwegs, nur etwa einmal pro Stunde fährt eine Gruppe an mir vorbei, dann ist es wieder ruhig. Gemächlich schiebt mich der Wind nach Norden. Immer wieder sehe ich Vögel und Kühe, die mich ein Stück des Weges begleiten wollen. Die Natur ist friedlich. Es ist unglaublich beruhigend, hilft mir, absolut ausgeglichen zu sein, jeden Atemzug und jeden Augenblick zu genießen. Hier scheint es kein Gestern und kein Morgen zu geben, nur ein Hier und Jetzt, das es zu genießen gilt. Ich liebe jede Sekunde dieser Reise.

Unter den nächsten Brücken komme ich ebenso gut durch wie durch die davor. Es scheint, als hätten die Brückenwärter begierig darauf gewartet, ihre Brücke mal wieder zu öffnen. Ein wenig kann ich das verstehen. Es scheint nicht so, als hätten sie hier viel zu tun. Wie lange man sie wohl noch für ihren einsamen Job bezahlen wird? Und was danach? Ferngesteuerte, kameraobservierte, lautsprecherbepackte Komandos ? Oder vielleicht überhaupt keine Öffnungen mehr? Beides erscheint mir traurig. Das breite Lächeln und der Gruß der Brückenwärter ist ein Erlebnis für sich, es ist einfach wundervoll.

Schließlich erreiche ich Bolsward. Die Brücke in die Stadt könnte sich öffnen, aber ein großes Schild lässt mich sofort wissen, dass es eine Autobahnbrücke ist und es somit keine Öffnungen für offene Segelboote gibt. Nun, in diesem Fall habe ich Verständnis. Für meine kleine BEA eine ganze Autobahn sperren? Zu viel der Ehre! Ich muss kurz grinsen, schüttle dann aber den Kopf. Nein, das würde ich dann nicht wollen. Gleich neben der Brücke gibt es eine Möglichkeit, festzumachen. Auf dem Boden liegen mehrere leere Flaschen alkoholischer Getränke. Es sieht so aus, als würden hier öfters inoffizielle Feiern stattfinden. Ich bin nicht in Feierstimmung und will nicht bleiben, so baue ich mein Rigg ab. Das ist gar nicht so schlimm, denn ab hier sind die Brücken sowieso fest, ich müsste in jedem Fall paddeln. Es wären vielleicht 50 Meter, die ich bei einer Brückenöffnung weiter gekommen wäre.

Eigentlich war Bolsward für heute mein Ziel. Ich habe noch Zeit und Bolsward scheint eine schöne Stadt zu sein, trotzdem beschließe ich, weiter gen Norden zu rudern. Ich will ans Meer. Je weiter ich heute komme, desto früher bin ich morgen da. Für heute reicht die Zeit nicht, das ist mir klar. Auf dem Weg nach Harlingen gibt es einen Campingplatz in Witmarsum. Da will ich heute noch hin. Also verlasse ich trotz all der schönen historischen Gebäude die kleine Hansestadt Bolsward – oder Boalsert, wie sie friesisch heißt, ohne auch nur einen Fuß an Land gesetzt zu haben.

Bisher waren die in regelmäßigen Abständen auftauchenden Brücken der Grund, warum ich hier nicht segle. Als ich Bolsward hinter mir gelassen habe, fällt mir noch ein anderer Grund ein: Der Kanal ist sehr eng. Auf Vorwindkurs würde ich hier stellenweise das Schilf am gegenüberliegenden Ufer abmähen, während ich auf der anderen Seite ebenfalls ans Ufer stoße. Ein Stück hinter Bolsward muss ich plötzlich lachen. Neben einer winzig kleinen Windmühle steht ein riesiges Windrad. Tradition und Moderne der Windenergie stehen direkt nebeneinander – ein schönes Bild. Und irgendwie lustig. Ansonsten kann mich die Strecke nicht überzeugen. Vielleicht hängt es daran, dass es zuzieht, das Wetter das Licht verschluckt und die nahe Schnellstraße ihren Lärm auf den stillen Kanal rüberschickt.

Oder es ist die Stromtrasse. Vielleicht bin ich auch einfach von dem Kanal verwöhnt, den ich am Nachmittag besegelt habe. Liegt es vielleicht auch daran, dass ich schon wieder rudern muss? Genießen kann ich diesen Streckenabschnitt jedenfalls nicht. Der Gedanke, auf diese Weise am nächsten Tag deutlich früher am Meer anzukommen, hilft mir, immer und immer wieder das Paddel ins Wasser zu stechen und zu rudern.

Kurz vor Witmarsum biege ich auf einen Seitenkanal ab. Auf der Karte ist ein Campingplatz an diesem Kanal eingezeichnet. Und tatsächlich sehe ich bald Campingwagen – hinter einem hohen Zaun. Hier muss doch irgendwo ein Eingang sein? Oder ist das vielleicht nicht der Campingplatz? Obwohl ich schon am Campingplatz vorbei sein müsste, rudere ich weiter, bis ich in ein Wohngebiet komme. Nein, hier bin ich zu weit. Aber wie erreiche ich den Campingplatz? Neben einem Haus sitzt eine Gruppe Männer direkt am Kanal. Sie grillen ihr Abendessen, jeder hält ein Bier in der Hand. Ihren Blicken nach zu schließen, sind sie fasziniert von BEA. Ich übertrage das auf mich. Kurzerhand rudere ich zu ihnen und erkundige mich danach, wo sich der Campingplatz befindet. Freundlich erklären sie mir, dass ich wieder zurückpaddeln muss. Hier wäre ich ganz falsch. Auf dem Weg zurück in die Stadt gäbe es einen Anlegeplatz und daneben ein kleines Gartentor, durch das ich auf den Campingplatz käme. Ich bedanke mich und mache mich auf den Rückweg.

Bald darauf bin ich fündig geworden, BEA ist zwischen mehreren kleinen Motorbooten festgemacht und ich laufe über den Campingplatz. Normalerweise würde ich jemanden nach der Rezeption fragen. Obwohl wir noch Hauptsaison haben, scheint hier nichts los zu sein. In ein paar Wohnwaagen sehe ich Licht brennen, aber draußen ist niemand. Schließlich finde ich die Rezeption und melde mich an. Der Preis erscheint mir fair. Nachdem ich darum bitte, möglichst nah am Steg bleiben zu dürfen, weist man mir einen Platz zwischen den Dauercampern zu. Die stört das sicherlich nicht weiter, immerhin scheint von denen keiner da zu sein. Der Parkplatz ist weitgehend leer, es ist ruhig. Der Platz gefällt mir nicht, da ich BEA vom Zelt aus unmöglich sehen kann. Zwischen uns steht eine Baumreihe. Direkt am Steg gibt es keine Möglichkeit, ein Zelt aufzubauen. Resigniert reiße ich eine weitere Packung Fertigessen auf und koche mir mein Abendessen, bevor ich wie fast jeden Abend beginne, Logbuch zu führen. Der Ort hierfür ist ungewöhnlich. Ich schreibe im Duschhäuschen des Campingplatzes. Hier habe ich nicht nur besseres Licht, ich kann auch mein iPad und mein Handy aufladen. Während ich mein Logbuch führe, beginnt es draußen zu schütten. Und als wäre das nicht schon genug, frischt auch der den ganzen Tag eher schwache Wind auf und weht kräftig.

Sofort verstärken sich meine Sorgen um meine Kleine. Ich sehe besser nach ihr, bevor ich mich für die Nacht hinlege. Seemannssorgen eben. Die Knoten sind fest, alles ist in bester Ordnung. Und wo soll sie auch groß hin? So breit ist der Kanal nicht, sie käme nicht weit, wenn sie sich losreißen würde. Schließlich verhole ich mich mit einem unguten Gefühl in meinen Schlafsack.

Freitag, der 29. August 2014

Gleich nach dem Aufwachen sehe ich nach BEA und siehe da: Meine Bedenken waren völlig unnötig. Sie hat über Nacht keinen Schaden genommen. Nachdem ich mit meiner Morgenroutine fertig bin, werfe ich die Leinen los und steche in See. Nun, ganz so spektakulär ist es nicht, vielmehr bedeutet es, einen schlecht gemachten Knoten auseinanderzufriemeln. Die Sonne scheint, ich bin gut gelaunt. Heute geht's endlich ans Meer! Die gestern so trist wirkende Landschaft erscheint mir plötzlich viel schöner. Klar, ich weiß, dass heute nicht gesegelt wird. Aber die Freude auf das Meer überdeckt alles.

Witmarsum scheint auch schön zu sein. Gleich am Ortseingang begrüßt mich eine Windmühle, wie immer freue ich mich darüber. Daneben stehen winzige, uralt wirkende Häuser. Lächelnd wie ein Entdecker paddle ich ins Ortsinnere. Hier und da gibt es Anlegestellen. Es scheint so, als wären hier immer mal wieder Motorboote unterwegs. Momentan bin ich allerdings das einzige Boot auf dem Wasser. An Land ist auch nicht viel mehr los, nur vereinzelt sieht man Radfahrer, ansonsten bin ich allein. An einem der Gärten, an denen ich vorbeirudere, erwartet mich eine Überraschung. Plötzlich sehe ich mich einem halben Haustierzoo gegenüber: ein Schwein, eine Ziege, ein Schaf, ein Huhn ... Fröhlich grinsend paddle ich weiter. Ich will ans Meer.

Hinter Witmarsum kommt der Wind von der Seite. Er hilft mir nicht, behindert mich aber auch nicht. Die Landschaft ist friesisch wie aus dem Bilderbuch, das Bild ist mir mittlerweile bekannt. Es hat etwas unglaublich Beruhigendes. Nach etwa 40 Minuten macht der Kanal eine deutliche Biegung, hier kommt der Wind kurz von hinten. Ich genieße jeden Meter und vermeide den Gedanken daran, was als Nächstes kommt. Denn, so angenehm es ist, die kurze Strecke nach Osten geschoben zu werden, weiß ich, dass ich gleich eine deutlich längere Strecke nach Westen pullen muss.

Wie erwartet beginnt hinter der nächsten Kanalkreuzung das harte Schlauchbootseglerleben. Das heißt: rudern gegen den Wind. Für gewöhnlich würde ich fluchen, mich ärgern. Aber ist die Landschaft hier nicht einfach traumhaft? Und kommt nicht mit jedem Paddelschlag das Meer ein kleines Stück näher? Und dann all die Tiere auf ihren Weiden. Besonders freunde ich mich mit einer Herde Pferde an. Es sind fünf. Kaum bin ich querab, beginnen sie neben mir her zu trotten. Es schein, als würde ich sie amüsieren. Und ein klein wenig verstehe ich das auch. Wie oft sieht man denn schon ein gelbes Gummiboot mit einem Berg Seesäcke und einem Idioten, einem Kerl wie ein Bär, der damit auf Fahrt geht? Leider verhindert ein Zaun viel zu früh, dass sie mir weiter folgen können. Während ich meinen Weg fortsetze, sehe ich, wie meine neuen Freunde mit wehender Mähne davongaloppieren. Sofort muss ich daran denken, wie ich selbst vor vielen Jahren geritten bin. Besonders ein großer, schwarzer Hengst hatte es mir angetan. Ich erinnere mich sogar noch an seinen Namen: Attila. Ein tolles Pferd – und galoppieren konnte es ... durch den Wald, über die Felder, es war ein herrliches Gefühl. So sehr ich es damals genossen habe: Segeln ist einfach noch besser.

Nicht viel später durchquere ich den nächsten Ort. Kimswerd. Er packt mich sofort mit seinem Charme. Die alten Gebäude und die kleinen Häuser seiner angeblich gerade mal 600 Bewohner, die so ländlich wirken. Besonders ein alter Mann mit weißem Haar und einem langen Vollbart, der ein T-Shirt mit der Aufschrift „Crew" trägt und auf einer Leiter stehend Äpfel erntet, hat es mir angetan. Es ist, als hätte man einen „alten Seebären" aus einem Buch genommen und auf diese Leiter gestellt. Manchmal sieht man von Ferne einen Menschen, der sich unauslöschlich in das eigene Gedächtnis prägt. Kaum hat er mich gesehen, grüßt er mich freundlich.

Ich habe die Stadt schon fast verlassen, als ich mal wieder in ein Gespräch verwickelt werde. Die üblichen Fragen, woher, wohin. Ich antworte, aber ausnahmsweise etwas ungeduldiger. Ich will aufs Meer! Lächelnd fragt mich die Frau, nachdem sie mein Ziel gehört hat, ob ich dort zum Volksfest will.

„Volksfest? Welches Volksfest?" Und so erzählt sie mir davon, dass dieses Wochenende in Harlingen ein Fest stattfindet. Gutes Essen, Fahrgeschäfte, Musik, all so was. Ich bin unschlüssig. Es könnte interessant sein und Spaß machen. Aber ist die Stadt dann überfüllt? Bekomme ich überhaupt noch einen Platz für mein Zelt und meine Kleine?

Nach ein paar Minuten geht die Frau ihrer Wege und ich setze den meinen fort. Kimswerd und Umgebung gefällt mir ausgesprochen gut, das einzige Manko ist, dass ich hier nicht vernünftig segeln kann. Könnte ich hier segeln, ja, dann wäre es ein Traum, ein Ort zum Verweilen. Alte Bauwerke, lächelnde Menschen, viele Pflanzen und Tiere, viele Postkartenmotive, aber keineswegs von Touristen überrannt. Pier Gerlofs Donia, ein legendärer friesischer Pirat, der wohl nicht nur wegen seiner eigentlichen Körpergröße den Spitznamen Grutte Pier – der Große Pier – trug, stammt von hier. Bis zum Meer ist es wirklich nicht mehr weit, wenn es schon Piratengeschichten gibt.

Hinter Kimswerd begegne ich den ersten anderen Booten. Besonders beeindruckt mich ein Plattbodenschiff. Nein, kein kleines Boot, auch nicht offen. Eines von denen, die man auf den Friesischen Meeren oder dem Ijsselmeer findet, fährt hier auf diesem Mini-Kanal. Das ist mutig. Es gibt nur wenige Stellen, an denen dieser Riese einem anderen Boot dieser Größenordnung begegnen könnte.

In Wahrheit freue ich mich über etwas anderes. Während ich mich Harlingen nähere, muss ich immer mal wieder gegen den Wind an. Die Strecken sind weder übermäßig lang noch kurz und so sehe ich herannahende Boote frühzeitig. Plötzlich schießt mir ein offenes Motorboot mit Außenborder entgegen. An Bord eine Gruppe Jungs, vielleicht 10 Jahre alt. Sofort machte ich mich bereit, BEA zu stabilisieren, um die erwarteten Wellen auszugleichen. Dann werde ich überrascht. Ein ganzes Stück bevor das Motorboot mich passiert, schaltet der Steuermann erst runter, kaum bin ich nahe, geht er sogar in den Leerlauf. Und wartet, bis ich an ihm vorbeigepaddelt bin. Er lächelt und grüßt. Und sieht mir dann zu, wie ich langsam von dannen rudere. Immer noch wartend. Bis ich schließlich so weit weg bin, dass sein Wellenschlag BEA nicht mehr erreichen kann. Erst dann schaltet er hoch und rast davon. Wenige Minuten später kommt er wieder, dieses Mal von hinten. Und doch wiederholt sich das Ganze, erst wird er langsamer, treibt an mir einfach im Leergang vorbei und wartet, bis ihn sein Schwung möglichst weit von mir weggetragen hat. Erst dann schaltet er wieder hoch.

Ich freue mich riesig über diese Rücksichtnahme – das ist viel mehr, als ich erwarte. Sicher, ich schimpfe über Menschen, die mit einem riesen Wellenschlag an mir vorbeifahren, dabei lächeln und mich grüßen, als müsste ich nicht gleich hinter ihnen darum kämpfen, BEA aufrecht zu halten und dabei jegliches Tempo und damit meine Manövrierfähigkeit zu verlieren. Aber das hier ist unglaublich. Ich kenne den Jungen nicht, aber wenn es um Rücksichtnahme auf dem Wasser geht, kann sich wohl jeder eine Scheibe von ihm abschneiden.

Das Ganze wiederholt sich auf der Strecke nach Harlingen öfter – es scheint, als würde der Junge mit seinen Freunden zum Spaß immer wieder über den Kanal brettern. Obwohl ich ihm dabei permanent im Weg bin, lächelt er mich jedes Mal an. Nach diesem letzten Kanalstück erreiche ich den Campingplatz. Schnell ist angelegt, der Geldbeutel geschnappt und schon stehe ich in der Rezeption. Auf dem Weg dahin denke ich darüber nach, wie ich hier hergekommen bin. Vor etwa 50 Stunden habe ich in Woudsend abgelegt und war in dieser Zeit rund 22 Stunden auf dem Wasser. Alles in meinem kleinen Schlauchsegelboot. Ich bezahle, nachdem ich einmal geschluckt habe für zwei Nächte. Es ist mal wieder mehr, als mir lieb ist, aber da ich hier praktisch direkt neben dem Meer bin, lässt es sich verschmerzen. Außerdem bin ich im Urlaub, da kann man sich schon mal was gönnen.

Kaum raus aus der Rezeption beschließe ich zum allerersten Mal, meine wichtigste Regel über Bord zu werfen. Eigentlich kümmere ich mich immer als Erstes um meine Kleine, baue das Zelt auf und mache alles soweit fertig. Aber jetzt, als ich endlich da bin, ich kann schon fast das Rauschen des Meeres hören, überquere ich mit ein paar schnellen Schritten die Straße, steige den Deich hoch und vergesse die Zeit.

Es ist unglaublich, meine Gefühle fahren Achterbahn. Ich bin da. Zu Hause. Angekommen. Genau da, wo ich hingehöre. Nein, nicht, wo ich hin gehöre, aber fast. Ich sehe mein Zuhause hier, Hunderte von Kilometern weg von meiner Meldeadresse. An einem Ort, an dem ich noch nie war. Etwas sehend, das ich seit vielen Jahren nicht mehr gesehen habe und auch davor nur während des Urlaubs genießen konnte. Ich bin angekommen. Alles ist gut. So muss sich pures Glück, absolute Lebensfreude anfühlen. Ich bin begeistert. Ich weine. Ich lache. Alles zusammen. Es ist perfekt.

Irgendwann finde ich mich auf dem Boden sitzend wieder, mitten auf dem Weg. Wie viele Menschen schon um mich herumlaufen mussten? Ich habe keinen bemerkt. Angesichts des Verkehrs auf dem Pfad müssen es aber einige gewesen sein. Ich kann mich nicht mal daran erinnern, mich hingesetzt zu haben. Schweren Herzens stehe ich auf, werfe noch einen Blick raus zur See, bevor ich zu meiner Kleinen zurückkehre. In mir herrscht ein Kampf der Emotionen. Ich weiß, was ich will. Es ist unglaublich, aber ich weiß exakt, was ich will. Wo ich hin will, nein, hin muss. Es ist so simpel. Ich brauche ein Boot. Es muss keinen Komfort bieten, keinen Luxus. Es muss nur zwei absolut elementare Anforderungen erfüllen. Ich muss darauf schlafen können. Und es muss seegängig genug sein um da rauszufahren. Aufs Meer.

Ich liebe BEA. Sie ist einfach toll. Sie hat mich tapfer bis hierher gebracht und ist längst für mich ein lebendes Wesen. Und doch weiß ich, dass sie nur eine Lebensabschnittsgefährtin sein wird. Denn da, wo ich hin will, da kann sie nicht mitkommen. Ich liebe sie von ganzem Herzen, bin ihr unglaublich dankbar.

Ich bin angekommen!

Und freue mich auf die Zeit, die ich noch mit ihr verbringen werde. Liebevoll blicke ich auf sie herunter, wie sie da gemütlich im Seitenkanal des Campingplatzes liegt.

Ich gehe neben ihr in die Hocke: „Na, Kleine? Wie geht's dir?", beginne ich mit ihr zu reden. Immer wieder berühre ich ihre gelben Schläuche und den unteren Teil des Mastes. Sie ist einfach eine Tolle. Ich erzähle ihr von meinen Gefühlen, meinen Gedanken, meinen Plänen. Und sie hört zu, gluckst zwischendurch mal, wenn eine Böe über den Campingplatz zieht und kleine Wellen an sie schlagen. Sie scheint mich zu verstehen und einverstanden zu sein.

„Und weißt du was? Wenn ich irgendwann ein Boot habe, auf dem ich dich mitnehmen kann, dann kommst du mit! Wäre das nicht toll? Dann könnten wir zusammen Ankerbuchten unsicher machen!"

Und BEA gluckst.

Kapitel 5.

Immer noch Freitag, der 29. August 2014

Das Zelt ist aufgebaut, mein Gepäck verstaut. BEA ist mit der Bauplane, die als Persinning dient, zugedeckt. Kaum ist alles erledigt, stehe ich wieder auf dem Deich. Dieses Mal ist mein Ziel die Stadt. Ich will mir Harlingen ansehen. Eilig hab ich es nicht, gemütlich laufe ich über den Deich. Es ist einfach so schön hier, eine Wohltat für Augen und Herz. Die Wellen, die rauschend gegen den Deich schlagen, das Blaubraun des Meeres, der salzige Geruch in der Nase. Der Wind, der es sogar schafft, meine eigentlich kurzen Haare durcheinanderzubringen. Immer wieder bleibe ich stehen und sehe einfach nach draußen. Ich denke die ganze Zeit wie ein nordisches Mantra: „Ist es nicht schön hier?"

Schließlich ende ich aber in der Stadt. Schnell wird mir klar, dass der Blick aufs Meer keineswegs das einzig Schöne an Harlingen ist. Auch die Stadt gefällt mir sofort. Es gibt unglaublich viele alte und schmale Backsteinhäuser aus dem Goldenen Zeitalter. Der Ort ist durchzogen aus einem Geflecht aus Kanälen und es gibt einen ehemaligen Leuchtturm, der eine eiserne Windfahne trägt. Wie schön müssen erst die Häfen mitten in der Nacht sein? Noch vom Deich aus kann ich die hohen Masten von Plattbodenschiffen und Rahseglern sehen, die sich, wie auf Gemälden längst vergangener Jahrhunderte, über die Dächer der Stadt recken.

Mit weit aufgerissenen Augen streife ich durch die Gassen, folge den Kanälen und weide mich an den Traditionsseglern. Mitten in der Stadt ist das Volksfest in vollem Gange. Es ist spannend: Es gibt viele interessante Stände und leckeres Essen. Fündig werde ich aber in einer Imbissbude direkt am Hafen. Dort bekomme ich nicht nur meine erste Portion „Niederländischer Fritten" – sie sind viel breiter als die, die man bei uns in Deutschland üblicherweise bekommt –, sondern werde auch in ein angeregtes Gespräch mit der jungen Verkäuferin verwickelt.

Und diese Aussicht! Von hier aus kann man sowohl in Richtung des Volksfestes als auch zum Hafen sehen. Diese Lage ist sicherlich Gold wert. Als ich dann auch noch eine gut gefüllte Schale mit leckeren Fritten bekomme, steht fest, dass ich wiederkomme. Die Fritten sind kross, gut gewürzt – nicht wie so oft geschmacklos, fettig und lasch. Nein, diese Fritten sind sozusagen „3 Sterne-Fritten". Erneut schlendere ich über das Volksfest, bis ich an einem Stand voller Süßwaren stehen bleibe. Die Waffeln lachen mich an und ich entscheide kurzerhand, dass da noch irgendwo Platz in meinem Magen sein muss. Schnell gezahlt und schon mache ich mich auf den Weg raus aus der Stadt. Es ist so urig hier, aber die Menschenmenge empfinde ich als anstrengend. So viele Menschen sind mir, nachdem ich die vergangene Woche weitgehend allein verbracht habe, zu anstrengend.

Zurück auf dem Deich atme ich auf. Ich will noch mehr von der Stadt sehen, aber nur häppchenweise. So langsam wie möglich, laufe ich zurück in Richtung Campingplatz. Allmählich geht die Sonne unter. Ich kann mich nicht erinnern, wann ich einen Sonnenuntergang am Meer zum letzten Mal genießen konnte, und so verweile ich auf dem Deich. Es wird immer leiser. Bald sind auch jene, die mit ihren Hunden Gassi gehen, verschwunden. Wolken hängen am Himmel, weshalb ich wohl auch der Einzige bin, der sich das Schauspiel des Sonnenuntergangs nicht entgehen lässt. Lange stehe ich da und atme tief den Duft der See ein, ruhe in mir selbst, träume. Aber die Kälte der einbrechenden Nacht kriecht unter meine Kleidung und ich verschwinde irgendwann in mein Zelt. Zum Schlafen bin ich zu aufgewühlt. Positiv zwar, dennoch komme ich nicht zur Ruhe. Um mich abzulenken, fange ich mit einem weiteren Buch an. Nach etwa 100 Seiten fallen meine Augen zu.

Samstag, der 30. August 2014

Heute bleibe ich hier, gönne mir einen Ruhetag. Nicht segeln, nur die See genießen, die Seele baumeln lassen. Leider war die Nacht nicht besonders erholsam, immer wieder hatte mich der Lärm der nahen Schnellstraße aus dem Schlaf gerissen. Aber das ist nicht der einzige Grund, liegen zu bleiben. Nein, ein bisschen Straßenlärm und schlechter Schlaf können mich nicht vom Meer fernhalten. Aber es schüttet in Strömen. Bei Starkregen hab ich wenig Lust, mich tatenlos auf den Deich zu hocken. Also packe ich gleich wieder mein Buch aus und kuschle mich noch tiefer in meinen warmen Schlafsack. Etwa um 8 Uhr hört es endlich auf zu regnen. Sofort klappe ich das Buch zu. Auf auf zur See!

Gemütlich laufe ich den Deich entlang. Noch hängen viele Wolken am Himmel und doch ist die Aussicht unglaublich. Blauer Himmel, Sonnenschein? Solcherlei Kitsch scheint die Nordsee nicht zu brauchen. Fast scheint es, als dass sie unter dem Eindruck dunkler, dicker Wolken noch majestätischer wirkt. Zu schnell muss ich vom Deich wieder herunter. Ich muss dringend einkaufen und verschwinde in den nächsten Supermarkt. Allerdings enttäuscht mich das Sortiment ein wenig. So kommt es, dass ich kurze Zeit später wieder auf dem Deich stehe, Energie tanke, bevor ich mich leise pfeifend erneut auf den Rückweg mache. Ich genieße es. Je länger ich hier am Meer bin, desto mehr habe ich das Gefühl zu wissen, wer ich bin und wo ich hingehöre.

Hastig verdrücke ich mein Frühstück, bevor ich mich, ausgestattet mit meinem Klapphocker, einer Tasche mit etwas Essen und Getränken sowie einem Buch erneut am Meer wiederfinde. Gemächlich schlendernd folge ich dem Weg von der Stadt weg, mir ist immer noch zu viel los. Ich lenke meine Schritte näher ans Meer und stakse den Deich hinab, bis ich direkt neben den Wellen von Stein zu Stein springe. Dabei singe ich laut Kinderlieder vor mich hin. Ich bleibe stehen. Statt der herannahenden Welle auszuweichen, lasse ich sie meine Zehen überspülen. Das Wasser ist kalt und irgendwie angenehm. Zwar lädt die Temperatur nicht zum Schwimmen ein, ist aber auch nicht so kalt, dass man es nicht wagen könnte, die Füße im Wasser zu lassen.

Mittlerweile habe ich Harlingen weit hinter mir gelassen, selbst die Hundebesitzer mit ihren Tieren kommen nicht bis hierher. Nur selten sehe ich noch Radfahrer oder gar Spaziergänger. Im Großen und Ganzen bin ich allein. Kurzerhand stelle ich den Klapphocker auf, packe mein Buch aus, lese weiter. Es ist wunderbar. Der Wind kitzelt meine Haare, gleich vor mir rauscht das Meer und der leicht salzige Geruch füllt meine Nase, während ich die Worte des Romans in mich aufnehme. Immer wieder unterbreche ich den Lesefluss und blicke hinaus aufs Meer. Da liegt es, gleich vor mir, diese Schönheit. Immer wieder sehe ich Segler, die in der Ferne an mir vorbeiziehen. Was würde ich dafür geben, jetzt ebenfalls da draußen zu sein! Und trotzdem kommt kein Neid, kein Unmut auf. Ich bin einfach glücklich über das, was ich jetzt habe, und freue mich auf das, was die Zukunft bringen wird.

Tief in mein Buch versunken, vergesse ich die Zeit. Bei einem kurzen Blick stelle ich erstaunt fest, dass sich das Wetter verändert hat. Anstatt einzelner Wolken nähert sich mir eine dicke, dunkle Wolkenwand. Wenn man genauer hinsieht, kann man erkennen, dass es draußen über dem Watt bereits stark regnet. Zwar habe ich die Jacke meines Ölzeugs an, nicht aber die Hose. Kurz genieße ich noch den Ausblick, dann breche ich auf.

„Ach, das kommt nicht hier her. Das zieht vorbei!", höre ich einen Spaziergänger hinter mir zu seinen Begleitern sagen. Ich drehe mich um, will widersprechen, aber sie sind schon weiter gegangen. Denn ich bin mir sicher, dass die Regenfront hierherkommt. Die Windrichtung ist seit Stunden konstant und weht die mit viel Regen bepackten Wolken direkt auf Harlingen und das Umland zu. Wie kann man da auf die Idee kommen, diese Umwetterfront würde plötzlich ihre Richtung ändern? Es ist faszinierend. Über Land hätte ich dieses Bild als bedrohlich empfunden. Aber hier? Hier hat selbst Regen etwas Magisches. Diese Wetterfront scheint der Schönheit der See nicht schaden zu können.

Ich kann die Stimmung nur kurz verinnerlichen, dann muss ich mich wirklich beeilen. Es wird knapp, wahrscheinlich werde ich das letzte Stück im Regen zurücklegen müssen. Oben auf dem Deich, gleich neben dem Campingplatz drehe ich mich ein letztes Mal um. Der Regenvorhang hat mich fast erreicht und es kann sich nur noch um Sekunden, höchstens um eine Minute handeln, bis es auch hier anfängt zu schütten. Während ich die Treppe zur Straße heruntersteige, setze ich vorsorglich meine Kapuze auf – was mir ein Kopfschütteln derer einbringt, die mir entgegenkommen. Von hier aus kann man das Unwetter nicht sehen. Ich bin gerade am Eingang zum Campingplatz, als ich die ersten Regentropfen auf meine Kapuze schlagen höre. Es ist toll, zur Abwechslung mal recht zu haben, was das Wetter betrifft! Zurück im Zelt zeigt sich schnell, dass es nur ein kurzer Schauer war. Sehr stark, aber auch sehr kurz. Ich könnte wieder rausgehen, aber jetzt habe ich schon die Jacke ausgezogen, mich in den Schlafsack verholt und ins Buch vertieft. Ich bleibe eine ganze Stunde liegen und lese, bis ich das Buch schließlich zuklappe.

Mittlerweile bricht auch schon der Abend herein und ich begebe mich in die Stadt. Neben den Traditionsseglern sehe ich mir auch mehrere Boote der kommerziellen Fischer an. Sie sind faszinierend. Für mich wäre das wohl nichts, trotzdem, diese Boote, selbst ohne ein Segel, haben etwas.

Wieder werden mir die Menschenmassen schnell zu viel. Ich habe das Gefühl, als wäre noch mehr los als am Vortag. Allerdings gehen meine Vorräte zur Neige, daher mache ich auf dem Rückweg einen Abstecher in einen anderen Supermarkt. Schließlich geht es über den Deich zurück zum Campingplatz. Bald geht die Sonne unter, aber heute bleibe ich nicht auf dem Deich. Es ist deutlich bewölkter als gestern, ich könnte ohne eine Uhr gar nicht sagen, ob die Sonne bereits untergegangen ist oder nicht. Da nutze ich das noch vorhandene Licht lieber dazu, mir mein Abendessen zu kochen. Tatsächlich gibt es mal etwas anderes als Nudeln mit Soße. Käsespätzle, ich feiere das Bergfest. Natürlich sind schwäbische Käsespätzle in Friesland fehlplaziert. Die Zubereitung dauert lange und verbraucht viel Gas. Aber das ist es mir wert. Außerdem ist mein Gasverbrauch bisher deutlich geringer als erwartet.

Mit Einbruch der Nacht gehe ich zum Sanitärgebäude, stecke meine Ladegeräte in die Steckdosen und schreibe ins Logbuch, kaum sind die Zähne geputzt. Dabei kann ich mir das Abschlussfeuerwerk des Fests über den Bäumen ansehen. Ich bin nachdenklich: Halbzeit. Seit ich in Woudsend aufgebrochen bin, ist die Zeit wie im Flug vergangen, es ist kaum zu glauben dass es erst ein paar Tage her ist. Alles, was vor dem Törn lag, erscheint mir wie aus einem anderen Leben.

Sonntag, der 31. August 2014

Mein Logbuch für diesen Tag beginnt mit den Worten „Bleiben oder Fahren. Das ist die Frage, die ich heute Morgen beantworten muss." Sie treffen das Problem, vor dem ich beim Aufwachen stand, genau. Ich will segeln. Aber ich will auch am Meer bleiben. Was also soll ich tun? Am Liebsten natürlich beides. Aber das ist nicht drin. Schließlich begebe ich mich ins Restaurant des Campingplatzes. Mit dabei: Ein paar Euro und mein Tablet. Zuvor war ich bei der Rezeption, um mir den WLAN-Schlüssel geben zu lassen. Nachdem ich argumentiert habe, dass ich im Grunde nur einen Wetterbericht brauche, wird mir empfohlen einfach eine Kleinigkeit zu essen oder zu trinken – denn dann bekomme ich den Zugang für ein paar Stunden gratis. Und eine heiße

Schokolade hilft mir vielleicht bei meiner Entscheidung. Viel ist im Restaurant nicht los. 9 Uhr scheint für viele Camper noch keine adäquate Frühstückzeit zu sein. Irgendwie wundert mich das. Bin ich der Einzige, der von der Sonne geweckt wird? Eine junge Frau bringt mir einen Zettel mit dem Zugangscode fürs WLAN und eine große, dampfende Tasse heiße Schokolade mit Sahne.

Erst nippe ich an der Tasse, dann logge ich mich im Internet ein. Der Wetterbericht hilft mir nur bedingt weiter. Ich könnte heute weiter und segeln. Falls es regnet, könnte ich auch morgen aufbrechen, die Zeit würde noch ausreichen. Sicher bin ich mir allerdings nicht, denn ich habe die Karte der Wasserwege nicht dabei. Ich könnte also entweder heute oder morgen weiterziehen. Das hilft mir jetzt so gar nicht weiter. Fast hatte ich gehofft, dass ich heute gar nicht los könnte. Oder es morgen zu spät wäre, um aufzubrechen. Eine klare Entscheidung, die das Wetter für mich trifft. Aber so einfach wird es mir nicht gemacht. Ich klicke noch ein wenig im Internet rum, während ich mir meine Schokolade schmecken lasse. Dann bezahle ich und gehe zurück ins Zelt. Ich muss mich entscheiden. Jetzt.

Also packe ich die Karte aus und vermesse die vor mir liegende Strecke unter Zuhilfenahme eines Fadens, den ich an einem Lineal abmesse. Schnell ist klar, dass die Strecke an einem Tag machbar ist. Allerdings nur, wenn ich lange auf dem Wasser bin. Länger als an jedem bisherigen Tag, nämlich etwa 10 Stunden. Ich muss spätestens morgen Abend am Ziel sein, denn danach dreht der Wind auf Ost und versperrt mir den Weg. Ich habe also ein Wetterfenster bis morgen Abend. Mir wird klar, dass ich versuche, vor mir selbst zu rechtfertigen, dass ich heute nicht aufs Wasser gehen möchte. Ich will noch am Meer bleiben und einen weiteren Tag die See genießen. Entschlossen stapfe ich zur Rezeption und verlängere meinen Zeltplatz um eine Nacht. Danach packe ich meine Tasche. Wenn ich schon einen weiteren Tag hier bleibe, will ich etwas unternehmen, nicht nur rumsitzen und lesen. Etwas zu trinken, etwas zu essen, mein Tablet für Fotos, das muss reichen. Wäre es wärmer, wäre ich Baden gegangen. So entscheide ich mich für einen langen Spaziergang, fast schon eine Wanderung. Statt Wanderschuhen habe ich meine Sandalen an und stapfe so, entlang der sich ständig verändernden Wassergrenze, nach Süden. Statt dem Weg zu folgen, laufe ich über die Steine direkt am Wasser entlang. Wie schon gestern singe ich dabei Kinderlieder und fange immer wieder an laut zu lachen. Das Leben ist schön und anders als gestern, stehen heute nur ein paar helle Wolken am Himmel. Ich denke an Schäfchenwolken. Überrascht bleibe ich stehen, als plötzlich vor mir ein richtiges Schaf steht.

„Määäääh!"

Verdutzt sehe ich das Schaf an. Natürlich, ich hatte schon mal gelesen, dass man hier Schafe zum Weiden auf die Deiche lässt. Das erklärt auch die Gatter und die Wassernäpfe auf der anderen Seite des Deichs. Ich zucke mit den Schultern. Das Schaf hatte mich ja schon angesprochen, also erscheint es mir unhöflich, einfach weiterzulaufen und so antworte ich: „Määäh!", bevor ich grinsend von dannen ziehe. Nach mehreren weiteren Begegnungen mit Schafen, stehe ich vor einem verschlossenen Gatter. Der Weg endet hier. Ein Blick in die Ferne lässt den Grund klar werden. Hier beginnt der Abschlussdeich zum Ijsselmeer. Blickt man über den Deich hinweg in die Ferne, kann man sogar das Ijsselmeer sehen. Keine Sekunde habe ich erwartet, tatsächlich bis hierher zu kommen. Vor mir, auf dem Abschlussdeich, grast eine große Schafherde. Eine Zeitlang sehe ich ihnen zu. Was für ein Leben: Fressen. Trinken. Scheißen. Aufs Meer raus sehen ...

Schnell schüttele ich den Kopf. Was habe ich da denn für dumme Gedanken? Geschert werden, gemolken werden, geschlachtet werden. Und nicht segeln? Nein wirklich, was für dumme Gedanken. Eilig drehe ich mich um und mache mich auf den Rückweg. Allmählich spüre ich meine Beine. Eine solche Strecke mit Sandalen zu laufen ist nicht die beste Idee. Hin und wieder bleibe ich stehen, raste kurz und sehe raus aufs Meer.

Es ist schön hier und schon wieder beginne ich zu singen, bis Fußgänger und Radfahrer wieder vermehrt auftauchen. Ich bin wieder zurück im Einzugsbereich von Harlingen. Allmählich verstumme ich, meine Gesangsküste sind nicht gerade dazu geeignet, andere Menschen zu erfreuen. Ich war fünf Stunden unterwegs, bin aber noch nicht angekommen. Statt mich ins Zelt zu verziehen, gehe ich gleich in die Stadt. Ich will noch etwas einkaufen und bald machen die Geschäfte zu. So leid mir die Verkäufer auch tun, ist es doch praktisch, wenn die Supermärkte sonntags geöffnet haben. Es war ein schöner Tag bisher, ich bin glücklich.

Noch ist der Tag nicht vorbei. Im Moment habe ich keine Lust zu lesen, um die Zeit zu nutzen, will ich lieber Logbuch schreiben. Das ganze Fotografieren hat Akku gekostet, daher laufe ich mal wieder zum Sanitärgebäude, um Logbuch zu führen. Dabei wird mir klar, dass es heute nicht sonderlich bewölkt ist, und bald ist Sonnenuntergang. Also sehe ich zu, fertig zu werden und meine Sachen wegzupacken. Kurz darauf stehe ich mit einer ganzen Gruppe vom Campingplatz oben auf dem Deich. Es ist ein traumhafter Abend, fast so, als wolle mich die See dafür belohnen, dass ich noch einen Tag hiergeblieben bin. Die Sonne taucht den Himmel und das Meer in Goldgelb. In der Ferne geht das Licht in ein dunkles Blau über. Die Wolken spiegeln sich im Wasser und bilden einen Anblick, der nicht schöner sein könnte. Wäre ich dem Meer nicht schon längst verfallen, spätestens jetzt wäre es passiert. Was für ein Bild. Kurz werde ich nachdenklich, fast schon traurig. Wann ich wohl das nächste Mal hierher komme? Es dauert mit Sicherheit Monate. Ich glaube nicht, dass ich vor dem nächsten Jahr wieder ans Meer komme. Kurz bevor die Sonne tatsächlich untergeht, schieben sich noch einige Wolken vor sie. Und nachdem es nun so scheint, als könne man den Sonnenuntergang tatsächlich nicht beobachten, verschwinden all die anderen Beobachter und gehen zurück zum Campingplatz. Ich bleibe allein zurück. Sehe raus in die Ferne. Beobachte, wie sich die Wellen brechen und gegen den Deich schlagen. Bewundere die Spiegelbilder der Wolken im Meer, schaue auf die Stadt Harlingen im Norden. Genieße einfach die Weite, die mich umgibt. Dann, ich habe schon gar nicht mehr damit gerechnet, kommt die Sonne noch mal heraus.

Nicht komplett, aber ein wenig blitzen ihre Strahlen durch zwei Löcher in der dicken Wolkendecke. Wie durch glühende Augen wirft die untergehende Sonne zwei Lichterstraßen auf das Meer. Ein unglaubliches Bild, das ich in Ruhe in mich aufnehmen kann. Begleitet von nichts als dem stetigen Rauschen der Wellen und dem Schrei einer Möwe. Lange bleibe ich da oben stehen. Die Sonne ist längst endgültig hinter dem Horizont verschwunden. Die Dunkelheit legt sich übers Meer. Ich bekomme eine Gänsehaut. Langsam kriecht die Kühle der Nacht unter meine Kleidung.

Montag, der 1. September 2014

Nach einer kurzen, aber erholsamen Nacht muss ich endgültig los. Ob ich will oder nicht, heute Abend schließt sich mein Wetterfenster. Heute habe ich Wind aus Westen, der mich bis Leuwaarden im Osten bringen kann. Gegen Abend wird er auf Nord drehen, bevor er dann morgen aus Osten kommt und somit diese Richtung für mich versperrt. Über eine so lange Strecke zu rudern ist nicht drin. Daran denke ich aber nicht, als um 6:30 Uhr mein Wecker klingelt. Ich bin im Urlaub und stelle ihn aus. Glücklicherweise kenne ich mich und eine halbe Stunde später, um 7 Uhr, bimmelt diese Nervensäge schon wieder. Ich quäle mich aus dem Schlafsack, packe meine restlichen Sachen zusammen und baue das Zelt ab. Ich will BEA zur Abfahrt fertig machen. Bevor ich mein

Gepäck einladen kann, muss erst das Wasser raus, ich muss sie irgendwie lenzen. So viel ist es gar nicht, meine Bauplanenpersenning hat das meiste Wasser von oben abgehalten. Wenn ich nicht drinnen sitze, schwimmt BEA obenauf. Es kommt fast kein Wasser mehr von unten rein. Trotzdem sind drei Tage genug, um eine Pfütze zu bilden. Erst um kurz nach 8 Uhr bin ich so weit fertig und sitze mit einer fürs Frühstück gepackten Tasche am Meer. Am Abend werde ich die Gefühlseindrücke so zusammenfassen:

„Ein Teil von mir will hierbleiben. Aber ich weiß, das ich es bereuen würde."

Wie wahr. Ich leide unter dem Abschied. Ich verstehe mehr und mehr, warum so viele Segler da draußen regelmäßig Hunderte von Meilen segeln. Mit einer Jolle auf dem Baggersee macht es ebenso Spaß. Viel Spaß sogar! Aber es ist einfach nichts im Vergleich zu dieser Schönheit da draußen. Während ich der Brandung lausche und ein letztes Mal die salzige Brise einatme, die der Wind zu mir trägt, verabschiede ich mich. Mit aller Mühe versuche ich, die Tränen zurückzuhalten. Es gelingt mir. Fast. Eine einzelne rollt doch meine Wange herunter.

Um kurz nach 9 Uhr löse ich die Leinen, die BEA mit dem Land verbinden, und lege ab. Das erste Stück muss ich rudern, denn mehrere Brücken versperren den Weg. Mit Halbwind – also Wind von der Seite, geht es ins Innere von Harlingen. Wie schon gesagt liegen hier viele wundervolle Boote: von kleinen Motor- und Segelbooten bis zu großen Traditionsseglern.

Normalerweise hätte ich den Anblick genossen, aber noch immer leidet meine Seele unter dem Abschied. Ich nehme die Schönheit dieser Strecke zwar wahr, sie kann mich aber nicht zum Lächeln verleiten. Nach einer Stunde Rudern hab ich es geschafft. Die Brücken, unter denen ich nicht einfach durchsegeln kann, liegen fürs Erste hinter mir. Also mache ich an der Seite kurz fest, baue den oberen Mastteil auf und hisse mein buntes Segel.

Mehr schlecht als recht greift der Wind ins Segel und schon bald muss ich erneut rudern. Wenigstens, bis ich aus der Stadt mit all ihren windgeschützten Ecken endgültig raus bin. Hier ist es noch schlimmer als auf einem der Baggerseen, auf denen man auf einem Kurs erst eine Halse und nur wenige Sekunden später, ohne eine ernsthafte Kursänderung, eine Wende fahren muss.

Draußen fasst der Wind endlich halbwegs ins Segel. Es ist nicht perfekt, denn viele große Industriegebäude decken immer wieder den Wind ab oder verwirbeln ihn. Aber es geht, immerhin muss ich nicht mehr zum Paddel greifen. Leider raubt die Industrie der Landschaft praktisch jeden Reiz. Zwischen den Gebäuden sieht man kaum einen grünen Streifen. Als ich endlich aus diesem Industriegebiet draußen bin, wirkt die Landschaft um so mehr auf mich. Hier wird es wieder schön. Weite Flächen, einige Windräder, sogar ein altes Haus stehen am Rand des Kanals. Nur die Breite der Wasserstraße irritiert mich ein wenig: Das hier hat nichts mehr mit den süßen, kleinen Kanälen zu tun, auf denen ich zwischen Woudsend, Sneek und Harligen unterwegs war. Wenn ich bisher auf den Landstraßen und Waldwegen unter den Kanälen unterwegs war, so entspricht dieser Kanal mindestens einer Bundesstraße. Viele Boote, natürlich unter Motor, rattern an mir vorbei. Manche davon sehen langweilig aus, bieten meinen Augen keine Abwechslung. Andere hingegen sind wunderschön.

Leider ziehen sie alle eine Schleppe aus Wellen hinter sich her. Diese Wellen sind zumeist nicht allzu hoch, weshalb sie im ersten Moment gar nicht mal so schlimm sind. Allerdings wirft der Kanal sie immer wieder und wieder zurück, wodurch eine absolut konfuse Kreuzsee entsteht. Ich wäre vermutlich schneller, würde ich mich mit BEA am Ufer festhalten. Sie bleibt erst stehen, verliert dann jegliche Manövrierfähigkeit und bockt. Sie würde gern querschlagen, was das Segeln zu einer echten Herausforderung macht. Bald beginne ich, dieses Kreuz und Quer zu durchschauen und schaffe es, durch rechtzeitige leichte Kursänderungen am Ende den richtigen Kurs zu fahren, bevor die Wellen mich stoppen können. Ich nehme die Wellen nicht mehr schräg von der Seite, sondern versuche, wenigstens die ersten und stärksten direkt von vorn oder von hinten zu nehmen. Das ist nicht nur angenehmer für mich, BEA behält auch ihren Kurs bei.

Mit dieser Taktik erreiche ich schon bald Franeker. Vom Wasser aus gesehen scheint es eine hübsche Stadt zu sein. Nachdem ich durch den üblichen Ring neuer Gebäude am Stadtrand hindurch bin, erwartet mich eine hübsche Altstadt. Aber mir fehlt immer noch das Meer, ich bin von Harlingen verwöhnt und vor allem froh, unterwegs zu sein. Daher komme ich gar nicht auf die Idee, hier für eine Stadtbesichtigung anzulegen. Eigentlich fehlt mir dafür sowieso die Zeit.

Fast muss ich aber festmachen, die Stadt ist durch eine Brücke in zwei Hälften geteilt. Anders als bei den letzten zwei Brücken kann ich nicht drunter durch segeln, wenn sie geschlossen ist. Der Brückenwärter hat gerade Pause. Doch ich habe unglaubliches Glück. Die etwa 10 Minuten, die ich tatsächlichen noch bis zur Brücke brauche, sind perfekt getimt. Während ich, ohne auch nur einen Ruderschlag getan zu haben, vor der Brücke ankomme, wechselt das Rot-Rot auf ein Rot-Grün. Die Brücke öffnet sich. Ich kann als Erster unter ihr durch gleiten. Kurz hinter der Brücke endet die Altstadt. Ein weiteres Industriegebiet säumt das Ufer. Glücklicherweise ist es nicht ganz so groß, wie das hinter Harlingen und bald bin ich wieder auf dem Kanal.

Plötzlich verschwindet die Sonne hinter einer dichten Wolkendecke und meine gerade erst gebesserte Laune ist kurz davor, sich wieder zu verabzuschieden. Dann fällt mein Blick auf ein mindestens 20 Meter langes Plattbodenschiff. Ich kann gar nicht glauben, dass es segelt, sicher läuft der Motor mit. Es kann doch nicht sein, dass ein so großes Schiff auf einem Kanal wie diesem nur unter Segel unterwegs ist! Beeindruckend. Da ist nichts mehr mit Ausweichen, nicht unter Segel. Und es ist ja nicht gerade wenig los. Schon bald kommt der Segler querab und ich kann erkennen, dass der Motor wirklich aus ist. Keine Rauchwolke am Auspuff, kein Getucker, vor allem: keine Wellen. Respektvoll hebe ich die Hand zum Gruß. Um so ein Schiff auf einem Kanal ohne Motor zu bewegen, braucht es eine gute Portion Vertrauen in die eigenen Fähigkeiten. Eigentlich ist der Skipper verdammt clever. Unter Motor wäre er einer von vielen. So aber müssen ihm alle ausweichen. Das hat sicher auch seine Vorteile. Toll aussehen tut es auf jeden Fall. So ein großes Schiff unter Segel, auf dem plötzlich viel kleiner wirkenden Kanal, das hat schon was. Meine 5 Quadratmeter können mit den Hunderten Quadratmetern Segel, die sein Mast trägt, nicht mithalten. Von der Wasserlinie ganz zu schweigen.

Aber dann passiert etwas. Gerade war alles so schön. Tolle Gebäude an der einen Seite des Kanals, eine Fähre, die Spaziergänger und Radfahrer über den Kanal bringt, Stille, ein paar Tiere, Natur um mich herum. Ich bin tatsächlich glücklich und dachte, ruhig und entspannt segeln zu können. Mit einem Schlag ändert sich alles. Ein dicker Dampfer überholt mich. Ich spüre ihn, noch bevor ich ihn sehe. Ich gerate in seinen Sog, packe so schnell es geht das Paddel und werfe mich in die Riemen. Obwohl ich mit aller Kraft rudere und gleichzeitig versuche, den Wind zu nutzen, was mir sogar überraschend gut gelingt, gerate ich immer näher an das Schiff. Es saugt mich geradezu an.

Was zum Teufel denkt sich der Kapitän! Adrenalin schießt durch meinen Körper. Wenn ich aus diesem Sog nicht rauskomme, es nicht schaffe, mich frei zu halten, kann das ganz schnell das Ende für BEA bedeuten. Wenn es richtig schlimm läuft, sogar für mich. Noch mal ziehe ich die Riemen mit aller Kraft durchs Wasser, aber es bringt alles nichts. Ich kann sehen, wie sich der Wasserstand des Kanals ändert. Plötzlich sind da mehrere Zentimeter feuchtes Ufer, wo eben noch das Wasser stand. Mit einem vernichtenden Blick versuche ich den Kapitän des Schiffes darauf aufmerksam zu machen, dass ich unmöglich finde, was er da tut.

Ich erinnere mich noch genau, wie man mir bei meinem Segelkurs beigebracht hat, dass man auf Kanälen allgemein Sog- und Wellenschlag vermeiden soll. Das sollte jemandem, der so ein Monstrum steuert, ja wohl klar sein. Viel Zeit bleibt mir für den bösen Blick nicht. Ich muss hier unbedingt wegkommen oder ich bin die morgige Schlagzeile. Mittlerweile bin ich nur noch wenige Meter von der Schraube entfernt. Ich lege noch mehr Kraft in die Riemenschläge. Es nützt nichts, ich werde trotzdem weiter angezogen. Meine Wut weicht, ein erster Anfall von Angst überkommt mich. Urplötzlich, nur wenige Meter vom tödlichen Heck des Schiffes entfernt, endet der Sog. Ich habe ein, vielleicht zwei Sekunden zum Durchatmen. Dann treffen mich seine Heckwellen mit aller Gewalt. BEA wird schlimmer herumgeschleudert als in der vergangenen Woche auf dem Sloter Meer. Laut knallen die Wellen gegen den Kanal und werden alptraumgleich zurückgeworfen. Ich finde mich inmitten einer Kreuzsee wieder, wie ich sie noch nie erlebt habe. Über Rudern oder Segeln denke ich längst nicht mehr nach, die kommenden Minuten bin ich vollauf damit beschäftigt; zu verhindern, dass BEA in diesem Kreuz und Quer kentert. Sie schüttelt sich und würde mich abwerfen, wenn ich es nicht schaffe, sie unter Kontrolle zu halten.

Ein Motorboot, das offensichtlich kein großes Problem mit den Wellen hat, kommt vorbei. Es verlängert meinen Kampf, bis ich endlich BEA wieder unter Kontrolle habe und weiter kann.

Auf dem Weg nach Leuwaarden gerate ich immer wieder in kleinere Kreuzseen, wenn ein Boot unter Motor mich passiert. Im Großen und Ganzen ist es aber in Ordnung. Es tut mir gut, unterwegs zu sein, zu segeln. Die Landschaft entschädigt mich mit ihren tiefgrünen Bäumen, weiten Weiden und dem flüsternden Schilf. Hin und wieder sehe ich auch Kühe, Schafe und Pferde auf ihren Weiden neben dem Kanal. Auf dem parallel zum Kanal verlaufenden Radweg fahren immer wieder junge und nicht mehr ganz so junge Menschen mit ihrem Rad entlang und grüßen mich. Es ist ein fröhliches Miteinander, jeder geht seines getrennten Weges und ist doch auf derselben Strecke unterwegs.

Es scheint, als hätte ich mich zu früh gefreut: Auf der Höhe von Deinum bleiben wir stehen. Der Grund ist deutlich ärgerlicher als eine Kreuzsee. Anstatt der gemeldeten 2 Beaufort muss ich nun mit einer Flaute kämpfen. Es ist 17 Uhr, ich bin seit acht Stunden nonstop unter Segeln unterwegs. Entsprechend habe ich den Höhepunkt meiner Kräfte schon überschritten. Dabei liegt noch ein ganzes Stück vor mir, denn ich muss Leuwaarden einmal komplett durchqueren. Bis dorthin liegen auch noch ein paar Seemeilen vor mir. Plötzlich stürzt alles über mir zusammen. Der Kanal ist doof, all die Kreuzseen bremsen mich aus. Viel zu oft sehe ich Industrie, auch die Landschaft ist irgendwie verblasst. Das Einzige, was hilft, ist der Gedanke, diesen Kanal morgen zu verlassen. Wütend packe ich das Paddel und sorge mit meinem händischen Motor für ein Weiterkommen. Dabei klammere ich mich an den Gedanken, wie viel Spaß es mir gemacht hat, zu segeln. Und das hoffentlich – ganz bestimmt – bald der Wind anheben wird.

Leider passiert das nicht. Noch nicht mal ein Hauch von einer Bö, stark genug, um BEA auch nur ein paar Meter anzutreiben, füllt mein Segel. In Leuwaarden selbst verschlechtert sich meine Laune noch mehr. Am Kanal wird überall gebaut. Und zu allem Überfluss lassen auch meine Kräfte mehr und mehr nach. Mitten in Leuwaarden beschließe ich spontan, ans Ufer zu fahren, und steige aus.

Ich habe keine Lust, weiter zu rudern. Stattdessen greife ich mir den Mast und schiebe BEA durchs Wasser, während ich an Land laufe. Um zu verhindern, dass sie, sollte sie mir aus den Fingern rutschen, wegschwimmt, habe ich eine Leine zwischen uns gelegt. So geht es eher etwas langsamer, aber ich bewege nun wenigstens andere Gliedmaßen. Meine Arme sind erschöpft vom Segeln und Paddeln, meine Beine fast eingeschlafen, da sie die meiste Zeit nichts zu tun hatten. Immer wieder tun sich Lücken in der Kanalbegrenzung auf. Ich muss darauf achten, dass BEA nicht in sie reinschwimmt und springe dafür, BEA in der Hand, einfach drüber. Schließlich reichen die Privatgrundstücke bis direkt an den Kanal, ich steige notgedrungen wieder auf über BEA und greife erneut zum Ruder. Wirklich weit dürfte es eigentlich nicht mehr sein. Hier müsste irgendwo auf der rechten Seite des Kanals ein Yachthafen liegen. Dann muss ich zwar morgen früh ein kleines Stück gegenan, aber für heute will ich endlich ankommen. Ich bin fertig. Und zwar jetzt. Morgen früh habe ich hoffentlich wieder Kraft, weiterzumachen.

Nur wo ist dieser Hafen? Ich rudere und rudere, aber nirgendwo kann ich einen Hafen sehen. Oder auch nur eine Ansammlung von Masten, die auf einen Hafen hinweisen würde. Schließlich entdecke ich bei einem Blick nach hinten etwas, das mich mit den Zähnen knirschen lässt. Ich bin tatsächlich, ohne es zu bemerken, am Hafen vorbeigerudert. Da taucht auch ein Schild auf, auf dem es eindeutig steht, dass ich schon vor einiger Zeit daran vorbeigekommen sein muss. Jetzt ist es egal, ob ich umdrehe oder weiter rudere, ich befinde mich in der Mitte zwischen zwei Häfen. Dann will ich wenigstens Strecke gut machen, um morgen nicht gegen den Wind zu müssen. Um etwa 20 Uhr bin ich in der Nähe des nächsten Hafens. Genau genommen müsste ich sogar schon mitten drinnen liegen. Denn ich bin genau da, wo auf meiner Wasserkarte der Hafen eingezeichnet ist.

Ist das hier vielleicht wieder so ein Fall wie bei dem Campingplatz vor Witmarsum, bei dem die Karte nicht exakt war? Ich folge dem Kanal noch ein Stück weiter. Irgendwo muss der Hafen sein! Aber nichts. Wieder versuche ich, wenigstens ein paar Masten auszumachen. Doch ich kann einfach nichts erkennen. Wenn im Hafen nur Motorboote liegen, was bei der Distanz zu größeren Seen oder dem Meer gut sein kann, gibt es selbstverständlich keine Masten, die mir bei der Orientierung helfen könnten. Nachdenklich blicke ich zur Sonne. Viel Zeit habe ich auch nicht mehr. Was tun? Soll ich weiter nach dem Hafen suchen? Und wenn ja, wo?

Ich befinde mich auf einer Art kleinem See. Und soweit ich sehen kann, ist es eine Sackgasse. Ich kann keinen Kanal erkennen, der hier irgendwo weiterführt. Und ich weiß nicht, wo sich der Hafen verstecken könnte. Meine Gedanken drehen sich im Kreis. Auf dem Weg hierher, geschätzt 100 Meter den Kanal runter, habe ich eine Windmühle passiert. Daneben habe ich eine Wiese gesehen. Es wäre ein möglicher Platz, um die Nacht zu verbringen. Nur würde ich dann wild campen. Dann wird mir schlagartig etwas klar: Wenn ich jetzt umdrehe, schaffe ich es gerade noch so, anzulegen, bevor die Sonne untergeht. Sie ist bereits fast hinter dem Horizont verschwunden. Vor dem Einbruch der Nacht das Zelt aufzubauen, wird kaum möglich sein, aber wenn ich mich beeile, kann ich vielleicht wenigstens vermeiden, im Dunkeln mit BEA unterwegs zu sein. Wie hoch sollten meine Chancen auch sein, den Hafen in der Finsternis zu finden? Ich kann ihn ja jetzt schon nicht entdecken. Nein. Sicherheit, besonders meine eigene, erscheint mir ein absolut legitimer Grund zu sein, mein Zelt dort bei der Mühle aufzustellen.

Es ist nicht einfach, BEA festzumachen. Die erste Leine befestige ich an einem Zaun, der neben der Windmühle verläuft. Dazu muss ich kreativ werden. Das hier ist nicht nur kein Zeltplatz, sondern eben auch kein Anlegeplatz. Also muss ich den großen Hering in den Boden rammen, den ich extra mitgenommen habe, um überall festmachen zu können. Jetzt sollte es klappen. Hoffentlich läuft hier niemand mitten in der Nacht vorbei, denn obwohl die Leine weiß ist, kann man sie leicht übersehen. Sicherheitshalber stelle ich, obwohl es dadurch schräg steht, das Zelt direkt daneben auf. Die Abspannleinen mit Reflektoren sollten die Gefahr zusätzlich reduzieren.

So, gerade noch geschafft, bevor die Sonne endgültig untergegangen ist und die Dunkelheit hereinbricht. Wie leicht einem durch die eingeschränkte Sicht etwas passieren kann, muss ich schmerzlich selbst erfahren, als ich beim Entladen von BEA in ein tiefes Loch trete.

Eine der vielen Kanalbrücken unterwegs.

Hier fehlt die Erde zwischen Kanalbefestigung und Land. Bei Tag wäre das offensichtlich, im Dunkeln ist es eine gefährliche Falle. Im Zelt begutachte ich zunächst das Bein. Es tut zwar höllisch weh, dem Anschein nach bin ich aber mit einem Schrecken davon gekommen. Keine Schwellung, keine Verfärbung, keine Wunde. Ich setze mich vor das Zelt, werfe den Gaskocher an und koche mir im Schein meiner Stirnlampe meine obligatorische Suppe. Für alles andere ist es ohnehin längst zu spät. Im Hintergrund höre ich Technomusik, es scheint, als wäre in der Nähe ein Festival.

Ich war fast zwölf Stunden unterwegs, jeder Knochen schmerzt. Doch ich kann nicht anders: Ich bin unglaublich stolz auf BEA und mich. Wir haben das toll gemacht! Und, zurückblickend, war es ein schöner Tag. Sicher, die Strecke war nicht die schönste. Obwohl ich den Aufenthalt am Meer sehr genossen habe, war es toll, wieder unterwegs zu sein, zu segeln. Zwischendurch gab es auch immer wieder schöne Abschnitte, die Landschaft entlang den Kanälen wechselt langsam, aber stetig, es ist eine gemächliche Veränderung, die Seele hat Zeit, mitzureisen. Manchmal habe ich mich auch heute richtig wohlgefühlt. Trotzdem finde ich es nicht schade, dass mich der Weg morgen nach Süden und damit bald weg von diesem Kanal führen wird. Besonders stolz bin ich auch darauf, dass ich es geschafft habe, viele vermeintliche Kleinigkeiten zu erledigen, während ich segle: zum Beispiel ein Brot schmieren oder auch mal einen Blick auf die Karte werfen. Das wird mir sicherlich in Zukunft weiterhelfen. Schließlich übermannt mich die Müdigkeit. Noch während die laute Technomusik durch die Landschaft dröhnt, gelingt es mir problemlos, in meinen Schlafsack gekuschelt einzuschlafen.

Dienstag, der 2. September 2014

Bereits um 6:30 Uhr wache ich auf und stehe ausnahmsweise sofort auf. Ich fühle mich erstaunlich fit. Schon kurz darauf habe ich das Zelt eingepackt und wieder alles an Bord verstaut. Einen Vorteil hatte es, dass gestern Abend die Zeit so knapp war: Ich hatte gar keine Möglichkeit, großartig Chaos zu veranstalten, sodass jetzt tatsächlich der Aufbruch schnell geht. Ich nehme mir einen Moment und sehe mir meine Umgebung genauer an. Überrascht stelle ich fest, dass dies vielleicht der schönste Ort ist, an dem ich während des bisherigen Törns übernachtet habe.

Wenige Meter neben dem Zelt steht die Windmühle mit ihrem riesigen Reetdach und den überdimensionalen Flügeln. Auf allem liegt an diesem Morgen eine sanfte milchig-weiße Nebelschicht. Durch den Nebel hindurch scheint die Sonne, spiegelt sich im Wasser und wärmt meine Haut. Eine kaum wahrnehmbare Brise streicht leicht über die Landschaft. Kaum spürbar, nur die langsame Bewegung des Nebels verrät mir, dass sie überhaupt da ist. Alles ist ruhig, selbst die Natur scheint noch zu schlafen. Ich drehe eine kleine Runde, vertrete mir die Beine und mache ein paar Bilder. Ich bin innerlich ganz still, so schön ist es hier.

Zurück bei BEA hat sich der Nebel weitgehend aufgelöst. Es ist unglaublich. Nicht die kleinste Welle ist auf dem Kanal zu sehen. Auf der Wasseroberfläche spiegeln sich die Wolken und das Blau des Himmels so realistisch, dass es surreal scheint. Wenn ich nicht wüsste, dass vor mir der Kanal liegt, könnte ich auch glauben auf dem Rücken liegend in den Himmel zu schauen. Ich schließe die Augen, öffne sie wieder, aber das Bild bleibt. Ich mache ein Foto. Fängt es diesen unwirklichen Moment wirklich ein? Ob ich das jemandem zeigen kann, ohne gefragt zu werden, ob es eine Fälschung sei? Es ist unglaublich.

Schließlich, um etwa 8 Uhr, löse ich die Leinen und rudere durch die Wolken, die sich im Wasser spiegeln. So schön es auch aussieht, das flache Wasser ist ein Resultat der aktuellen Flaute. So hängt das gehisste Segel nutzlos über mir, ich muss wieder paddeln. Dabei habe ich großes Glück, denn auf den letzten Metern zeigt sich der Van Harinxmakanaal von seiner allerbesten Seite: Schilf, Wiesen, ein paar Vögel, Natur, Ruhe. Und keine anderen Boote, die mich mir ihrem Wellenschlag ausbremsen. Es ist so, wie es mir am liebsten ist. Rudern hin oder her: Ich bin glücklich. Ein minimaler Nebelschleier hält sich über der Landschaft und verleiht dem Ganzen eine mystische Atmosphäre. Ein Augenblick wie eine Ewigkeit.

Schließlich verlasse ich den Kanal nach Süden. Auf meiner Steuerbordseite zieht eine, wie es scheint, gehobene Wohngegend vorbei. Neben den meisten Häusern liegen gut gepflegte Segel- und Motoryachten. Wer keine Yacht hat, parkt zumindest ein offenes Motorboot vor seinem Haus. Zum Abschied werfe ich einen kurzen Blick zurück zum Van Harinxmakanaal. Dabei sehe ich das erste Schiff auf dem Wasser. Es ist ein größeres Frachtschiff. Aber es ist weit weg. Erst nach ein, zwei Minuten erreichen mich seine Wellen. Hier werden die Wellen vom Ufer nicht zurückgeworfen, denn sie sind schon recht klein und stoppen mich somit nicht. Einzig ein leichtes Schaukeln und das Knistern des Segels verraten mir, dass BEA überhaupt durch das Wasser unruhig geworden ist. Kurz danach sind die einzigen Bewegungen im Wasser die leichten Verwirbelungen, die das rhythmische Eintauchen der Ruderblätter zurücklässt, während wir gen Süden rudern.

Bald schon lasse ich die Häuser hinter mir, verlasse Leuwaarden endgültig. Mich umgeben nun wieder Weiden und vor allem Schilf – oft so hoch, dass ich nicht einmal darüber hinweg sehen kann. Vor und hinter mir liegt der Kanal, es ist ruhig und friedlich. In dieser friedvollen Ruhe, die bisher nur von dem leichten Platschen der ins Wasser tauchenden Paddel durchbrochen wurde, dringt nun ein Knurren – so leise, dass nur ich es hören kann. Mein Magen ist unüberhörbar ebenfalls wach. Allerdings sind meine Essensvorräte praktisch aufgebraucht, ich habe nur noch Tüten. Die kann ich weder an Bord vorbereiten noch sind Tütensuppen ein geeignetes Frühstück. Ein Blick auf die Wasserkarte zeigt mir, dass ich kurz vor Wergea bin. Statt dem Kanal um das Dorf herum zu folgen, rudere ich einfach geradeaus. Obwohl die Stadt auf der Karte eher nach einem Dorf aussieht, lande ich zunächst inmitten eines beachtlichen Industriegebiets. Und es scheint ein Schiffsfriedhof zu sein. Manche Boote sehen so aus, als könnten sie mit einem größeren Refit und viel Liebe wieder in Form gebracht werden. Bei anderen wundere ich mich, dass sie überhaupt noch auf dem Wasser schwimmen. Viele Boote stehen an Land und bei ihrem Aussehen komme ich nicht umhin zu mutmaßen, dass ihr Kiel wohl nie wieder im Wasser liegen wird. Der Anblick lässt mich traurig werden. Alte sterbende Schiffe berühren mich. Was sie wohl erzählen könnten? Und ob es nicht irgendwo vielleicht doch jemanden gäbe, der mehr aus ihnen machen würde, als sie abzuwracken?

Bald erreiche ich den Ortskern und somit die erste Brücke. Sie wird zügig geöffnet. Ich paddle drunter durch und mache gleich dahinter am Ufer fest. Es scheint, als wäre ich jetzt mitten im Ort angelangt. Eine gute Gelegenheit, einkaufen zu gehen. Ich bin noch nicht ganz an Land gekrabbelt, als die Brückenwärterin auf mich zukommt. Eine Brückenwärterin! Es ist das allererste Mal, dass ich eine Frau sehe, die dieser Aufgabe nachgeht. Wir kommen ins Gespräch. Sie fragt mich nach meinen Reisen und beschreibt mir im Gegenzug den Weg zum nächsten Supermarkt. Ich habe Glück. Ein paar Meter in die Stadt rein, einfach der Straße folgen, so stehe ich kurz darauf im kleinsten Supermarkt, den ich je in Friesland besucht habe. Ein Supermarkt wie in einer Puppenküche. Aber er hat alles. Der Laden ist sehr gemütlich und ich empfinde ihn irgendwie passend für den Ort. Denn hier, kaum hatte ich das Industriegebiet hinter mir gelassen, habe ich mich gleich sehr wohlgefühlt.

Mit neuen Vorräten aus dem Minisupermarkt ausgestattet, ausreichend für ein bis zwei Tage Törn, geht es zurück zu BEA. Fürs Erste setze ich mich neben meine Kleine an Land, baumle mit den Beinen über ihren Gummiwulsten und beginne mein Frühstück. Mein Lieblingsfrühstück Vla und Eierkuchen lässt sich halb an Bord und halb an Land genauso gut genießen wie in einem Restaurant. Hier ist es vielleicht nicht luxuriös eingedeckt, aber der Luxus liegt für mich sowieso in ganz anderen Dingen. Ich lasse mir kostbare Zeit, lausche dem Morgen – nichts fehlt. Nach dem Frühstück beschließe ich, wieder abzulegen.

Je weiter ich rudere, desto hübscher erscheint mir Wergea. Es ist eindeutig kein Ort, in den man sich mit einer größeren Yacht weit hineinwagen sollte. Stellenweise wird der Kanal eng, aber mit BEA ist das kein Problem. So kann ich diesen Kanal mit den süßen angrenzenden Häusern, Gärten und Hinterhöfen völlig allein genießen. Am Ortsausgang befindet sich ein öffentliches Toilettenhäuschen und sofort mache ich BEA am Kanalrand fest. Hier gibt es sogar Liegeplätze für Gäste, gleich daneben liegt der Yachthafen des Dorfes. Mit ein paar leeren Wasserflaschen begebe ich mich ins Sanitärgebäude. Denn nicht nur meine Essensvorräte waren knapp, auch zu trinken hatte ich nicht mehr viel. Ich lasse es mir am Ende auch nicht nehmen, mich zu waschen. Erfrischt steige ich breit lächelnd zurück auf BEA. Jetzt bin ich versorgt und muss heute Abend keinen Hafen aufsuchen.

Wo ich jetzt hin will, gibt es ein paar Marrekrite-Plätze, auf denen ich zelten darf. Sie sind mir ohnehin lieber als die großen Yachthäfen. Ich bin wieder voll ausgerüstet, es spricht also auch nichts mehr dagegen. Gemächlich rudere ich aus Wergea zurück auf den Kanal, den ich verlassen hatte, um ins Ortsinnere zu gelangen. Zu meiner Freude fasst kurz hinter dem Ort der Wind ins Segel. Schnell ist das Paddel verstaut, die Schot fest gepackt und es geht los unter Segel gen Süden. Ich genieße die Landschaft.

Wieder steht Schilf zu meiner Rechten und Linken, der gemütliche Kanal lullt mich ein in seine Schilfarme, lässt mich träumen. Bald verliere ich jegliches Zeitempfinden, während der Wind mich vorantreibt. Hin und wieder kommen Yachten vorbei, stets mit einem brummenden Motor. Schnelligkeit, der ständige Drang, innerhalb kürzester Zeit von A nach B zu kommen, das reizt mich nicht. Der Wind ist wahrlich nicht stark, aber er reicht wunderbar zum Segeln. So freue ich mich, wenn das Tuckern der Motoren nicht so laut ist oder gar in der Ferne verebbt und ich nur noch das leise Plätschern des Wassers, den Wind im Schilf und ein paar Tiere im oder hinter dem Schilfgürtel höre, wenn BEA vorbeizieht.

Da taucht vor mir eine Brücke auf, ich habe Grouw erreicht. Auch einige andere Boote treffen ein. Schon bald bin ich unter der obligatorischen Brücke durch und lande mitten im Ort. Überall sehe ich Kanäle, umgrenzt von Natur und schönen Gebäuden. Kein Wunder, dass viele Menschen auf dem Wasser sind, es ist idyllisch schön hier. Während ich meinen Weg nach Süden fortsetze, komme ich an einem Restaurant vorbei, das extra Liegeplätze für seine Gäste anbietet. Ich befinde mich eindeutig in einer Region, die den Wassersport hoch schätzt. Auf einem nahen See entdecke ich eine ganz besondere Perle: Mitten auf einem winzigen Eiland im See entdecke ich zwischen hohen Bäumen ein Haus. Was für ein Rückzugsort! Wer dort lebt, der hat alles: Ruhe, die Aussicht ist unglaublich und trotzdem ist man mit einem Boot schnell mitten im Geschehen. Nur wer nachts eine Runde raus geht, muss darauf achten, nicht ins Wasser zu fallen. Und vielleicht ist es auch nicht ganz so bequem, sich morgens die Frühstücksbrötchen zu besorgen. So hat auch das Paradies kleine Widerhaken.

Ich rudere weiter nach Süden, völlig verzückt: all diese Klassiker! Holzboote von der Jolle bis zur Yacht finden sich hier, liegen gut vertäut an den vielen Liegeplätzen am Ufer. Sollte ich nicht allmählich wieder raus aus dem Ort kommen? Wo bin ich denn hier gelandet? Bei genauem Hinsehen wirkt dieser Kanalabschnitt wie ein reines Wohngebiet. Noch schlimmer, es sieht nach einer Sackgasse aus. Ich kratze mich am Kopf, aber das hilft auch nicht weiter. Ich packe die Wasserkarte aus. Und siehe da, ich bin nicht direkt nach Süden gesegelt, sondern in erster Linie nach Osten. Ich könnte mich selbst ohrfeigen. Warum nur war ich zu faul, die Karte auszupacken? So langsam sollte mir wirklich klar sein, dass ich mir dadurch bisher immer Zeit gespart hätte.

Immerhin gelingt es mir jetzt, meine Position zu bestimmen. Ich müsste ein ganzes Stück zurück, doch es gibt auch eine zweite Möglichkeit. Statt, wie gesagt, jetzt nach Süden ins Sneeker Meer und darauf weiter bis zum angepeilten Marrekrite-Platz, kann ich auch zunächst nach Akkrum und von da zur Insel segeln, die ich mir für heute Nacht als Törnziel ausgesucht habe. Die Strecken sind ähnlich weit, allerdings muss ich auf dieser Route unter mehreren Brücken durch und ein Blick auf die Uhr verrät mir, dass ich auf die Zeit achten muss. Wenn die Brückenwärter in Akkrum keine Pausen machen, ist alles gut. Aber was, wenn doch? Wenn ich weiter vor mich hinbummle, stehe ich zur üblichen Kaffepause am Ortseingang. Und das heißt warten, bis der Schleusenwärter gegessen hat. Kein schöner Gedanke. Also geht es unter Segel raus aus dem Wohngebiet kurz in Richtung Süden. Statt nun nach Westen abzudrehen, folge ich dem Kanal nach Akkrum. Die Zeit wird knapp, wenn ich jetzt nicht anfange zu rudern, schaffe ich es nicht rechtzeitig vor den Pausenzeiten. Ich bin nicht gewillt, ein Risiko einzugehen, also greife ich zum Ruder und lege mich tapfer ins Zeug. Der Wind drückt zudem ordentlich von hinten und durch die zusätzliche Beschleunigung kommt BEA tatsächlich ins Gleiten. Im Eiltempo geht es den Kanal runter, bis ich kurze Zeit später an der ersten Brücke ankomme. Ich habe Glück, die Brücken machen keine Kaffepause, Ich verstaue das Paddel sofort wieder und segle nun ganz gemütlich weiter. Mehrfach wendet sich der Kanal, zwischenzeitlich muss ich noch mal rudern, da durch die Biegungen des Kanals der Wind auch mal gegenan kommt.

Am Ufer sehe ich immer wieder Menschen, die mich freundlich grüßen. Kaum jemand, der kein Lächeln auf den Lippen trägt. Mir geht es gut, der Wind ist angenehm und ich nähere mich langsam meinem Ziel. Heute Morgen habe ich das Zelt nass zusammengepackt, ich will daher nicht erst bei Sonnenuntergang ankommen. Kaum habe ich die letzte Brücke passiert, frischt der Wind auf. BEA kommt wieder ins Gleiten und schießt für ihre Verhältnisse über das Wasser. Trotzdem wird sie von den meisten anderen Booten überholt. Ich merke, dass meine Kleine nun an ihre Grenzen geht. Wäre es noch weit, würde ich in den nächsten Yachthafen einbiegen, aber so genieße ich den Ritt. Die Sonne wärmt meine Haut, der Wind schiebt uns durch eine reizvolle Umgebung.

Bald sind wir am Yachthafen mit all dem Trubel vorbei. Die Angler am Ufer haben wir auch zurückgelassen. Ich kann die Fahrt genießen, ohne mir um die kaum sichtbaren Haken an den langen Ruten und den noch längeren Leinen Sorgen zu machen. Was für andere Boote bloß idyllische Uferkulisse ist, ist für BEA potenziell lebensbedrohlich. Ich will mir gar nicht vorstellen, dass sich ein Haken in ihren Gummiborden verfängt.

Viel zu schnell erreiche ich die Insel und mache fest. Das war es, ich bin für heute angekommen. Dafür erwartet mich eine große und fast einsame Insel. Ein, zwei Motoryachten liegen am Steg, ansonsten bin ich allein. Die Eigner lassen sich nicht blicken. Sie sitzen wohl in den Kajüten. So bin ich praktisch der einzige Mensch auf der Insel. Zuerst stelle ich das Zelt auf, meine Seesäcke und Taschen lege ich daneben. Noch ist das Zelt feucht und da ich es nass verpackt hatte, ist es nun auch innen nass. Wenn ich halbwegs trocken schlafen will, muss die Sonne noch ein wenig draufscheinen.

Nach dem Aufbau beginne ich meinen Rundgang. Schon nach wenigen Metern finde ich etwas, das nach einem Jollenhafen aussieht. Einige Liegeplätze, zu klein für eine Yacht, aber für BEA wären sie gut geeignet. Soll ich umziehen? Das Zelt steht bereits, BEA ist gut festgemacht und ich sehe beim besten Willen keinen Grund, meinen Liegeplatz wieder zu räumen. Es ist ja nicht so, als wäre der Andrang groß und als würde ich jemandem den Platz wegnehmen. Für den sehr unwahrscheinlichen Fall, dass gleich eine Armada von Sportbooten einfällt, könnte ich mich dann ja immer noch verholen.

Schnell bemerke ich, dass die Insel viel größer ist, als ich dachte. Hier kann man richtig spazieren gehen, überall gibt es etwas zu erkunden. Ich entdecke sogar einen Bach, über den eine kleine Brücke führt. Es gibt verschiedene Pfade, Bäume, Büsche und viel hohes Gras, durch das man streifen kann. Als ich zum Zelt zurückkomme, ist es sowohl außen als auch innen absolut trocken. Geschwind mache ich mein Nachtlager fertig und lege wie immer alles, was ich am nächsten Morgen benötige, gleich bereit. Der Nachmittag ist in den Abend übergegangen. Langsam, aber sicher nähert sich die Sonne dem Horizont. Bewaffnet mit Gaskocher, Kochgeschirr, einer Tüte Pasta mit Schinken-Rahm-Sauce, meinem Logbuch und einem Bleistift begebe ich mich auf den Steg. Hier, wo die Aussicht viel besser ist als direkt am Zelt, koche ich mein Abendessen. Der Abend klart auch auf. Nur noch ein paar Schäfchenwolken bedecken den Himmel, die Sonne scheint. Pünktlich zum Sonnenuntergang bin ich fertig. Hin und wieder löffle ich meine Pasta direkt aus dem Topf und mache mir Notizen. Dabei wandert mein Blick immer wieder zur untergehenden Sonne, die den Himmel orange färbt.

Bei einem Blick über die Insel sehe ich einen Heißluftballon, der einsam und allein am Himmel schwebt. Ich mache ein paar Bilder, dann lege ich das iPad weg. Manche Eindrücke sind nur für die Erinnerung bestimmt. Mit dem Logbuch bin ich für heute ebenfalls fertig.

Liebevolle Straßenbeschilderungen unterwegs.

Das Einzige, das ich jetzt noch machen will, ist hinaus zu blicken und die Natur zu genießen: das immer leichtere Kräuseln des Wassers im schnell abflauenden Wind, die Bäume am gegenüberliegenden Ufer, ein kleines Windrad, das gleich vor mir und BEA liegt. Alles ist eingetaucht in ein tiefes Orangerot. Dort, wo die Bäume lange Schatten werfen, wird es dunkel. Ein Anblick zum Träumen.

Als die Sonne untergegangen ist, wird es schnell kalt. Vor dem Schlafen fange ich noch ein neues Buch an, es ist *Der Hundertjährige, der aus dem Fenster stieg*. Schon bald klappen meine Augen zu. Ich schlafe ein auf einer Insel im Nirgendwo. Genau hier, in diesem Moment, fühle ich mich absolut geborgen.

Mittwoch, der 3. September 2014

Ich schlafe aus. Die letzten zwei Tage bin ich sehr früh aufgebrochen – alles nur mit dem Ziel, jetzt hier zu sein. Wenn sich der Wetterbericht und die Windlage nicht deutlich geändert haben, habe ich jetzt mehrere Tage den Wind aus der richtigen Richtung. Es gibt also keinen Grund, mich zu beeilen. Ich genieße diesen Luxus und bleibe auch nachdem ich aufgewacht bin lange liegen. Kein Wecker, kein Zeitdruck, keine Eile. Um 8 Uhr krabble ich ausgeruht aus dem Zelt.

Draußen erwartet mich eine dichte Nebeldecke. Na toll: Von wegen Wind … Es herrscht Flaute und keine Sicht. Ich beschließe, mich sofort zurück ins Zelt zu verkriechen und weiterzulesen. Das Buch ist unterhaltsam, mehrfach platzt ein lautes Lachen aus mir heraus.

Um 9 Uhr versuche ich mein Glück erneut. Etwas in mir will weiter. Zunächst geht es bis zum Steg, wo ich mir ein leckeres Frühstück mit Panoramablick gönne. Mittlerweile hat sich auch der Nebel weitgehend gelichtet. Ich mache einen Morgenspaziergang über die Insel und vertreibe mir so die Zeit, bis das Zelt getrocknet ist. Dann ist es so weit, das Zelt ist abgebaut, all meine Sachen sind verstaut und ich löse die Leinen.

Eine leichte Brise trägt BEA und mich raus aufs Wasser. Die ersten Meter muss ich gegen den Wind rudern, vorbei an der Insel. Dann verstaue ich das Paddel im Inneren von BEA und lasse mich gemächlich vom Wind vorwärtsschieben. Mehrere Inseln ziehen würdevoll an mir vorbei. Es fällt mir schwer, die Orientierung zu behalten. Wo bin ich? Schließlich fahre ich so nah an einer Boje vorbei, dass ich ihre Nummerierung lesen und mithilfe der Karte überprüfen kann, wo ich mich befinde. Jetzt heißt es Bojen suchen. Damit gelingt die Orientierung ganz einfach und dank des geringen Tempos kann ich zwischen den Orientierungsbojen immer wieder die mich umgebende Landschaft genießen. Ich schaffe es aufs offene Wasser.

Von Minute zu Minute ist mehr auf dem Wasser los, es füllt sich. Jollen, Segelyachten, Motorboote, Hausboote – von Traditionsseglern bis zu modernsten Yachten ist alles dabei. Gemütlich segle ich raus aufs Sneeker Meer. Der Wind ist angenehm. Ich komme gut voran auf meinem Weg nach Süden. Ich habe mehrere Möglichkeiten, um an mein Tagesziel zu gelangen, und entscheide mich, dem Kanal Richtung Langweer zu folgen. In einer Kurve muss ich gegenan. Es sind vielleicht 100 Meter, also versuche ich es zunächst mit Kreuzen. Das geht auch, aber mehr schlecht als recht. Ich mache in der Minute höchstens 1, 2 Meter, was wirklich kein ernst zu nehmendes Etmal ist.

Zwischen all den Booten bin ich nur ein Hindernis, mein Wunsch, voranzukommen artet zu Stress aus und ich packe schließlich das Paddel aus. Schnell weg aus dieser Ecke. Es geht schnell, ein paar Ruderschläge und ich habe wieder Halbwind. Ich kann segeln. Das Wetter ist top, also klar, dass heute viel los ist. Der Kanal gefällt mir, endet aber schon bald und spuckt mich auf dem nächsten See aus.

Plötzlich raus aus dem windgeschützten Bereich, erfasst mich ein deutlich stärkerer Wind. Sofort muss ich vom gemütlichen, entspannten Segeln zum Segelsport wechseln. Das klappt zunächst recht gut, bis ich vor der nächsten Brücke stehe. Viele Autos fahren nicht drüber, trotzdem muss ich warten. Und warten. Und warten. Die Gelassenheit ist wie weggeblasen. Ich fluche innerlich. Mittlerweile hat sich eine ganze Gruppe Boote versammelt. Für die größeren Yachten ist es vielleicht nicht so schlimm, sie haben Motoren, aber ich muss mit BEA in diesem Wind irgendwie die Position halten, ohne zu kentern. Nach etwa 15 Minuten ist es endlich so weit, die Brücke öffnet sich. Ich muss nicht viel tun. Kaum ist der Kurs gelegt, schießt BEA los. Es scheint, als wäre auch sie froh, endlich weiterzukommen. Hinter der Brücke erwartet mich eine wundervolle Landschaft. Nur der Wind wird zunehmend stärker. Wind und Wellen erinnern mich an meine Erlebnisse vor einer Woche auf dem Sneeker Meer. Besorgt versuche ich, BEA aufrecht zu halten. Sie steigt die Wellen hoch und wieder runter. Hinter den kleineren Wellen fällt BEAs Bug hinab, bei den größeren segelt sie tapfer auf und ab. Es ist anstrengend. Ich schaffe es nicht so richtig, auf den Kurs zu achten. Dadurch verlasse ich den markierten Wasserweg und halte mich zu weit südlich. Erst etwa in der Mitte des Sees fällt es mir auf. Wo genau muss ich hin? Ich will nicht zu weit nach Norden. Ich schaffe es irgendwie, in dem Geschaukel die Wasserkarte zu öffnen. Fast fliegt sie weg, ich bekomme sie gerade noch zu fassen. Wo sind die Bojen? Ich blicke zwischen der Karte und dem Wasser hin und her, hoffe auf einen Anhaltspunkt. Kurz blinzle ich, dann erkenne ich etwas in der Ferne. Es ist eine Boje, die nur einmal in dieser Art auf dem See vor mir liegen sollte. Da muss ich hin, dann bin ich richtig. Der Kurs wird neu ausgerichtet, die Wasserkarte bleibt, wo sie ist.

Nicht ohne Stolz steure ich auf die Boje zu. Trotz des starken Windes und der hohen Wellen habe ich es auf meiner Kleinen geschafft, zu navigieren. Die Böen machen die Fahrt zwar ungemütlich, sorgen aber auch dafür, dass sie nicht sonderlich lange dauert. Bald schon schießen wir auf den nächsten Kanal, wo sich unsere Geschwindigkeit deutlich verringert. Ich bin wieder im windgeschützten Bereich, aus dem Segelsport wird wieder gemütliches Fahrtensegeln. Mir macht beides Spaß. Aber leider fängt bei BEA der Segelsport an, kurz bevor ein Seenotfall eintritt, daher fällt es mir schwer, es zu genießen.

Hinter der nächsten Brücke erwartet mich das altbekannte Kanalbild. Ich genieße es, während wir langsam vorwärtstreiben. Allerdings dauert die Ruhe nicht sehr lang, ich erreiche schnell den nächsten See. Würde ich südwärts halten, käme ich nach Lemmer. Oder, wenn ich dort abbiegen würde aufs Tjeukermeer, zurück nach Sloten oder aber Woudsend. Ich will zu keinem dieser Orte. Ganz sicher nicht bei dem aktuellen starken Wind. Vielleicht würde ich in Versuchung geraten, diese Route zu wählen, wenn er schwächer wäre, aber jetzt heißt es, geschützte Gewässer zu nutzen und zu sehen, dass ich einen Hafen erreiche, bevor der Wind noch stärker wird. Zum Glück kann ich mich bis zum nächsten Kanal im Windschatten des Ufers und einiger Bäume halten. Zwar ist der Wind auch hier etwas stärker und die Wellen sind etwas höher als auf dem Kanal, den ich gerade eben verlassen habe, aber die Situation ist gut beherrschbar.

Kurz darauf folge ich dem nächsten Kanal wenige Meter nach Norden, bevor ich erneut nach Westen abbiege. Nun heißt es Endspurt. Auf diesem Kanal war ich bereits in der vergangenen Woche unterwegs, allerdings habe ich da das andere Ende besegelt. Er gefällt mir richtig gut. Der Wind ist angenehm hier. Ich komme gut voran. Gleichzeitig sind die Verhältnisse nicht so, dass ich mir Sorgen machen müsste. Ich habe nicht viel mehr zu tun, als den Moment zu genießen.

Ein Höhepunkt des Tages ist sicherlich das Aquädukt, gewissermaßen eine Brücke. Nur dass hier nicht die Straße über den Kanal, sondern der Kanal über die Straße führt. Lustig: Man segelt über Autofahrer hinweg. Ich versuche möglichst viel davon zu sehen, doch ich kann lediglich erkennen, wie sich die Straße dem Bauwerk nähert und in der anderen Richtung wieder davon wegführt. Viel zu schnell bin ich hier vorbei. Dabei fällt mir ein Schild am Ufer auf, dass das Schwimmen im Bereich des Aquäduktes verbietet. Wer bitte käme auf die Idee, hier zu schwimmen? Es führt kein Weg direkt hierher, es gibt keinen richtigen Liegeplatz. Kopfschüttelnd lasse ich das Schild hinter mir.

Wenig später komme ich endgültig auf bereits bekannte Gewässer. Meine Laune droht abzusacken. Es ist fast so, als wäre der Törn bereits zu Ende. Ab jetzt erwartet mich nichts Neues. Es gelingt mir, meine aufkeimende Traurigkeit in den Griff zu bekommen. Ich versuche, den Augenblick zu genießen. Ich bin umgeben von der Natur der Kanäle, die Sonne scheint, was will ich mehr?!

Zurück auf dem Heeger Meer empfängt selbiges mich mit ruppigen Wellen, die BEA auf und ab schleudern. Trotzdem schafft sie es, sich durchzubeißen. Immer wieder wollen Wellen ausgesegelt werden, doch um 16 Uhr hat meine Kleine es geschafft. Wir laufen im Passantenhafen ein. Ich mache BEA an einer Rampe gleich am Eingang fest. Ich möchte mir dieses Mal Heeg etwas genauer ansehen und dafür ist dieser Platz besser geeignet als die Insel. Kaum ist BEA festgemacht, begegne ich einem Paar, das mich bereits am Vortag gesehen hat. Sie sind die Besitzer einer der beiden Motoryachten, mit denen ich mir die Insel im Sneeker Meer geteilt hatte. Friesland ist eindeutig ein Dorf, so oft, wie man hier Leute trifft, die einen unterwegs schon irgendwo gesehen haben.

Nach einem verspäteten Mittagsessen springe ich unter die Dusche. Das ist dringend nötig, denn seit ich in Harlingen abgelegt habe, bin ich nicht mehr dazu gekommen. Das ist jetzt – Moment, ich muss rechnen –, 50 Stunden her, von denen ich ganze 27 auf dem Wasser verbracht habe. Und 21 Stunden davon war ich im Ölzeug eingepackt und habe einen Teil der Zeit auch noch gepaddelt. Es grenzt an ein Wunder, dass man mich nicht vom Gelände gejagt hat. Frisch aus der Dusche fasse ich das Ölzeug nur noch mit Fingerspitzen an. Es riecht deutlich nach Arbeit und muss dringend ausgelüftet werden. Ich hingegen fühle mich wie neu geboren. So kann ich unter Menschen gehen.

Auf dem Weg in die Stadt stolpere ich beim Tourismusbüro über ein offenes WLAN-Netz, mit dessen Hilfe ich sogleich meinen Wetterbericht aktualisiere und ein Lebenszeichen nach Hause sende.

Heeg gefällt mir gut. Ich mag ja ganz allgemein diese hübschen niederländischen Hafenstädte und Heeg ist sicherlich eine der schöneren von ihnen. Viele Orte habe ich nur vom Wasser aus gesehen. Trotzdem ist mir klar, dass meine Entscheidung, die meisten anderen Orte entlang meiner Route einfach links liegen zu lassen, die richtige war. In erster Linie wollte ich möglichst viel Zeit mit BEA auf dem Wasser verbringen.

Doch jetzt schlendere ich zwischen alten Bauwerken und Kanälen herum. Als ich Hunger bekomme, geht es zurück zum Zelt. Nachdenklich besehe ich mein Sortiment an Tütenmahlzeiten. Da hätte ich Nudeln mit Sauce. Oder Nudeln mit Sauce. Oder Nudeln mit Sauce. Mir vergeht der Appetit. Nein, ich will etwas anderes! Also geht es, bewaffnet mit dem Geldbeutel, zurück in die Stadt. Ich werde schon etwas zu essen finden, das nicht Tütenspaghetti ähnelt. Tatsächlich werde ich schnell fündig und lande in einer Pizzeria, in der ich mir eine Pizza bestelle. Zum Mitnehmen. Mit dem Panoramablick über das Heeger Meer genieße ich zum Sonnenuntergang meine Pizza. Nach all dem Tütenfutter schmeckt sie köstlich. Ich lasse mir Zeit, genieße den Ausblick. Ich muss lächeln. Es ist ein typisches Seglerlächeln. Noch vor ein paar Stunden wurde ich da draußen kräftig durchgeschüttelt. Jetzt liegt das Heeger Meer fast flach und ruhig vor mir, nur ein paar winzige Wellen sind zu sehen.

In der Dämmerung begebe ich mich zum Sanitärgebäude, um meiner üblichen Abendroutine folgend alle elektronischen Geräte aufzuladen. Wie immer schreibe ich währenddessen in mein Logbuch. Mittendrin werde ich unterbrochen. Eine Flotte aus geschätzt 20 Polyvalken segelt auf einmal in den Hafen. Es sieht aus, als wären sie aneinandergebunden, denn die Abstände zwischen den Booten sind gering. Ich kann allerdings keine Verbindungsleinen entdecken. Sie segeln also doch, die Motorhalterungen tragen keine Motoren. Ich bin beeindruckt. In so einem Getümmel ruhig zu bleiben ...

Jeder Steuermann kennt seinen Liegeplatz und steuert ihn an, ohne einen anderen Segler zu blockieren. Die Anlegemanöver laufen wie aus dem Lehrbuch, ja sogar noch besser. Keine Probleme, keine zweiten Versuche, kein Rumgeschreie. Hätte ich nicht zufällig aufgesehen, hätte ich gar nicht bemerkt, was da gerade vor meinen Augen geschieht. Begeistert sehe ich zu und warte, bis sie fertig sind, bevor ich mich weiter meinem Logbuch widme.

Zurück beim Zelt sehe ich ein Motorboot, das all die Polyvalken wieder aus dem Hafen herausschleppt. Nun werden sie tatsächlich geschleppt. Es ist ein faszinierendes Bild: das kleine Motorboot, das die lange Kette von aneinanderhängenden Jollen hinter sich her hinaus in die Nacht schleppt. Absolute Professionalität. Es scheint, als würde der Steuermann des kleinen Motorbootes das häufiger machen.

Donnerstag, der 4. September 2014

Am nächsten Morgen gehe ich zum Tourismusbüro, um ein letztes Mal meinen Wetterbericht zu aktualisieren und meine Mails abzurufen. Anschließend schlendere ich noch zum Supermarkt, um Brötchen und eine Tüte Vla zu kaufen. Danach erwartet mich erneut ein Frühstück an der Wasserfront. Die Sonne scheint, es ist angenehm warm und ich genieße die Aussicht, bin aber auch etwas melancholisch. Heute ist der letzte richtige Segeltag des Törns. Irgendwie ist es schade, aber es scheint richtig perfektes Segelwetter zu werden. Sonne, angenehmer Wind – stark genug, um vorwärtszukommen, aber nicht so stark, dass es anstrengend werden könnte. Ich reiße mich von meinen Gedanken los. Ich will den Tag genießen und nicht weiter durchhängen, als sei schon alles vorbei. Denn das ist es nicht! Nur weil ich hier schon mal durchgereist bin, habe ich noch längst nicht alles gesehen.

Um 10:30 Uhr lege ich ab und steche in See. Der Wind schiebt uns vorwärts, lässt Heeg kleiner und kleiner werden. Dafür nähern wir uns den Inseln, die idyllisch mitten im See liegen. Ich überlege, kurz festzumachen, sie mir näher anzusehen. Während ich noch nachdenke, sind sie schon vorbei und De Kulliart taucht vor mir auf. Nach De Kulliart kommt schon bald Warns. Soll ich vielleicht hierbleiben, festmachen, Zelt aufbauen und dann einfach nur segeln? So ganz ohne Ballast durch Zelt und Ausrüstung und ohne die Fahrtenkomponente? Eine gute Idee. Ich biege in die Bucht ein, ramme meinen Hering in den Strand und binde BEA fest.

Schnell habe ich die Rezeption gefunden. Aber leider ist der Platz meiner Wahl dieses Mal teuer. Das ist mehr, als ich bereit bin zu zahlen. Noch bin ich nicht am Ziel, ein wenig kann ich also noch segeln. Im Zweifelsfall kann ich auch auf dem Kanal vor Warns herumsegeln. Also schiebe ich BEA zurück in tieferes Wasser, ziehe den Hering aus dem Strand und mache mich wieder auf den Weg.

Der Wind hat aufgefrischt. Wir schießen geradezu auf dem De Morra dahin. Hier fällt der Windschutz weg, trotzdem wird mein Boot im ersten Moment langsamer. Die Erkenntnis trifft mich plötzlich: Das eben war eine Bö! Ich werde nervös. Nicht grundlos, wie sich zeigt, denn schon nach kurzer Zeit kracht es. Eine weitere Böe schießt ins Segel. BEA macht einen Satz vorwärts, rennt los wie ein wild gewordener Bulle. Es ist unglaublich, erst bin ich mit geschätzt 2 Beaufort gemütlich über den De Morra getrieben, jetzt legt sich BEA bei 4 bis 5 Beaufort in einer Böe ins Zeug. Das ist zu viel für sie und für mich auch, ich muss Luft holen.

Die beste Idee, die ich dafür habe, ist ein Abstecher auf den Kanal nach Norden. Da will ich zwar eigentlich gar nicht hin, aber immerhin bin ich dort geschützt. Nach einem holprigen Ritt kann BEA sich dort etwas entspannen. Und ihr Skipper ebenso. Ich beginne, mit dem Gedanken zu spielen, Koudum zu besuchen. Weit ist es nicht von hier und den Ort habe ich noch nicht gesehen. Auf dem Weg dahin erreiche ich eine Brücke. Sie ist zwar vergleichsweise hoch, aber nicht hoch genug für mich, um drunter durch zu segeln. Was tun? Den Mast abbauen? Ich beschließe, umzudrehen.

Es ist ein seltsames Gefühl, auf diesem Kanal zu segeln. Der Wind hier ist deutlich schwächer. Der untere Teil des Segels hängt lose herab, nicht die leichteste Brise füllt das Tuch. So weit, so gut. Im oberen Teil des Mastes hingegen drückt der Wind vehement aufs Segel. Würde ich das Spriet herausholen, würde ich vermutlich einfach stehen bleiben. Diese unausgeglichene Verteilung des Windes ist ungewohnt. Allerdings ist es deutlich angenehmer als der wilde Ritt, den wir eben auf dem De Morra hingelegt haben. Genau dorthin geht es jetzt wieder zurück.

Kaum raus aus dem Kanal, packt uns der Wind wieder. BEA rennt los, raus aufs Wasser. Irgendwo mitten auf dem De Morra passieren dann mehrere Dinge gleichzeitig: Eine ausgesprochen starke Bö greift ins Segel und nur durch ein beherztes Ausreiten kann ich verhindern, dass wir kentern. Zu allem Unglück ist kurz zuvor ein Motorboot an uns vorbeigerast, dessen hohe Wellen auf den deutlich gekrängten Rumpf knallen.

Ich hänge weit draußen, einzig die Schot in meiner Hand verhindert, dass ich über Bord stürze. Egal. Die Alternative wäre eine Kenterung und dann läge ich schließlich auch im Wasser. Während sich BEA langsam wieder aufrichtet, sehe ich, wie sich die Leine löst, mit der das Segel am Baum befestigt ist. Sie rauscht durch. Erst durch eine, dann durch zwei, drei, vier Ösen. Das Segel ist schon zur Hälfte lose, als ich die Leine endlich zu fassen bekomme und kurzerhand einfach nur festhalte. Bei diesen Böen versuche ich gar nicht erst, sie wieder zu befestigen. Erst jetzt bemerke ich, wie mein Herz rast. Langsam lasse ich mich auf den Schlauch zurücksinken, jede Bewegung muss kalkuliert werden.

Doch was ist das? Bilde ich es mir nur ein oder hat der Schlauch plötzlich Luft verloren? Er ist plötzlich weich. Ein ungutes Gefühl befällt mich, aber im Moment gibt es nicht viele Möglichkeiten, etwas dagegen zu unternehmen. Notfalls segelt BEA auch mit einem Schlauch – angeblich. Probiert habe ich das noch nie. Und eigentlich will ich es auch nicht ausprobieren. Ich konzentriere mich, passe den Kurs wieder an. Kurze Zeit später sind wir wieder auf dem Kanal. Ich atme durch. Die Wellen werden deutlich kleiner, die Böen knallen nicht mehr ganz so stark ins Segel. Es scheint, als würde der Schlauch nicht weiter Luft verlieren. Zumindest nicht allzu schnell. Denn bei meinen Kontrollgriffen, bei denen ich mit dem Daumen auf den Schlauch drücke, bemerke ich keine Unterschiede zum letzten Prüfgriff.

Endlich komme ich in Warns an. Wieder scheint es, als müsste ich vor der Brücke warten. Dann erinnere ich mich, warum es letztes Mal so lange gedauert hat. Ich hatte den Knopf nicht gedrückt. So konnten die Zuständigen gar nicht wissen, dass ich unter der Brücke durch will. Aus Erfahrung lernt man, also fahre ich dieses Mal sofort zum Knopf und drücke ihn fest. Zur Sicherheit gleich mehrfach Anschließend segle ich einen Aufschießer und binde das Segel wieder fest. Denn bisher hatte ich die Leine einfach nur in der Hand gehalten. Dabei muss ich grinsen.

Das wichtigste Manöver, das ich mit BEA machen kann, könnte tatsächlich der Aufschießer sein. Schließlich fahre ich mental unter Blitzlichtgewitter in den Kanal ein. Okay, ganz so spektakulär ist es nicht, aber die Besatzung einer Segelyacht in der Nähe beginnt Bilder von mir zu machen. Sofort ändere ich den Kurs und segle auf sie zu. Diese Bilder will ich haben! Ich rufe der Crew meine Mailadresse zu. Dabei ist wohl leider etwas schiefgegangen, denn die Bilder sollten nie ankommen.

Danach steuere ich endgültig in den Hafen. BEA wird ganz hinten im Hafen festgemacht, dort, wo ich auch schon zu Beginn des

Törns gezeltet habe. Schnell lade ich alles Gepäck ab und lausche an den Ventilen der Schläuche. Und tatsächlich, am Ventil des Backbordschlauchs höre ich ein leises Zischen. Nicht viel und nicht laut. Wenn ich die Verschlusskappe oben auf das Ventil setze, hört man gar nichts mehr. War das schon die ganze Zeit so, oder ist das Problem neu? Ich greife zur Luftpumpe und versuche, neue Luft in die Schläuche zu bringen – erfolglos. Weder bei dem einen noch bei dem anderen Schlauch kann ich zusätzlich Luft hineinpumpen. Ist vielleicht die Pumpe kaputt? Oder aber das Ventil? Ich bin nervös, meine Nerven sind überreizt.

Auf die Idee, mich einfach mal selbst anzupumpen, um auf diese Weise die Pumpe zu überprüfen, komme ich nicht. Schließlich gehe ich zum Hafenmeister und baue anschließend das Zelt auf. In der Sekunde, in der ich fertig mit dem Aufbau bin, geht es zurück zu BEA. Mcinc Klcinc. Ich mache mir Sorgen. Aber wenigstens scheint es, als hätte sie keine weitere Luft verloren. Ich kuschle mich auf den intakten Schlauch, beginne sie zu tätscheln und mit ihr zu reden. Sie ist für mich längst nicht mehr nur ein Gegenstand, sondern eine gute Freundin. Während des Törns habe ich mich mehrfach mit ihr gestritten, sie besänftigt, mich mit ihr unterhalten, gescherzt und neue Orte, Kanäle und Inseln mit ihrer Hilfe erkundet. So viel haben wir bereits zusammen erlebt. Das darf nicht das Ende sein!

Während ich mein kleines Schlauchboot betrachte, sickert langsam etwas anderes zu mir durch. Wir haben es geschafft! Man hatte mir im Voraus gesagt, dass mein Vorhaben nicht klappen kann. Die Idee wurde geradezu verlacht. Aber jetzt bin ich hier. Ich habe es geschafft. Nur mit meinem 2,40 Meter langen gelben Schlauchboot habe ich einen Segeltörn absolviert. Das kann mir niemand nehmen. Allen Problemen, allen Schwierigkeiten zum Trotz sind wir nun hier. Haben uns durchgebissen und es jede Sekunde genossen. Es war nicht etwa, wie unterwegs gemutmaßt, eine Überlebensübung. Nein, es war ein Frieslandtörn in einem Schlauchsegelboot. Und das, ja, das kann uns niemand mehr nehmen. Neue Kraft strömt durch meinen Körper, ich fühle mich unglaublich lebendig. Stolz flüsterte ich meiner Kleinen ein Wort zu: „Danke."

Später, nachdem ich mir wirklich sicher bin, dass BEA nicht gleich die Luft ablassen und untergehen wird, fahre ich mit dem Auto nach Stavoren. Es ist ein seltsames Gefühl, wieder Auto zu fahren. Mein Auto ist so schnell. Alles rast an mir vorbei. Und während ich auf dem Hinweg noch ein Problem mit den Geschwindigkeitsbegrenzungen auf den niederländischen Straßen hatte, ist das Tempo mir jetzt fast zu schnell. Im Supermarkt kaufe ich mir etwas Schweinefleisch, das zusammen mit den Bratkartoffeln, die ich am Morgen in Heeg gekauft habe, ein festliches Abendessen abgeben wird.

Während der Tag ausklingt, sitze ich wieder auf den Luftkammern meiner Kleinen. Streichle sie. Rede mit ihr über den hinter uns liegenden Törn. Verarbeite alles, bis es mir zu kalt wird. Ich wünsche BEA eine gute Nacht, lege mich in den Schlafsack und lese, bis mir die Augen zufallen.

Das restliche Wochenende verbringe ich in Stavoren bei einem Treffen mit anderen Seglern. Ich lerne viele freundliche Menschen kennen, sehe mir einige schöne Boote an. Besonders freuen sich BEA und ihr Skipper, als man uns zwei Stander schenkt. Der eine ist vom KNRM, den Niederländischen Seenotrettern, der andere ist einer jener blauen Forenstander, nach denen ich unterwegs immer erfolglos Ausschau gehalten habe. Ab diesem Tag wird BEA nicht mehr ohne diesen Ehrenschmuck aufs Wasser gehen.

2. Törn.

Kapitel 6.

Nach dem Törn ist vor dem Törn. In Friesland hatte ich schon gedacht, dass es BEAs Ende wäre, oder zumindest, dass ich mit ihr nicht noch mal auf Fahrt gehen könnte. Ich hatte den letzten Törn wirklich genossen, zugleich hat er mich aber auch verunsichert. Würde sie einen weiteren Törn aushalten? Um das zu testen, ging es mit BEA schnell wieder aufs Wasser. Mein Ziel war eine ruhige Stelle an der Mosel. An einem kleinen Liegeplatz, der eigentlich für Kanuten gedacht ist, die eine Pause machen wollen, beginne ich, mein Schlauchsegelboot aufzubauen. Die Ernüchterung kommt schnell: Je länger ich pumpe, desto weniger Erfolg bringt es. Der erste Schlauch ist nach wie vor wabbelig, der zweite immer noch leer, als es mir allmählich dämmert: Da so viel Luft nicht entweichen kann, ohne dass man es hören würde, kommt offensichtlich gar keine Luft rein! Es muss also an der Pumpe liegen. Kurzerhand zerlege ich die Luftpumpe. Und tatsächlich – der Dichtungsgummi ist teils geschmolzen, teils gerissen und somit komplett unbrauchbar.

Ein Versuch, die Pumpe zu reparieren, schlägt fehlt. Eine Einheimische, die das ganze mitbekommen hat, bietet mir eine Luftpumpe an, die schon lange bei ihr im Keller gelegen hat. Ich freue mich riesig. Jetzt kann man zwar das leise Zischen ausweichender Luft hören, wenn man die Schutzkappe nicht schließt, aber das erscheint mir halb so wild.

Los geht's, das Wetter ist perfekt, ich kann gemütlich segeln. Nach Friesland erscheint mir die Mosel nur noch halb so wild. Im Laufe des Herbstes und Winters gehe ich immer wieder segeln. Es ist toll, mit BEA auf dem Wasser zu sein – und doch hat es einen faden Beigeschmack. Trotz all des Spaßes ist es nicht mehr dasselbe. Ich fühle mich eingepfercht auf einem Baggersee. Immer die gleichen Bäume und Häuser …

Aus lauter Verzweiflung fange ich an, den Bojen Namen zu geben, die ich gleich wieder vergesse. BEA kann so viel mehr, als bloß Kreise auf einer Pfütze zu segeln. Und mir scheint, als würde sie das ganz genauso sehen. Gleichzeitig wächst in mir der Traum vom Meer. Nach Ende des Törns ist mir klar, dass es mir auf Dauer nicht reichen wird, den größten Teil meines Lebens fernab der See zu verbringen. Vielleicht im Urlaub oder auf ein langes Wochenende rauszufahren, dafür jedes Mal einen halben Tag hin und einen halben Tag zurück an Fahrtzeit zurückzulegen, das reicht mir einfach nicht mehr. Ich will mehr Meer.

Kapitel 7.

Samstag, der 7. März 2015

Schließlich, im März ist es so weit. Ich habe endlich Zeit und bin heiß aufs Meer. Die Fahrt ist nervenaufreibend. Statt der berechneten Ankunftszeit von 15 Uhr habe ich zwei Stunden Verspätung. Allerdings hätte ich damit eigentlich rechnen müssen – immerhin bin ich über die A3 gefahren, auf der Stau vorprogrammiert ist. So kann ich es vergessen, gemütlich das Zelt aufzustellen, anschließend nach Stavoren zu fahren, um mir Leckereien zu besorgen und so ganz nebenbei noch BEA aufzubauen. Es ist Anfang März, die Sonne geht früh unter. Doch ärgern bringt nichts, ich muss mich sputen.

Zuerst geht's zum Hafenmeister. Während ich herumlaufe, fallen mir wieder all die schönen Yachten auf. Gut sehen sie aus. Nur eines stört mich: Sie sind nicht im Wasser. Dabei könnte man so viel Tolles mit ihnen machen, wenn sie schon schwimmen würden. Andererseits ist mir natürlich klar, dass sie gelegentlich gepflegt werden wollen. Obwohl so ein leerer Hafen einen ganz eigenen Charme hat, es fehlt doch etwas. All die Boote so zu sehen, die ausschauen, als würden sie nur darauf warten, ein Abenteuer zu erleben, hat etwas Trauriges. Ich ende im Stormvogel, wo ich Hans Bruder in die Arme laufe, der aber leider auch nicht genau weiß, wo dieser gerade ist.

Das ist jedoch nicht weiter tragisch, er ruft ihn an. Ich soll einfach schon anfangen aufzubauen. Gut, denn ich habe noch einiges vor und vorzugsweise möchte ich nicht bis mitten in der Nacht beschäftigt sein. Sowohl den Ausflug nach Stavoren als auch den Einkauf meiner heiß geliebten Leckereien habe ich mittlerweile gestrichen. Gemütlich mein Zelt aufzubauen ebenfalls, doch allmählich finde ich mich damit ab. Es ist, wie es ist. Die Freude, hier zu sein, wischt den Ärger der letzten Stunden beiseite. Es geht wieder los! Mein zweites Abenteuer mit BEA wartet auf mich.

Während ich zurück zu meinem Starthafen eile, fällt mir auf, dass sich die Sonne gefährlich schnell dem Horizont nähert. Ich muss mich beeilen. Mit den drei Seesäcken, die ich dabei habe, geht es auf den Rasenstreifen. Hier habe ich bereits beim ersten Törn gezeltet. Rein volumentechnisch hätte alles in zwei Säcke gepasst, aber leider kann nicht alles zusammen in einen Sack. Da ich das Zelt nicht immer erst dann abbaue, wenn es vollständig trocken ist, kann ich nur die Sachen zusammenpacken, die feucht werden können. So habe ich jetzt einen vollen und zwei halb volle Seesäcke. In der Eile hab ich es einfach nicht anders geschafft. Gerade habe ich die Seesäcke auf den Boden geworfen, da kommt Han auch schon auf mich zu, ein breites Grinsen steht in seinem Gesicht. Er erinnert sich an mich – und vor allem an BEA. Ich freue mich riesig darüber, kommen doch während der Saison sicherlich Tausende Menschen vorbei.

Nach einem kurzen Gespräch geht es zurück zu meinem Auto. Er zeigt mir, wo ich es für die kommenden Wochen abstellen kann. Da überall Boote stehen, von denen die meisten in den nächsten Wochen ins Wasser sollen, ist das gar nicht so einfach. Zudem zeigt er mir, auf welchem Weg ich mit dem Auto deutlich näher ans Zelt herankomme. Das hilft mir, denn so muss ich BEA nicht etwa quer durch den ganzen Hafen, sondern nur wenige Meter weit bis zum Wasser tragen.

Wieder allein beginne ich damit, das Zelt aufzustellen. Denn das muss ich unbedingt noch tun. Alles andere ist glücklicherweise optional. Kaum bin ich damit fertig, wende ich mich BEA zu. Eigentlich würde ich gern einen Spaziergang durch den Hafen machen, den Abend genießen. Aber wenn ich jetzt nicht anfange, meine Kleine aufzubauen, schaffe ich es heute nicht mehr. So entschließe ich mich, sie aufzupumpen. Es ist schließlich auch eine Form von Bewegung – nur eben ohne die Umgebung genießen zu können. Immerhin weiß ich, wenn sie erst aufgepumpt ist, werde ich weitgehend meine Ruhe haben. Alle paar Tage wird sie ein paar Hübe benötigen, aber das ist nicht so schlimm. Für eine 37 Jahre alte Lady hält sie verdammt gut die Luft.

Als der Rumpf steht, fliegt er in erprobter Manier über die hohe Kante ins kalte Wasser. Ein wenig tut sie mir ja leid, dass sie die nächste Zeit im Wasser verbringen muss, dessen Temperaturen knapp über dem Gefrierpunkt liegen. Es scheint sie nicht übermäßig zu stören, munter schwimmend lädt sie mich ein, einzusteigen. Das lasse ich mir sicher nicht zweimal sagen.

Schnell sind die Paddel angebracht und die Sicherungsleine zum Land ist gelöst. Auf geht's zum eigentlichen Liegeplatz. Doch kaum ist die Leine los, bewegt sich BEA ganz ohne mein Zutun. Es ist zwar halbwegs die richtige Richtung, trotzdem stört es mich, dass sie sich selbstständig macht. Ich hätte damit rechnen müssen, da meine Einwurfstelle nicht windgeschützt ist. Nun bleibt mir nichts anderes übrig, als mich damit zu arrangieren. Mein Ziel ist ein kleiner Liegeplatz, der zwischen einem großen Traditionssegler und einer Motoryacht liegt. Daneben befindet sich gleich das Zelt. Dort habe ich meine Kleine nicht nur nah bei mir, der Liegeplatz ist außerdem windgeschützt.

Der Wind drückt mich in die richtige Gasse, leider allerdings nicht in meinen geplanten Liegeplatz. Ich bin gerade querab, als mir auffällt, dass ich ein Problem habe. Denn mit meinem leichten Paddel aus Kunststoff und Aluminium kann ich den Wind gar nicht beeindrucken. Bestenfalls schaffe ich es, BEA Kreise fahren zu lassen, während wir abgetrieben werden. Eilig wandert das Billigpaddel zurück. Ich schnappe mir, ohne großartig darüber nachzudenken, das größere aus Holz. Nun wird es anstrengend. Ich fange an, mit dem schweren Holzpaddel zu rudern. Immerhin, wir machen Fahrt. Dummerweise habe ich bisher weder Schwert noch Ruderblatt angebaut. So hat BEA herzlich wenig Lust, sich in eine bestimmte Richtung steuern zu lassen. Stabil ist sie auch nicht, also werde ich ordentlich durchgerüttelt.

Einen Schlag auf Steuerbord, dann einen auf Backbord und wieder von vorne. Nur so schaffe ich es, die Drehungen unter Kontrolle zu halten. Es ist anstrengend, aber es klappt. Als wir schließlich zwischen den Booten ankommen und der Wind schlagartig einschläft, sind wir beide nass. BEA vom Wasser aus dem Hafen, ich hingegen bin völlig durchgeschwitzt. Und das bei Temperaturen im oberen einstelligen Bereich. Bei einem Blick auf den Sonnenuntergang am Horizont finde ich für einen Moment inneren Frieden. Es sieht wunderschön aus. Doch dann kommt mir, dass das Schauspiel aus in allen Rottönen gefärbten Wolken bedeutet, dass es gleich dunkel ist. So schön es auch aussieht, ich befehle mir, weiterzumachen. Schnell ist BEA festgemacht. Ich beginne, sie segelfertig zu machen. Als erstes montiere ich Schwert und Ruderblatt mit Pinne, was für sofortige Stabilität sorgt.

Sonnenuntergang am ersten Abend des 2. Törns.

Jetzt muss ich mich nicht immer irgendwo festhalten, um nicht über Bord zu fallen. Anschließend kommt das Rigg an die Reihe. Dabei spare ich mir den oberen Mastteil, denn ich muss morgen früh unter der Brücke durch. Spätestens dann müsste er schon wieder runter.

Zwischendurch blicke ich immer wieder Richtung Horizont. Langsam, aber sicher verabschiedet sich die Sonne. Eine Baumreihe und ein Segelboot davor zaubern ein faszinierendes Schattenbild vor dem Orangerot des Himmels. Mit Sonnenauf- und Untergängen konnte ich früher nie wirklich etwas anfangen. Ich dachte immer, „Sicher, sie sehen nett aus. Und dann: Nächster Punkt bitte." Doch seit ich mit BEA segle, freue ich mich über jeden Sonnenauf- und -untergang, den ich sehe. Ich genieße ihn in vollen Zügen – auch im Alltag.

Die Sonne ist schon verschwunden und ich bin fast fertig. Schnell fülle ich noch zwei 15-Liter-Faltkanister mit Wasser auf, um etwas unabhängiger von Häfen zu sein, dann geht es in den Schlafsack. Es ist erst 19 Uhr, aber es ist schon dunkel. Jetzt, wo die Frühjahrssonne nicht mehr wärmt, wird es von Minute zu Minute kälter.

In den Schlafsack gekuschelt, mache ich mir Notizen für meinen Blog. Das hat mir letztes Jahr viel Spaß gemacht. Nebenbei kann man wunderbar naschen, in meinem Fall: Schokocreme auf Toast.

Doch meine Nerven spielen verrückt. Ich mache mir Sorgen. Laut Wetterbericht werde ich morgen bei Böen bis 6 Beaufort aufs Wasser gehen. Der Wind wird vergleichbar sein mit dem auf dem Sloter Meer im vergangenen Jahr. Wie schief das gegangen ist, daran erinnere ich mich nur zu gut. Ich habe eine Idee, wie ich BEA retten kann. Doch wenn es nicht klappt, habe ich ein Problem. Es wird wohl nicht katastrophal enden, immerhin halbiere ich die Segelfläche und habe die gleiche Situation letztes Jahr mit voll gesetztem Segel überstanden. Aber wenn es nicht klappt, könnte dies bereits das Ende des Törns bedeuten.

Schließlich packe ich ein Buch aus, das mir meine Eltern zu Weihnachten geschenkt haben: *Der Circle*. Ich habe es mir extra für den Törn aufgehoben und mich darauf gefreut. Nach einigen Seiten tauche ich in eine andere Welt ab, all meine Sorgen verschwinden.

Sonntag, der 8. März 2015

Der Wind hat mich mit seinem Heulen nachts mehrfach aus dem Schlaf gerissen. Wirklich schlimm wird es in den frühen Morgenstunden, denn nun kriecht die Kälte in meinen Schlafsack. Ich ziehe über die lange Unterhose noch eine Leggins, dann über das T-Shirt einen Pulli und noch eine Mütze auf meinen Kopf. Letztendlich stopfe ich zu all dem, was ich jetzt anhabe, noch eine Fleecedecke in den Schlafsack. Ich kuschle mich in das Fleece und hoffe auf das Beste. Lange dauert es nicht mehr bis Sonnenaufgang. Noch eine kurze Runde dösen, dann ist es endgültig Zeit, aufzustehen.

Mittlerweile ist der Wind leiser geworden, trotzdem kann man ihn immer noch deutlich hören. Trotzdem will ich los. Ich will es endlich wissen. Die Bedenken nagen an mir und ich habe nur eine Möglichkeit, diese Unsicherheit loszuwerden: Ich muss es probieren. Schnell etwas Brot mit Schokocreme in mich hineingestopft, die Zähne geputzt und alles abfahrbereit gemacht. Nach wie vor ist der Wind stark, aber wenigstens nicht mehr so kalt. Trotzdem trage ich immer noch mehrere Schichten Kleidung sonst würde ich im Wind zu stark auskühlen.

Bevor ich raus auf den Kanal paddle, will ich ihn mir aus der Nähe und von Land aus ansehen. Wenn ich an seinen Rand laufe, kann ich das Ganze auch gleich als den Spaziergang verbuchen, den ich gestern Abend ohnehin machen wollte. Es hat aufgeklart. Die Sonne ist angenehm, und wo sie auf meine Haut trifft, wärmt sie sogar ein wenig. Der Wind ist hingegen immer noch kühl. Die Windlage auf dem Kanal sieht okay aus. Eine stramme Brise, aber nichts, worüber ich mir große Sorgen machen müsste. Bei gerefftem Segel sollte es funktionieren. Trotzdem bleibe ich nervös. Zurück bei BEA schlüpfe ich schnell in mein Ölzeug. Das Zwiebelprinzip wärmt, doch weder mein T-Shirt noch der Pulli sind sonderlich dafür geeignet, den kalten Wind zurückzuhalten.

Ich komme deutlich besser aus dem Hafen als letztes Jahr. Auch wenn das wohl nur daran liegen dürfte, dass ich, statt zu segeln, rudere, freue ich mich ein wenig. Dann übernimmt der Wind und drückt mich auf dem Kanal in Richtung Brücke. Es ist fast so, als würde ich segeln

– nur eben ohne Segel. Übermäßig schnell bin ich nicht. Das ist normal für BEA, aber je näher ich dem Moment komme, an dem das Segel gesetzt wird, desto mehr will ich es wissen. Also greife ich zum Paddel und beginne zu rudern.

Gleich hinter der Brücke mache ich neben dem Yachthafen Stormvogel fest. Das obere Mastteil ist bereits vorbereitet, ich habe es schnell aufgesetzt und die Wanten befestigt. Dann fällt mir auf, dass ich vergessen habe, das Fall oben durchzuführen. Erst will ich den oberen Mastteil wieder abbauen, aber dann kommt mir eine Idee. Auf Zehenspitzen stehend drücke ich den Bug nach unten. Dadurch komme ich gerade so an die Mastspitze heran und kann das Fall einführen. Der Bug wird dabei gerade eben nicht vom Wasser überspült. Das war Glück. Nun ist das Segel schnell gesetzt. Mit einem Tampen binde ich die Lasche, in die normalerweise das Spriet kommt, am Baum fest. Fertig ist mein Reff. Sofort greift der Wind ins Segel, ich springe zurück ins Boot und lege ab, bevor mich BEA am Ufer zurücklassen könnte.

Auch jetzt, wo ich unter Segel bin, verschwindet das mulmige Gefühl nicht sofort. Immerhin, es scheint zu klappen. Hier auf dem Kanal komme ich wunderbar voran. Wir kommen schon nach wenigen Sekunden ins Gleiten, ich muss mich konzentrieren. BEA segelt sportlich, obwohl der Wind ordentlich pustet, krängt sie nicht. Auch der Druck auf der Pinne ist nur minimal, alles scheint gut zu passen. Ich atme auf und freue mich. Das ist schon was. In einem geschützten Revier kann BEA also auch bei etwas mehr Wind noch problemlos segeln.

Schon bald öffnet sich der Kanal. Vor mir liegt der erste See. Er ist nicht sonderlich groß. Im Vergleich zu De Fluessen, dem Sloter Meer oder einem der anderen größeren Binnengewässer Frieslands ist er gerade einmal eine Pfütze. Trotzdem steht hier eine gewisse Welle. Wenn das hier mit BEA klappt, kann ich dem Reff vertrauen. Andernfalls gehe ich wohl baden.

Ich bin erst wenige Meter von der Landabdeckung entfernt, als der Seegang uns erfasst und wir abgetrieben werden. Wir segeln nach wie vor vorwärts, werden dabei aber seitlich versetzt. Konzentriert halte ich Ausschau nach dem nächsten Kanal. Ich muss dorthin, bevor ich zu weit abgetrieben werde. Ich kann ihn schon nach wenigen Sekunden entdecken, stelle aber fest, dass ich nun gegen den Wind muss. Meine kurze Ablenkung hat gereicht, um mich deutlich zu versetzen. Wir haben schon fast die hinterste Ecke des Sees erreicht. Soll ich etwa bei diesem Wind aufkreuzen?

Viel Alternativen habe ich wohl nicht, also drücke ich die Pinne auf die andere Seite. Die einzige, allerdings nicht erstrebenswerte Alternative wäre, im Schilf zu stranden. Ich nähere mich nur langsam dem Wind. Das Segel ist noch nicht mittschiffs, als BEA plötzlich stoppt. Sie ist in der Wende eingeschlafen. Leider bleibt sie zwar im Wasser stehen, nicht aber im Verhältnis zum Grund. Sie treibt weiter ab. So geht das nicht. Schnell bringe ich das schwere Holzpaddel zum Einsatz und paddle gegen den Wind. Das Paddel klatscht in die Wellen und bewirkt, dass sich BEA wieder bewegt. Man kann deutlich hören, wie die Wellen hinter mir ins Schilf und dann ans Ufer schlagen. Dort werde auch ich landen, wenn ich es nicht schaffe, mich hier herauszumanövrieren. Unverhofft finde ich mich mitten in einer Legerwallsituation wieder. Viel Freiraum habe ich nicht – die Wellen machen jeden Versuch zunichte, Tempo zu gewinnen. Ich arbeite mich mit aller Kraft auf die Wellenberge, nur damit der Bug anschließend mit einem Knall ins Tal stürzt und BEA sofort zum Stillstand bringt. Mit Müh und Not schaffe ich es, gerade eben meine Position zu halten. Schnell wird klar, dass ich so nie aus der Legerwallsituation herauskommen werde.

Als ich mir Sorgen machte, war das zwar nicht das Szenario, das mir spontan einfiel, trotzdem habe ich das Gefühl, dass es sich nun bewahrheitet. Dabei lief auf dem Kanal alles so reibungslos!

Schließlich kann ich es nicht mehr verhindern, eine Böe greift ins Segel und wirft BEA mehrere Meter zurück. Ein Ruck geht durch meine Kleine, dann stehen wir schlagartig still. Statt von den Wellen auf und ab gehoben zu werden, schlagen die Wellen nun gegen den ruhig und stabil liegenden Rumpf. Ich hänge mitten im Schilf, wir sind aufgelaufen.

Rasend schnell beginnt mein Hirn zu arbeiten: Ich löse die Achterknoten, die die Schot halten. Noch bevor ich ganz begriffen habe, warum ich das mache, stehe ich und drücke den Baum inklusive Segel an den Mast. Mit ein paar Schlägen ist die Schot um Segel und Mast gewickelt und auf diese Weise die Segelfläche stark reduziert. Zwar hilft mir das nicht direkt dabei, der Situation zu entkommen, aber zumindest kann der Wind mich jetzt nicht noch weiter ins Schilf drücken. Ein Gutes hat die Situation: Zumindest im Moment sitze ich noch nicht an Land, obwohl mir die dichte Schilfschicht unter dem Rumpf genau dieses Gefühl vermittelt. Mein Herz rast. Bevor ich weitere Maßnahmen ergreifen kann, muss ich mich beruhigen.

Langsam wandert mein Blick über die Umgebung. Säße ich nicht fest, könnte es mir hier gut gefallen: Das Wetter ist gut. Ich kann Tiere sehen und höre das Rauschen der Bäume im Wind und die ans Ufer brandenden Wellen. Und doch wünsche ich mir in dieser Sekunde nichts anderes, als genau jetzt woanders zu sein.

BEA hängt im Schilfgürtel fest.

Im Schilf festzuhängen ist definitiv nicht Teil meines – zugegebenermaßen konfusen – Plans. Es ist ein ziemlich großes Ärgernis.

Ich merke, wie meine Gedanken, gerade runtergekommen, anfangen, wieder hochzukochen. Ich muss mich beruhigen, einen klaren Kopf bekommen. Zuerst gönne ich mir einen Schluck eiskalten Eistee. Dann nehme ich mir die Karte vor. Nach einem ausführlichen Blick darauf lege ich mir einen Schlachtplan zurecht. Ich weiß, wo ich bin, und mir ist jetzt klar, wo ich am besten an Land kommen kann. Es bedeutet einen Umweg, denn ich muss dafür zunächst erst weiter weg vom Kanal. Trotzdem scheint es mir die sinnvollste Möglichkeit zu sein, mich selbst aus dieser Situation zu befreien.

Gerade habe ich diese Lösung entwickelt, da wird mir klar, dass ich mich vermutlich nicht aus dem Schilf befreien kann. Denn kaum sitzt BEA nicht mehr fest, erfasst sie auch schon wieder eine Welle und drückt sie erneut ins Schilf zurück. Ich werde ärgerlich, jetzt bleibt mir nur noch eine einzige Möglichkeit, aus eigener Kraft zu entkommen: Statt gegen den Wind raus aufs Wasser und anschließend mit dem Wind von querab in die hintere Ecke, wo ich, ohne durch das Schilf zu waten, ans Ufer kommen kann, muss ich mitten durch das Schilf hindurch.

Nicht nur, dass das mit Sicherheit nicht leichter werden wird. Ich zerstöre dabei auch einen Teil des Schilfbewuchses. Es sind grob geschätzt 100 Meter bis zu meinem Ziel und somit etwa 120 Quadratmeter Schilf, das ich dabei niedermähen werde. Ich könnte heulen. Und doch erscheint mir die Situation alternativlos. Sollte ich es doch hier versuchen? Aber dazu müsste ich nicht nur noch tiefer ins Schilf hinein, das Ufer sieht auch nicht so aus, als könne ich BEA an dieser Stelle allein aus dem Wasser herauswuchten. Alles in allem scheint es mir das geringere Übel zu sein, den direkten Weg nach Norden einzuschlagen.

Also los. Mein Plan steht. Was ich bis jetzt gekonnt ignoriert habe, ist, dass ich in Wahrheit gestrandet bin. Die ersten Paddelschläge bringen überhaupt nichts, BEA bleibt wie angewurzelt stehen. Bis ich schließlich das Schwert komplett hoch hole. Nun geht es zwar vorwärts, allerdings mehr schlecht als recht. Mit dem Paddel drücke ich das Schilf vor mir zur Seite und versuche, mich dann, teils paddelnd, teils mit den Händen am Schilf ziehend, vorwärts zu bewegen. Nach nicht mal einem Viertel der Strecke bin ich schweißgebadet. Ich werfe einen Blick zurück, mir wird schlecht. Ich habe hinter mir eine deutlich sichtbare Schneise zurückgelassen: Alles Schilf wurde auf der Wasserlinie praktisch abgemäht.

Plötzlich liegt ein Baumstamm vor mir im Wasser. Schräg nach vorne, die Spitze genau am Rande des Schilfs, zwingt er mich aufs offene Wasser. Nicht weit, aber doch weit genug,. sodass BEA wieder mit den Wellen kämpfen muss. Als wir es etwa halb an der Spitze vorbei geschafft haben, wird der Druck zu groß. BEA wird erneut komplett hinter den Stamm gedrückt. Auch ein zweiter, dritter und vierter Versuch scheitern mit immer demselben Ergebnis. Zunehmend verzweifelt, beginne ich rückwärts zu rudern. Statt BEA zu wenden und mit dem Bug voraus um den Stamm zu paddeln, probiere ich es zur Abwechslung mit dem Heck voraus. Wie durch ein Wunder klappt es, ich schaffe es auf die andere Seite des Stamms. BEA schwimmt wieder. Kein Schilf mehr, das sie festhält.

Sofort reagiere ich und und beginne, vorwärts zu rudern. Natürlich greifen die Wellen sofort wieder nach meiner Kleinen und drücken sie zurück ins Schilf. Doch es gelingt uns, die Sekundenabstände zur nächsten Böe zu nutzen und Strecke gutzumachen. Der größte Teil liegt hinter uns. Nur noch wenige Meter durch das Schilf, dann haben wir eine geschützte Bucht erreicht. Wie schon zuvor bringt uns eine Mischung aus Rudern und Vorwärtsziehen durch das Schilf.

Endlich ist es geschafft, ich mache BEA an einem Steg fest. Zwar bin ich mir sicher, dass er privat ist, aber ich bin eingeweht. Die schnellste Möglichkeit, herauszukommen, ist hier entlang. Eigentlich hatte ich gehofft, gleich neben dem Steg ein Haus zu sehen, damit ich zumindest meine Situation erklären und fragen könnte, ob ich über privaten Grund laufen darf. Aber die nächsten Häuser liegen weit weg. Ich finde mich auf Weideland wieder. Tiere sind keine zu sehen, das ist immerhin etwas.

Hinter dem Rumpf eines Katamarans, der ebenfalls am Steg liegt, breite ich die Karte aus und stelle fest, dass ich eigentlich nur zwei Optionen habe: BEA durch einen Wald und über eine Straße zum Yachthafen zurückbringen. Oder nur bis zur Straße und sie da abholen. Beides keine Lösungen, denn in jedem Fall wäre meine Kleine danach nicht viel mehr als ein Haufen Plastikabfall. Durch den Wald und vielleicht sogar über eine Straße mit ihr zu laufen, das wäre für den Rumpf zu viel, er würde zerrissen werden. Alternativ könnte ich sie zu dem Kanal bringen, auf den ich ursprünglich wollte. Nur eben nicht auf dem Wasserweg, sondern quer über die leeren Weiden. Aber was, wenn am Kanal überall Schilf wächst?

Nein, bevor ich BEA aus dem Wasser hole, will ich mir das ansehen. Im absoluten Notfall lasse ich sie einfach für eine Nacht hier und bete, dass die Eigentümer des Landes entweder kein Problem damit haben oder mein Schlauchboot einfach nicht bemerken. Morgen soll der Wind etwas schwächer werden, dann könnte ich mein Glück erneut versuchen. Lieber wäre es mir, so schnell wie möglich zu verschwinden. Auch wenn das bedeuten würde, jetzt noch mehrere Stunden beschäftigt zu sein.

Kurzerhand stehe ich auf und mache mich auf Erkundungstour – einmal quer über das Grasland. Schnell erreiche ich das erste Tor. Es ist mit einem Tampen gesichert, der locker drangeknotet ist und das Gatter geschlossen hält. Der Knoten ist im Handumdrehen gelöst. Es ist ein simpler doppelter Kreuzknoten auf Slip. Das ganze wiederholt sich mehrmals, bevor ich vor einem Zaun ohne Tor stehe. Allerdings würde ein Tor mir nicht viel helfen, denn direkt hinter dem Zaun sehe ich mehrere Büsche und kleinere Bäume. Da würde ich mit einem Schlauchboot im Schlepptau nie durchkommen.

Also weiter in Richtung Westen, bis ich am Wasser stehe. Schließlich erreiche ich den Kanal und finde tatsächlich eine gute Stelle. Über ein paar am Kanalrand liegende Steine muss BEA wohl oder übel rüber. Aber das schaffe ich schon irgendwie. Also laufe ich zurück zu meinem Boot. Es ist grob ein Kilometer, den BEA gleich über Land muss – eine Vorstellung, die mir überhaupt nicht gefällt. Wenigstens scheint der Boden einigermaßen geeignet zu sein. Ich kann, obwohl ich gezielt danach Ausschau halte, keine großen Steine, Scherben oder andere für ein Schlauchboot gefährliche Gegenstände entdecken.

Nachdem ich all mein Gepäck aus BEA geholt habe, ist sie schnell auf den Steg gehievt und anschließend an Land gezogen. Nun, so dachte ich mir, kann es losgehen. Ich packe alles wieder zurück in den Rumpf. Bereits nach wenigen Metern Schlauchbootziehen wird mir klar, dass es so nicht klappen wird. BEA ist mit all dem Gepäck einfach zu schwer. Auf diese Art bringe ich sie heute sicher nicht mehr zurück auf den Kanal.

Ich muss, auch wenn das Hin- und Hergelaufe bedeutet, das Gepäck einzeln zum Wasser tragen. Aber wenn ich nie mehr als ein bis zwei Schritte am Stück schaffe, ohne abzusetzen, bringt das nichts.

Schnell ist ein Seesack losgebunden und zum Kanal gebracht. Ich halte mich ran, schließlich will ich vor Sonnenuntergang in einem Hafen sein – vermutlich Koudum, schließlich ist das der nächste mögliche Hafen in Windrichtung. Obwohl es erst um die Mittagszeit ist, will ich bei der vor mir liegenden Aufgabe nicht bummeln. Ganz abgesehen davon, dass ich ja nicht wissen kann, was noch passieren wird.

Zurück bei BEA mache ich trotz aller Eile eine kurze Pause und trinke den letzten Rest meines Eistees. Jetzt habe ich nur noch Wasser, aber die verbleibenden 30 Liter dürften wohl mehr als ausreichen. Nachdem ich noch zwei Tassen davon getrunken habe, merke ich, dass es ohnehin den Durst besser löscht. Am einfachsten wäre es, einfach die Kanister auszuleeren. Das würde die Schlepperei um ein Vielfaches erleichtern! Aber nein, schnell verwerfe ich den Einfall. Ich weiß nicht, wo ich die Kanister das nächste Mal auffüllen kann. Entschlossen packe ich die zwei 15-Liter-Kanister und beginne, sie über die Weide zu schleppen.

Schnell schneiden die Kunststoffgriffe in meine Hände, ich beiße die Zähne zusammen und laufe weiter. Nach weiteren 100 Metern brauchen meine Hände eine kurze Entlastung. Nicht viel, nur gerade so lang, dass wieder Blut in die Fingerspitzen zurückfließen kann. Während ich meinem Ziel immer näher komme, muss ich häufiger stehen bleiben. Es fühlt sich so an, als ob meine Arme länger und länger werden. Gegen Ende des Weges konzentriere ich mich aufs Ziel und versuche, alles um mich herum auszublenden. Damit ist schon mal das Schwerste geschafft. Und vielleicht, so beginne ich zu hoffen, macht das ja den Unterschied. Kann ich BEA jetzt mit dem verbleibenden Inhalt ziehen?

Es funktioniert. Nach wie vor ist es anstrengend, die Leine schneidet noch heftiger als die Kanister in meine Hände. Aber ich komme vorwärts. Nach etwa einem Drittel der Strecke brauche ich eine Pause. Gemächlich steige ich auf den Deich. Was ist das? Es scheint fast, als wäre der Wind schwächer geworden. Hinter dem Deich habe ich mich offensichtlich einfach im Windschutz befunden. Hier oben scheint es, als würde er nicht mehr ganz so stark blasen wie vorhin. Soll ich BEA vielleicht bereits hier wassern? Direkt vor mir befindet sich kein Schilf. Aber soll ich wirklich gegen den Wind raus? Was, wenn es nicht klappt, wenn der Wind doch nicht schwächer geworden ist? Ich müsste BEA über die hohen, scharf aussehenden Steine wieder aus dem Wasser holen. Schnell verwerfe ich den Gedanken. Gut so, denn wie um mich zu bestätigen, frischt der Wind auf die alte Stärke auf.

Zurück bei BEA geht die Tortur weiter. Zu meiner eigenen Überraschung bin ich dabei glücklich. Diese Feststellung überrumpelt mich so sehr, das ich aprupt stehen bleibe. Jeder Knochen in meinem Körper schmerzt. Ich bin fix und fertig. Bisher hat praktisch nichts so geklappt wie geplant – und ich bin glücklich? Aber warum auch nicht? Trotz der Widrigkeiten passt eigentlich alles: Die Sonne scheint, es ist nicht kalt – obgleich das sicherlich auch an der körperlichen Anstrengung liegt – und, wohl am Wichtigsten: Ich bin unterwegs. Der Törn wird hier und heute nicht enden. Wie lange ich noch durchhalten werde? Keine Ahnung. Aber heute endet er nicht. Sicher, nichts klappt wie geplant, aber sonst wäre es doch auch kein Abenteuer!

Diese Erkenntnis verleiht mir neue Kraft. Ich ziehe BEA weiter durch die Weide.

Etwa auf halbem Wege zwischen der Bucht und dem Kanal höre ich, wie sich mir ein Traktor nähert. Sofort werde ich nervös, schließlich stapfe ich hier auf Privatbesitz rum. Auch wenn weder Tiere hier weiden noch etwas gepflanzt ist … ob das dem Bauern gut gefällt?

Nach einem ersten Anfall von Nervosität beruhige ich mich schnell. Was wollen sie schon machen? An diesem Punkt ist die schnellste Möglichkeit, mich und BEA wieder loszuwerden, uns zum Kanal zu lassen. Es ist der nächstmögliche Ort, an dem wir das Privatgelände verlassen können. Kurzerhand mache ich weiter, als hätte ich nichts bemerkt, und hoffe, dass der Landwirt nicht wegen mir hier ist. Als ich noch darüber nachdenke, hält er auch schon neben mir an. Zu meiner Überraschung sitzt statt eines alten Bauern ein junger Mann, höchstens ein paar Jahre älter als ich selbst, im Führerstand. Das Wichtigste ist: Er lächelt.

„Hoi. Kann ik je helpen?“

Ich bin baff. Zwar habe ich schon in der Vergangenheit die Erfahrung gemacht, dass die allermeisten Niederländer ausgesprochen freundlich sind, doch in diesem Fall war ich von Schlimmeren ausgegangen.

„Do you speak english“, beginne ich, bevor ich, wie schon auf meinem Törn im letzten Jahr, den Satz mit einem hoffnungsvolleren „oder Deutsch?“, beende. Es ist mir unangenehm, dass ich selbst diesen Satz nicht fehlerfrei auf Niederländisch rausbekomme. Bei meiner Rückkehr muss ich das unbedingt ändern.

Mit einem nun noch größeren Lächeln erklärt der Jungbauer mir, dass er etwas Deutsch spricht. Ob er mir vielleicht helfen soll? Immerhin wäre es ja viel leichter, wenn ich das Boot an den Trecker binden und er es zu meinem Ziel schleppen würde. Dankend nehme ich an – aber nicht ohne ihn besorgt zu fragen, ob er auch langsam fahren könnte. Natürlich ist das kein Problem. Im Gegenteil, es scheint, als hätte er vollstes Verständnis für meine Sorgen. Also mache ich BEA fest und er legt den Gang ein. Er fährt wirklich sehr langsam, sodass ich die meiste Zeit neben BEA hergehen und darauf achten kann, das nichts Scharfkantiges vor ihr auf dem Boden liegt. Nötig gewesen wäre es nicht, denn ich habe auf dem gesamten Weg nichts gefunden. Nur bei den Toren verlasse ich BEA, um sie zu öffnen und im Anschluss, kaum dass Trecker und Boot passiert sind, wieder zu schließen. Erst hinter dem letzten Tor kommt mir, dass das Schließen eigentlich unnötig war – immerhin muss der junge Mann am Ende auch wieder zurück. Was mich Stunden gekostet und bis ans Ende meiner Kräfte gebracht hätte, ist so nach wenigen Minuten erledigt. BEA liegt oben auf dem Deich, gleich neben dem Kanal. Der junge Bauer verabschiedet sich. Ein „Danke" winkt er mit „Kein Problem" ab und fährt wieder zurück. Ich sehe ihm kurz nach, dann gehe ich zu den Wasserkanistern und trinke etwas.

Nachdem ich BEA über die Steine ins Wasser gehievt habe, warten neue Probleme auf mich. Ich kann BEA nur provisorisch an wackeligen Steinen festmachen und der Kanal ist alles andere als ruhig. Die Seesäcke im Rumpf zu verstauen ist ein reiner Balanceakt. Wie ich den weiteren Törn realisieren werde, ist mir noch nicht ganz klar. Aber eines ist sicher: Ich werde ein Abenteuer erleben. Der Törn wird nicht heute enden. Nicht heute und auch nicht morgen. Ich werde noch länger bleiben. Es ist einfach zu schön hier. Vielleicht, nein, bestimmt werde ich keine großen Strecken zurücklegen. Aber ich werde unterwegs sein, etwas erleben. Ein Abenteuer definiert sich nicht durch die Strecke, die man zurückgelegt hat, sondern durch das, was man unterwegs erlebt hat.

Als ich fertig bin mit dem Beladen – die Wasserkanister sind unten verstaut, darüber liegen festgebunden die Seesäcke und mein Rucksack –, stelle ich erleichtert fest, dass alles gut gegangen ist. Die Steine haben den Rumpf offensichtlich nicht beschädigt. BEA schwimmt, ist beladen, mir geht es gut und ich kann aufs Wasser. Ich merke, wie ich aufatme.

Das Ablegen gestaltet sich schwierig. Während ich an Bord bin, kann ich die Leinen nicht lösen. Soweit ist das nichts Neues für mich, doch für gewöhnlich besteht der Weg aus festem Boden, den ich zwischen Pollern oder Ringen und BEA zurücklegen muss, um abzulegen. In diesem Fall ist er aus größeren, lose liegenden Steinen, die mehr wackeln, als mir Halt zu geben. Plötzlich finde ich mich fast in einem Spagat wieder – dabei bin ich weder gelenkig noch sportlich! Ich fluche, es tut weh. Beherzt versuche ich, die Beine zusammenzuziehen und BEA zurück ans Ufer zu bringen. Sie wiederum bockt ein bisschen und versucht wegzutreiben. Weit kann sie zwar nicht kommen, denn ich habe die Leinen in der Hand, doch 1, 2 Meter vom Ufer weg sind für mich etwa so weit, als würde BEA auf der anderen Seite der Erde liegen. Ich komme nicht direkt an sie ran. Nur mit großer Mühe schaffe ich es schließlich, irgendwie überzusteigen. Mit wackeligen Knien sitze ich auf dem Schlauch und hole tief Luft. Viel Zeit habe ich nicht, Wind und Wellen haben BEA gepackt. Schnell liegt das Paddel in meinen Händen, ich lege mich ins Zeug. Wieder habe ich das Gefühl, als wäre der Wind nicht mehr so stark wie noch vor ein paar Stunden, als wir angeschwemmt wurden. Trotzdem kann ich der Versuchung widerstehen, den Mast aufzustellen und loszusegeln. Weit entfernt ist mein Ziel nicht und es ist mir lieber, dorthin zu rudern, als gleich wieder im Schilf festzuhängen. Bei meiner Abneigung, auch nur einen Meter zu rudern, eine beachtenswerte Tatsache. Einmal angeschwemmt, ist schon einmal zu viel für einen Törn. Obwohl es mir gut geht und ich das Ganze bereits unter der Kategorie „Erlebnisse, die aus einer Reise ein Abenteuer machen" verbucht habe – dieses spezielle Erlebnis bedarf keiner zweiten Runde.

Die Wellen erfassen uns erneut, als wir den Kanal erfassen. Aber es bleibt beherrschbar. Ich komme nicht umhin, mich zu fragen, ob dies an dem minimal schwächeren Wind liegt oder an der Tatsache, dass der Mast abgebaut ist. Durch das Hochklappen des Baumes habe ich das Segel weitgehend entfernt. Jetzt, als ich über mein Handeln nachdenke, bemerke ich, dass ich damit dem Wind aus jeder Richtung eine gewisse Fläche geboten habe. Diese Angriffsfläche war zwar deutlich kleiner als die eigentliche Segelfäche, aber normal gesetzt bietet das Segel praktisch keinen Widerstand, wenn es im Wind killt. Hochgebunden hingegen schon. So viel zu meiner Theorie, ausprobieren will ich es lieber nicht. Stattdessen genieße ich die Landschaft. Es ist wunderschön hier. Die Umgebung strahlt so viel Ruhe und Frieden aus, dass ich schnell eingelullt werde. Schneller als gedacht nähern wir uns dem Marrekritte-Platz am Eingang zum Kanal. Vielleicht sollte ich ein paar Bilder machen? Also beschließe ich noch auf dem De Morra, gleich auf dem Kanal festzumachen. Ich habe,dank des freundlichen jungen Bauern plötzlich Zeit. Koudum ist ganz in der Nähe und es sind noch zwei, drei Stunden Zeit, bis die Sonne untergeht. Dabei fällt mir auf, dass ich schon wieder eine ganze Zeit lang auf dem Wasser bin. Dabei bin ich doch gar nicht weit gekommen. Es ist auch viel zu schön, um durch die Schönheit der Natur zu hetzen.

Schließlich erreiche ich den Liegeplatz. Mit zwei Leinen mache ich BEA an den Pollern, die für meinen Geschmack zu weit weg stehen, fest. Die Landschaft in mich aufnehmend, gehe ich zurück zum Seeufer. Der Wind lässt die Wellen hier gegen das Ufer schwappen. Jetzt, wo ich sie nicht mehr fürchten muss, ein wundervolles Geräusch. Ich mache ein paar Bilder und drehe zu BEA um. Nach einem Schritt bleibe ich wie angewurzelt stehen. Vor mir steht das Schild des Marrekrite-Platzes. Anstatt des von mir erwarteten „Zelten verboten"-Symbols steht darauf, dass dies einer der Plätze ist, auf denen man zelten darf. Hier! Ich hatte im Internet eine Karte gefunden, auf der die Plätze, auf denen man zelten darf, verzeichnet sind. Dieser hier war nicht dabei. Was für eine positive Überraschung. Sofort beschließe ich hierzubleiben, entlade BEA und mache mich an den Aufbau des Zeltes.

Das gestaltet sich wider Erwarten als gar nicht so einfach. Denn so schön es hier auch ist, es gibt keinerlei Windschutz. Schon das Einführen der Stangen in die Zeltplane sorgt für Bewegung derselben. Danach habe ich einen Moment zum Atmen – die Stangen beschweren das am Boden liegende Zelt. Doch beim Aufrichten geht es weiter. Ich muss dazu schon wieder einen halben Spagat machen. Die Beine weit gespreizt, stabilisiere ich die Stangen, während ich das Zelt aufrichte.

Beide Stangen sind gerade eingehängt und meine Beine wieder entspannt, da beginnt das gesamte Zelt zu wandern. Ich schaffe es gerade noch, es mit einer Hand festzuhalten. Aber jetzt steht es irgendwie schief im Wind. Schnell ramme ich einen Hering durch eine Lasche in den Boden, um es am Wegfliegen zu hindern. Das wiederhole ich drei Mal, bevor ich den Aufbau fortsetze, denn es fehlen noch zwei weitere Stangen. Nun, wo das Zelt an Ort und Stelle bleibt, ist es kein Problem mehr. Am Ende muss ich jeden Hering noch einmal ziehen, denn durch die zwei weiteren Stangen hat sich die Spannung verändert. Endlich ist das Zelt für die Nacht bereit. Richtig durchatmen kann ich erst, nachdem auch meine Sachen im Zelt sind und so den Boden des Innenzeltes stabilisieren. Ich liege fest.

Gerade verlasse ich das Zelt, als mir ein Plattbodenschiff auffällt, das von dem De Morra kommend auf den Kanal fährt. Es ist nicht nur das erste Boot, das ich während dieses Törns sehe, es nimmt auch Kurs auf den ersten Liegeplatz, den ich angelaufen habe. Und das um diese Jahreszeit. Während ich noch darüber nachdenke, wird mir klar, dass das gar nicht so verrückt ist. Das Boot ist ein großes Motorboot. Es wird sicherlich eine Heizung haben. Und mit den 5 bis 6 Windstärken, die immer noch herrschen, hat der Skipper sicherlich kein Problem. Ich hoffe schon auf ein nettes Gespräch, als ich sehe, wie die Besatzung, kaum ist ihr Boot festgemacht, Fahrräder ablädt und Richtung Koudum fährt. Also bleibe ich weiter allein. Einsam packe ich mein Kochgeschirr aus, zünde die Flamme des Gaskochers an und bereite eine Tüte der Geschmacksrichtung „Nudeln in Schinken-Sahnesoße“ vor. Um dem Ganzen wenigstens irgendeinen Geschmack zu verleihen, werfe ich nicht zu wenig Knoblauchpulver rein. Das hilft tatsächlich. Neben dem Essen mache ich mir Notizen und lasse hin und wieder meinen Blick über die Landschaft schweifen. Eigentlich schade, wie selten wir uns Zeit nehmen, einfach die Natur zu genießen. Immer herumhetzen, immer etwas zu erledigen. Ich will Zeit haben, will in Ruhe meine Blicke wandern lassen.

Während ich die Landschaft genieße und hin und wieder einen Löffel Nudeln esse, werde ich langsam ruhig. Es ist wundervoll hier. Ich werde bleiben, diese Schönheit noch länger genießen. Alles erscheint mir so anders als im Spätsommer des letzten Jahres. Dabei ist es nicht einmal das Offensichtliche. Klar, das Schilf ist noch gelb-braun und nicht grün. Es scheint, als wären weniger Tiere unterwegs und man sieht nur vereinzelt Menschen an Land und auf dem Wasser niemanden. Aber das ist es nicht. Nein. Ich habe das Gefühl als wäre die Luft klarer, frischer, sauberer. Die Natur ruhiger und friedlicher. Als wäre alles noch unberührt. Und ich auf einem Logenplatz, um all das zu betrachten.

Die letzten Nudeln esse ich erst, nachdem sie schon kalt sind, während ich den Sonnenuntergang genieße. Kaum ist die Sonne verschwunden, verkrieche ich mich in den Schlafsack, um der Kälte der einbrechenden Nacht zu entkommen, die sich gnadenlos ausbreitet. Ich lese noch ein wenig, dann endet der Tag für mich.

Kapitel 8.

Montag, der 9. März 2015

Ich erwache mit den ersten Sonnenstrahlen. Obgleich es außerhalb des Schlafsackes noch kalt ist, empfinde ich das Wetter als wunderbar. Eingemummelt in mehrere Lagen Kleidung ist die Temperatur kein echtes Problem mehr. Nur die Hände muss ich in meine Hosentaschen stecken, um sie vor der Kälte zu schützen. Die warmen Handschuhe habe ich im Zelt, bin aber zu faul, sie rauszukramen. Der Himmel ist blau, nur eine schwache Brise zieht über das Land. Über dem Land und dem Wasser liegen leichte Nebelschwaben. Nicht dicht genug, um alles zu verdecken, aber gerade ausreichend, um alles in eine mystische Aura zu tauchen. Der Wind müht sich, den Nebel wegzupusten – bereits jetzt könnte ich ohne schlechtes Gewissen aufs Wasser. Bald wird er ganz verschwunden sein. Die Wirkung der Natur auf mich verstärkt sich, nachdem ich feststelle, dass nicht nur der Nebel allem einen Weißstich verpasst. Auf Zelt, Boden und Blättern liegt eine dünne Frostschicht. Spielerisch streiche ich einige gefrorene Tropfen von einem Grashalm. Sollten die Temperaturen in der Nacht tatsächlich unter den Gefrierpunkt gefallen sein? Sicher, die Kälte hatte mich zwischendurch geweckt. Aber dass es so kalt geworden ist, hätte ich nicht gedacht.

Das Waschen wird zur Folter. Kopfüber hänge ich über dem Kanal und schütte mir mit der Pütz das eisige Kanalwasser über den Kopf. Ich beginne zu zittern. Schnell ist das Haar mit biologisch abbaubarem Segler-Shampoo eingeseift, dann wiederhole ich die Prozedur. Es ist schmerzhaft kalt, aber danach fühle ich mich seltsam gut. Die Haare bleiben auch nach dem Abtrocknen feucht, darum wird sich der Wind kümmern müssen.

Eigentlich wäre es nun an der Zeit für ein Frühstück, aber ich spüre noch keinen Hunger. Das will ich nutzen, ich packe geschwind meine Sachen zusammen und lege ab. Im Übrigen habe ich abgesehen von ein paar Tütennahrungen auch gar nichts mehr zu essen.

Bei dem wenigen Wind traue ich mich – wohl wissend, dass der Wind im Laufe des Tages stärker werden soll – mit voll gesetztem Segel abzulegen. Weit komme ich nicht, gleich neben dem anderen Boot halte ich inne. Im Cockpit sitzt die Besatzung. Schnell erkundige ich mich nach dem Wetterbericht. Genaues können sie mir nicht sagen, der Wind scheint ihnen nicht so wichtig zu sein. Aber er soll heute offenbar nicht sonderlich stark werden, vermutlich nur so viel wie jetzt gerade eben. Das wäre natürlich perfekt. Auch wenn das eine langsame Fahrt bedeutet, so heißt es doch, dass ich segeln kann. Und so ein ruhiges, langsames Vorankommen ist mir viel lieber, als ein unfreiwilliges Bad. Besonders bei den aktuellen Wassertemperaturen. Ich habe eine grobe Vorstellung davon, wie es weitergehen soll. Ich möchte größere Gewässer möglichst meiden und auf den Kanälen bleiben. So kann ich mehr segeln, länger rudern und wenn doch etwas passieren sollte, ist das Ufer nicht weit weg.

Gemächlich geht es den Kanal hoch, ich treibe mehr, als dass ich segle. Ich genieße die Fahrt. Das Wasser ist relativ flach, im Schilf ist keine Bewegung zu erkennen. Die Natur befindet sich noch im Winterschlaf und das macht sie nur noch schöner.

Schließlich erreiche ich die Brücke, hinter der ich nach Koudum abbiegen will. Drunter durchsegeln kann ich nicht – mit 3 Metern passt zwar der Mast, nicht aber das Spriet durch. Mit einem beherzten Balanceakt auf den Schläuchen gelange ich zum Mast und kann das Spriet aus der Lasche ziehen. Ich paddle unter der Brücke durch, nur um mich dahinter im Windschatten eines Deiches wiederzufinden. Das bisher nur leicht gekräuselte Wasser ist jetzt wirklich glatt, also rudere ich einfach weiter.

Am Backbordufer grasen zu dieser frühen Morgenstunde Schafe zwischen Bäumen und weiten Ebenen. Das Wasser des Kanals vermischt sich mit dem Blau des Himmels. Mehr und mehr säumen Häuser das Ufer und schon bald finde ich mich im Hafen von Koudum wieder. Hier wird kräftig gebaut. Es scheint, als würde man die Stege für die kommende Saison auf Vordermann bringen. Auch an Land wird gebaut. Was dort entstehen soll, kann ich nicht erkennen. Schnell wird klar, was für ein Glück ich mit dem Marrekrite-Platz hatte. Hier zu zelten hätte keinen Spaß gemacht. Schnell mache ich BEA fest, mittlerweile habe ich Hunger bekommen und muss auch meine Vorräte auffüllen. Nach nur wenigen Metern an Land erblicke ich einen Mann, der offensichtlich an seinem Motorboot werkelt. Höflich erkundige ich mich zunächst, ob er mich versteht, und erfrage dann den Weg zum Supermarkt. Es ist nicht weit, doch was ich unterwegs sehe, kann mein Herz nicht für Koudum erwärmen. Mir fehlt das Flair der Hafenstädte der Region. Dafür bekomme ich im Supermarkt alles, was ich wollte: Brot, Käse, Eierkuchen, Schokopulver und Vla wandern in meine Tasche.

Zurück im Hafen, lasse ich die Beine während des Frühstücks vom Kai baumeln. Brot und Käse, außerdem ein Eierkuchen und ein ganzer Liter Schokomilch verschwinden in meinem Magen. Inzwischen plane ich die Route für den Tag. Sonderlich viele Möglichkeiten habe ich nicht. Mein Ziel steht fest: ein Marrekritte-Platz im Grutten Gaastmeer.

Der kürzeste Weg dorthin würde über den De Fluezen führen. Ich müsste gleich beim Verlassen des Kanals ein Stück gegen den Wind, danach ginge es mit Raumschots-Wind bis zum Liegeplatz. Alternativ könnte ich über einen anderen Kanal erst nach Norden bis Workum und von dort aus über einen anderen Kanal bis zum Grutten Gaastmeer segeln. Allerdings müsste ich dann am Ende des Weges gegen den Wind. Wie soll ich wissen, ob ich es heute Abend noch gegenan schaffe – wo doch der Wind so unabsehbar ist, dass ich keine fünf Minuten weiß, wie er sich weiter verhält? Dafür wäre diese Route deutlich geschützter und das Stück auf offenem Wasser wäre nur ein Katzensprung.

Ich mache mir gar nicht erst die Mühe, das Segel vor dem Ablegen zu setzen. Hier habe ich keinen Wind und mit dem Spriet komme ich unter den nächsten Brücken nicht durch.

Nachdem ich die letzten Häuser hinter mir gelassen habe, erblicke ich am Ufer einige Schafe auf einer Weide. Fasziniert von ihren Kaubewegungen und zu Albernheiten aufgelegt, beginne ich, die Bewegung ihrer Mäuler nachzuäffen und mit passenden Geräuschen zu untermalen. „Määääh“, mache ich. Einige Schafe schauen irritiert auf, dann kauen sie ungerührt weiter.

Bald darauf vertreibt mir der Anblick von sicherlich 100 Booten, die in Reih und Glied aufgebockt an Land stehen, die Laune an weiteren Schabernacks. Es macht mich traurig, dass all diese Boote bei so tollem Fast-Frühlingswetter an Land stehen müssen. Sogleich schelte ich mich für diese dummen Gedanken. Es ist absolut normal. Nur weil mir Boote im Wasser besser gefallen als auf Land, werden die Eigner das wohl kaum für mich ändern. Bei einem Schlauchboot oder Kanu stört es mich ja auch nicht. Obwohl – das scheint mir dann doch etwas anderes zu sein.

Kurz vor der Kanalgabelung, an der ich mich endgültig für den weiteren Weg entscheiden muss, werfe ich einen Blick nach hinten. Dabei sehe ich eine riesige schwarze Wolkenwand, die auf BEA und mich zuzieht. Also entschließe ich mich für den Weg über den de Fluezen. Zwar kann es sein, dass nach der Front der Wind wieder einschläft, vielleicht wird es aber auch immer schlimmer. Ich bin jetzt für einige Tage mit Essen versorgt, die Getränke würden sogar noch länger ausreichen. Und auf dem De Fluezen gibt es mehrere Inseln, auf denen ich notfalls bleiben könnte. Immerhin habe ich schon letztes Jahr während einer Unwetterfront auf einer dieser Inseln ausgeharrt. Auf diese Art scheint es mir weniger wahrscheinlich, erneut in so eine Situation zu geraten. Der von mir gewählte Weg ist etwas kürzer. Also lasse ich die Abzweigung links liegen und paddle einfach weiter vorwärts.

Ich habe gerade den Kanal verlassen, als das Wetter schon bei mir ankommt. Die Wolken schieben sich vor die Sonne, es wird düster, fast schon dämmrig. Na klasse! Mein Timing ist ja mal wieder perfekt. Es wird nicht nur dunkler und deutlich kühler, der Wind nimmt auch schlagartig zu. Dass ich nun auf offenerem Wasser bin, mag dazu noch beitragen, doch ein Blick zum Ufer verrät mir, dass er auch unabhängig von den Verhältnissen auf der offenen Fläche deutlich zulegt. Mit dem Wind kommen auch die Wellen. Paddelnd hadere ich laut mit dem Wettergott – ein recht einseitiges Gespräch. Er scheint vollauf damit beschäftigt zu sein, mich mit immer weiteren Wellen zu ärgern.

Noch bevor ich sonderlich weit draußen bin, fällt mir ein, dass ich besser nicht all zu nass werden sollte. Auch wenn ich noch immer hoffe, dass die dunklen Wolken sich nicht direkt über mir entladen werden, das Risiko ist mir zu groß. Also entschuldige ich mich beim Wettergott und schlüpfe gleichzeitig in mein Ölzeug. Es ist bereits kalt genug ohne nasse Kleidung.

Trotz der nun deutlich anstrengenderen Fahrt bin ich glücklich. Es macht Spaß, ist abenteuerlich. Der Wind bläst mir direkt ins Gesicht. Ich versuche, rudernd zu kreuzen, in der Hoffnung, so den Druck zu reduzieren – aber egal was ich versuche, es scheint, als würde sich der Wind BEAs Bug anpassen. Schließlich gebe ich auf, rudere einfach auf dem kürzesten Kurs. Ich bin in einer Bucht und so weit ist es nicht bis raus auf den eigentlichen See. Wenn ich erst mal raus bin, kommt der Wind fast von achtern. Aus dieser Richtung darf er gerne so stark wehen.

Mutig wirft sich meine Kleine gegen die Wellen, kämpft sich die Berge hoch wie eine Bergsteigerin. Leider stürzt sie fast immer auf der Wellenrückseite runter, was die bergauf gewonnene Fahrt schlagartig wieder abbremst. Immer wieder muss ich zwischen Steuerbord und Backbord das Paddel wechseln, um halbwegs auf Kurs zu bleiben.

Schließlich bin ich so weit draußen, dass ich nicht mehr an Land schwimmen könnte. Im Sommer – vielleicht. Aber um diese Jahreszeit? Mir wird klar, dass ich schon lange vor Erreichen des Ufers an Unterkühlung sterben würde. Damit sind meine zwei höchsten Prioritäten klar: An Bord bleiben. Trocken bleiben.

Ich sehe mich kurz um. Im Sommer wäre dieser Ort vermutlich eine nette, gemütliche Bucht. Das wäre sie eventuell sogar jetzt, wären die Wellen kleiner, der Wind schwächer und die Wolken nicht vorhanden. Aber auch so ist es ein ganz besonderer Ort: das vertrocknete Schilf am Ufer, stellenweise Steinhaufen, die das Land schützen, dahinter weite leere Landflächen. Aus meiner – nur wenige Zentimeter über dem Wasser liegenden – Perspektive rollen hohe Wellen, teilweise sogar Brecher auf uns zu, die BEA wie einen Spielball herumwerfen. Dazu ein Wind, der in der Takelage zu pfeifen beginnt, und über all dem Wolken, die ihr Bestes geben, jegliches Sonnenlicht von mir fernzuhalten. Und zu allem Überfluss noch eine beißende Kälte. Ich fühle mich immer mehr wie auf einer Forschungsreise. Als wäre der Landstreifen hier noch unentdeckt und ich der Erste, der ihn erblickt – und nicht, als wäre ich einer von Tausenden Menschen, die hier jedes Jahr unterwegs sind.

So weit ich sehen kann, bin ich allein. Es ist nicht nur kein anderes Boot, nein, es ist überhaupt kein anderer Mensch zu sehen. Hier und jetzt bin ich für mich. Es gefällt mir, auch wenn es anstrengend und latent gefährlich ist. Der kalte Wind und die anstrengende Arbeit, BEA voranzubringen, verursacht Schmerzen. Und doch ist es ein Schmerz, der sich lohnt, der Preis für einen Moment, den ich nicht missen möchte. Ich erlebe hier, abseits jeglicher Zivilisation und doch in unmittelbarer Nähe zu ihr, das Gefühl, ein Abenteuer in der Wildnis zu erleben. Mir wird mal wieder bewusst, dass man überall Abenteuer findet, wenn man es denn will.

Bis kurz vor dem Ende der Bucht ist es zwar anstrengend, doch wir kommen voran. Langsam, aber merklich. Plötzlich scheint BEA über Grund zu stehen. Sie ist eindeutig nicht aufgelaufen, die Wellen heben sie problemlos auf und ab.

Ich kann sehen, wie meine kraftvollen Ruderschläge sie durch das Wasser bewegen. Nur mit Blick auf das gegenüberliegende nahe Ufer kann ich kaum ein Vorwärtskommen erkennen. Es fühlt sich so an, als hätte ich durch das Wasser bereits die Strecke bis zum geplanten Liegeplatz zurückgelegt, aber über Grund vermutlich noch nicht einmal die Hälfte davon. Es ist, als versuchte ich, gegen einen starken Strom Strecke über Grund gutzumachen. Noch einmal versuche ich, mehr Kraft in jeden Ruderschlag zu legen, versuche vorwärtszukommen. Doch der Effekt ist minimal. Etwa 10 Minuten rudere ich so und komme doch nur wenige Meter in Relation zum Ufer vorwärts.

Der Widerstand des Wassers, die Kraft der Wellen, scheint ähnlich stark wie gestern zu sein. Aber ich hänge nicht im Schilf, ich habe Fahrt. Es geht vorwärts, selbst wenn es nur durchs Wasser ist. Und ein wenig auch über Grund, selbst wenn die Geschwindigkeit frustrierend langsam ist. Und das selbst für mich, wo ich bei der Planung im Vorfeld ohnehin nur von einer Durchschnittsgeschwindigkeit von etwa 2 Knoten ausgehe.

Dann, von jetzt auf gleich, bin ich frei. BEA ist gerade eben noch von einem Wellenberg ins Tal gestürzt und zum wiederholten Male beinahe stehen geblieben – aber jetzt bin ich raus aus der Bucht.

Schnell wird klar, dass ich beim Verlassen gegen das Schlimmste hatte ankämpfen müssen: Wellen und Wind, vom Land direkt auf mich geleitet. Doch jetzt bin ich draußen. Selbst die wenigen Meter, die ich, um Abstand zum Ufer zu gewinnen, noch gegenanrudere, sind viel leichter zu bewältigen. Dann passe ich den Kurs an. Der Wind, der jetzt von der Seite bläst, lässt BEA zwar noch immer auf und ab schwappen, aber alles ist gut. Kurz nachdem ich mich etwas entspannt habe, wissend, dass das Schlimmste hinter mir liegt, merke ich einen gewissen Druck. Ich brauche dringend eine Toilette. Hier kann ich nirgendwo anhalten. Ein Blick auf die Karte verrät mir die beste Option: Ich muss zur nächsten Insel. Schleunigst nehme ich Kurs auf die Insel.

Dort mache ich BEA hastig mehr schlecht als recht fest und springe an Land. Danach bin ich sofort wieder bei BEA, denn sonderlich gut habe ich sie nicht festgemacht. Die Knoten mache ich gleich neu. Danach schnappe ich mir die Kamera und begebe mich auf einen Spaziergang. Fasziniert stelle ich mal wieder fest, wie sich die Aussicht über den See in dem Moment, in dem man vom Boot auf einen Steg überwechselt, verändert. Man hat viel Platz hier auf der Insel. Warum Zelten nicht erlaubt ist, wird mir nicht so ganz klar, doch da ich sowieso weiter will, mache ich mir keine weiteren Gedanken darüber. Im Inneren der Insel laufe ich zwei Männern vom Marrekrite-Verein in die Arme.

Es sieht so aus, als würden sie die Liegeplätze für die Saison vorbereiten. Da ich keinen Stander für 2015 habe, frage ich, ob sie zufällig einen hätten, den sie mir verkaufen könnten. Die Antwort ist ebenso freundlich wie eindeutig. „Nein.“ Sie erklären mir, dass es die Stander erst ab dem 1. April geben wird und ich somit mit meinem Stander aus dem vergangenen Jahr bestens ausgestattet wäre. Während des kurzen Gespräches ist die Wolkenwand über mir verschwunden. Zwischen den weißen Wölkchen, die ihr folgen, leuchtet die Sonne hindurch und wärmt mein Gesicht. Den Rest meines Körpers erreicht sie nicht, ich bin mit mehreren Schichten Kleidung gut verpackt. Aber allein schon die Sonnenstrahlen im Gesicht sind eine Wohltat.

Hinter der Wolkenwand hat auch der Wind nachgelassen. Noch immer ist er kräftig, doch jetzt, da bin ich mir sicher, kann ich segeln. Sicherheitshalber lasse ich das Spriet raus und reffe auf diese Weise das Segel. Auch so flitzt BEA los, als wäre sie von der Leine gelassen. Sie ist schnell, aber noch geht sie nicht an ihre Grenzen. Es macht Spaß, so zu segeln. Die Wellen sind eher klein, der Wind perfekt und die Sonne scheint. Wenn es doch nur immer so wäre.

Während wir auf die nächste Insel zuschießen, werfe ich einen Blick auf die Seekarte. Und tatsächlich, mein Kurs passt nicht ganz. Ich halte mich zu weit südlich. So würde ich die Insel auf ihrer Südseite passieren. Um aufs Gaastmeer zu kommen, muss ich sie aber im Süden liegen lassen. Also lasse ich mich ein wenig fallen und richte den Bug gen Nordosten.

Dieser Kurs ist noch günstiger, das Tempo erhöht sich. Wir fliegen geradezu über die Wellen. Es ist herrlich. Kurz darauf frischt der Wind noch mal auf. BEA nähert sich damit schnell der Grenze dessen, was ich bei den aktuellen Wassertemperaturen für akzeptabel halte. Zu allem Überfluss verrät mir ein Blick nach hinten, dass wir vorhin erst die Vorboten dessen erlebt haben, was noch auf uns zukommen könnte. Eine weitere Wolkenwand mit sicherlich noch stärkeren Winden nähert sich uns.

Zum Glück bin ich nicht mehr weit von der nächsten Insel und somit den nächsten Liegeplätzen entfernt. So aufregend es auch ist zu segeln – und obwohl ich glaube, dass ich es irgendwie bis zum Liegeplatz im Gaastmeer schaffen würde – es scheint mir das Risiko nicht wert zu sein. Also luve ich wieder etwas an und steuere auf den nächsten Liegeplatz zu. Nicht dass ich hier bleiben wollte, aber auf dem Wasser ist es immer ein Balanceakt, BEAs Segel zu bergen. Und da die Wellen schon wieder beginnen, mit meiner Kleinen zu spielen, kann ich gut darauf verzichten. Der Steg war wohl mal schwarz oder dunkelblau. So ganz sicher bin ich mir nicht.

Jetzt ist er dank der Vögel, die hier auf und ab stolzieren und ihre Hinterlassenschaften dort abladen, fast weiß. Trotzdem denke ich bei der Annäherung darüber nach, hierzubleiben. Eigentlich möchte ich auf jeden Fall noch etwas weiter ins Landesinnere vorstoßen. Ob Gaastmeer oder De Fluezen, für mich macht das keinen großen Unterschied.

Nach einer kurzen Pause – es sieht auch am Himmel wieder etwas besser aus – bin ich so weit, wieder abzulegen. Was mir Sorgen macht, ist die Legerwallsituation, in der sich der Steg befindet. Ich hatte schon bei der Annäherung bemerkt, dass die Wellen hier gegen das Ufer schlagen, war mir allerdings nicht sicher, wie schlimm es wirklich ist. Erst nachdem ich einige Meter vom Ufer weg bin, atme ich auf. Gibt es so etwas wie „gefühlte Legerwallsituationen"?

Ich bin überrascht, wie gut ich vorankomme. Etwa 50 Meter von der Insel entfernt arbeite ich mich, nun wieder mit Wind von fast achtern, nach Norden vor. Ich rudere mehr, als dass ich segle, um BEA stabil zu halten. Im Zweifelsfall würden auch Wind und Wellen, die gut schieben, ausreichen, um vorwärtszukommen. So kommt es, dass ich schon nach kurzer Zeit wieder segeln könnte, da ich ich mich im Windschatten der Insel befinde. Aber ich muss weiter nach Norden, auf den nächsten Kanal. Ein Blick zum Ufer des Sees zeigt mir, dass dort der Wind nach wie vor stark ist – zu stark für ein gemütliches Segeln mit BEA. Nur, wo ist der Kanal? Zwischen all dem Schilf gelingt es mir nicht, den Eingang zu erkennen. Schließlich greife ich zur Wasserkarte, suche mir mehrere Bojen und Landmarken raus, anhand deren ich schließlich meine Position bestimme. Dann nehme ich Kurs auf mein Ziel, den Kanal. Ich kann ihn zwar noch immer nicht erkennen, wenn die Karte dieses Mal genau ist, sollte ich aber direkt darauf zusteuern.

Während ich im Windschatten der Insel paddle, genieße ich die Umgebung. Jetzt, wo BEA nicht Spielball des Wetters ist, habe ich Zeit dafür und koste es mit tiefen Atemzügen aus. Erst kurz vor der Kanaleinfahrt frischt es noch mal auf. Dann bin ich auf dem Kanal, wo es gleich wieder ruhiger wird. Am Kanal liegen mehrere Höfe, sonst sehe ich vor allem Weideland. Zudem scheint es, als würde einer der Landwirte auch einen kleinen Campingplatz betreiben.

Das bisschen Wind, das mich auf dem Kanal findet, schiebt leicht von hinten. Ganz vorsichtig geht der Hauch mit mir um, so als wäre er selbst nicht sicher, was er da tut. Fast schon plazeboartig rudere ich, ohne großartig Kraft in die Schläge legen zu müssen. Ich habe noch Zeit und bin bereits nah an meinem Ziel. Jetzt muss ich nicht mehr gegen den Wind. Es ist gemütlich, ich kann meinen Aufenthalt auf dem Kanal genießen. Viel zu schnell erreiche ich das Ende des Kanals.

BEA auf einem Marrekrite-Platz im Gaastmeer.

Auf dem Gaastmeer steht eine beachtliche Welle. Sofort wird mir klar, dass meine Entscheidung richtig war, über den De Fluezen hierher zu gelangen. Die Wellen in der Bucht waren zwar unangenehm, aber die hier wären, von vorn genommen, deutlich ruppiger. Auch so schütteln sie uns auf der kurzen Überfahrt zu den Inseln ordentlich durch. Ich rudere wieder ernsthaft, will nicht zum Spielball der Wellen verkommen. Am Liegeplatz angekommen, sackt mir das Herz in die Hose.

Auf dem Schild ist ein deutlich zu erkennendes „Zelten verboten"-Symbol zu erkennen. Was soll das? Laut Karte sollte es hier doch erlaubt sein. Ich mahne mich zur Ruhe. Es gibt hier mehrere Liegeplätze. Nur weil es bei einem verboten ist, zu zelten, muss es ja nicht überall so sein. Also drehe ich nach Osten ab und folge dem Ufer zum nächsten Liegeplatz. Hier wartet genau das gleiche Schild auf mich und entlockt mir einen leisen Fluch. Auf der Karte entdecke ich einen weiteren Liegeplatz. In der Hoffnung, dort eine Möglichkeit zum Zelten zu finden, rudere ich weiter. Kurz hinter einem Steg mit Containern, gewissermaßen der Müllhalde des Liegeplatzes, geht es in eine Art Hafenbecken. Sofort wird mir klar, dass dieser Platz perfekt wäre. Es gibt kaum Wind. Keine Welle erreicht den Platz. Zu meiner Freude bin ich hier tatsächlich richtig: Zelten erlaubt. Schnell mache ich BEA fest. Sie liegt nun ganz ruhig im Wasser. Die Insel sieht von hier aus noch schöner als vom Wasser aus. Sehr erfreulich.

Nur eine Sache stört mich: Der Boden ist uneben. Bequem schlafen werde ich hier wohl kaum, denn meine Luftmatratze hält die Luft schlechter als mein uraltes Schlauchboot. Ich sehe mich um. Einen perfekten Platz gibt es nicht, also entscheide ich mich für einen Flecken, der nicht ganz so uneben scheint wie der Rest.

In der Zwischenzeit ist der Nachmittag in den Abend übergegangen. Während sich die Sonne mehr und mehr dem Horizont nähert, schlage ich am Morgen ein paar gekaufte Eier in die Pfanne und mache ein Rührei. Bei der Zubereitung fällt mir auf, dass ich vergessen habe, sowohl Milch als auch Zwiebeln einzukaufen. Also gibt es Rührei mit Salz, Pfeffer und viel Knoblauchpulver.

Leider zieht kurz vor Sonnenuntergang der Himmel wieder zu und die Sonne verschwindet früher, als erwartet. Statt mir die Laune verderben zu lassen, verhole ich mich ins Zelt, mache ein paar Notizen und lese im Buch weiter. Dabei schweifen meine Gedanken immer wieder zum aktuellen Törn. Heute war ein harter, fordernder, aber auch guter Tag. Es gab Probleme zu bewältigen und doch war es unglaublich befriedigend. Wie es weitergeht, ist mir noch nicht ganz klar. Meinen Wetterbericht von vor drei Tagen habe ich längst als Wahrsagerei abgehakt. Notfalls kann ich darauf zurückgreifen, aber ich vertraue ihm längst nicht mehr. Kurzerhand beschließe ich, dass ich nicht die theoretisch möglichen dreieinhalb Wochen unterwegs sein muss. Wenn das Wetter solange gut bleibt, wunderbar. Aber ich bleibe nur, solang es von der Wetterperspektive her Sinn macht. Oder einfach so lange, wie es mir Spaß macht. Das hängt ja irgendwie zusammen.

Bevor ich eine Route planen kann, brauche ich einen Wetterbericht. Und den bekomme ich frühestens morgen in der nächsten Stadt. Also vertiefe ich mich wieder in mein Buch, so lange kann ich warten.

Dienstag, der 10. März 2015

Nachdem mich in der Nacht mehrfach kalter Wind und Regen geweckt hat, erwartet mich nach dem Aufstehen bestes Wetter. Warme Sonnenstrahlen treffen meine Haut. Abgesehen von nur wenigen weißen Wolken ist der Himmel blau. Nur der Wind ist noch da. Er scheint stark zu sein, ich kann schräg über die Insel die Brandung der Nordseite hören. Nach einem knappen Frühstück schnappe ich mir mein Buch. Ich schlüpfe in meine Neoprenschlappen und begebe mich an die Nordseite. Die Brandung ist sogar noch stärker als erwartet. Bei diesem Wind kann ich nicht nur nicht segeln, auch rudern scheint mir keine gute Idee zu sein. Ich beschließe am Nachmittag, das Ganze zu überdenken und bis dahin einfach meinen Aufenthalt zu genießen. Eingeweht sein gehört zum Segeln.

Während meines Spaziergangs über die Insel entdecke ich ein Geisterboot. Kein Namen, niemand an Bord. Vielleicht gehört es ja dem Angler, der draußen unterwegs ist.

Aber das Boot sieht nicht aus, als hätte jemand in letzter Zeit danach gesehen. Schließlich erreiche ich den Rand der Insel. Hier zeigt sich, dass sie eigentlich nur durch einen kleinen Kanal, der so schmal ist, dass man mit einem Schritt drübergelangen würde, vom Festland getrennt ist. Mehrere Bretter, die die Überquerung zusätzlich erleichtern, deuten darauf hin, dass jemand regelmäßig darüber hinwegsteigt. Aber wohin? Denn gleich hinter dem Kanal liegen Weiden, die durch Zäune abgesperrt sind.

Um die Mittagszeit bin ich für die nächsten Kapitel des Buches zurück beim Zelt. Es ist spannend und ich höre erst auf, nachdem ich schließlich auch die letzte Seite verschlungen habe. Ich muss mich nun anderweitig beschäftigen.

Ich versuche, mit meiner Trompete etwas Musik zu machen. Schon seit Jahren habe ich nicht mehr gespielt. Vielleicht hätte ich die Trompete vor dem Törn testen sollen. Trotz des Ventilöls, mit dem ich die Ventile gepflegt habe, hängt eines der Ventile fest. So kann ich zwar ein paar Signale spielen, mehr aber geht nicht. Obwohl es Spaß gemacht hat, packe ich bald das Instrument weg, wissend, dass ich es wohl während des Törns nicht mehr anfassen werde.

Anschließend drehe ich eine weitere Runde über die Insel. Der Wind ist noch immer zu stark, um aufs Wasser zu gehen, also bleibe ich heute hier. Ich sehe gerade noch, wie der Angler nach Norden verschwindet. Also ist er tatsächlich nicht der Skipper der Motoryacht. Wem sie wohl gehört? Und warum sie hier wie ein Geisterschiff liegt?

Kopfschüttelnd setze ich meinen Spaziergang fort. Nach einer Begegnung mit einem schon lange toten Fisch auf einem Steg lande ich auf einer Bank. Von hier aus kann ich gemütlich über die Insel blicken.

Zurück beim Zelt möchte ich meinen Müll entsorgen, doch die Container sind verschlossen. Logisch, während der Winterzeit lohnt sich die Leerung wohl nicht. So muss der Müll in der Tüte bleiben und weiter mitgenommen werden.

Anschließend gibt es Tütenpasta mit Knoblauchpulver. Ich drehe mich um und beobachte die nun langsam untergehende Sonne. Überrascht stelle ich fest, dass sie wirklich riesig wirkt. So als wäre sie ganz nahe. Der Himmel ist ganz klar, sodass ich einen magischen Sonnenuntergang erlebe. Dann geht es in den Schlafsack und schon bald endet ein Tag, an dem nicht viel passiert ist. Und doch so viel.

Mittwoch, der 11. März 2015

Als ich aufwache, ist alles weiß. Eine dünne Frostschicht bedeckt alles: das Gras, das Zelt, sogar auf BEA finde ich eine dünne Eisschicht. Hinzu kommt der Nebel, der fast bewegungslos verharrt. Nur eine schwache Brise streift über die Insel, zu schwach, um auch nur das Gras zu bewegen. Hoffentlich wird es mehr, ich will weiter. Gestern war der Tag schön, aber noch einen Tag muss ich nicht festsitzen. Und am liebsten möchte ich segeln. Trotzdem stört mich der schwache Wind nicht sonderlich, denn so kann ich zumindest aufs Wasser, selbst wenn ich rudern muss, um vorwärtszukommen. Im Moment kann ich noch nicht los, bei dem Nebel sehe ich nicht weit genug.

Stattdessen wende ich meine Aufmerksamkeit aufs Zelt. Überall auf der äußeren Plane hängen Eiskörnchen. Ob sie wohl beim Verpacken des Zeltes Schaden anrichten können? Selbst wenn nicht, ich würde viel zu viel Flüssigkeit mit verpacken. Da könnte ich auch gleich das Zelt im Wasser hängend hinter mir herziehen. Nein, der Frost vom Zelt muss erst verschwinden. Mit den Händen schiebe ich das Eis vom Zelt. Schnell sind sie eiskalt, ich beginne zu zittern. Aber es geht gut, tatsächlich lässt sich der Frost entfernen. Und die Plane ist hinterher sogar trocken.

Als ich mit der ersten Hälfte fertig bin, brauchen meine Hände eine Pause. Ich habe keine wasserfesten warmen Handschuhe, weshalb ich das Eis einfach so weggeschoben habe. Gemächlich laufe ich den Liegeplatz einmal hoch und wieder runter, die Hände tief in die warmen Taschen meines Ölzeugs vergraben, bevor ich mich an die zweite Hälfte wage. In der Zwischenzeit hat sich der Nebel weitgehend aufgelöst, die Sonne kommt durch. Einerseits wärmt das etwas, andererseits schmilzt der Frost auf meinem Zelt. Schnell versuche ich so viele Eiskristalle wie möglich von der Plane zu schieben. Doch am Ende bin ich nicht schnell genug, ein Teil des Außenzeltes ist feucht. Das muss wohl am Abend trocknen. Mittlerweile ist die Sicht gut genug, ich kann aufs Wasser. Vielleicht sogar segeln. Und so steche ich bei noch leichtem Nebel in See.

Rund 50 Meter lege ich unter Segel zurück, dann reißt mein Geduldsfaden. Das Wasser ist glatt, es weht kein Wind. Ein paar gelegentliche Böen versetzen mich in eine merkliche Fahrt, den Rest der Zeit treiben wir im Schneckentempo vorwärts. Ich will nach Heeg, brauche eine neue Windvorhersage. Also paddle ich. Kaum greift die nächste leise Böe ins Segel, nutze ich sie zum Segeln aus, obwohl wir dabei langsamer werden. Flaut es erneut ab, wird weitergerudert.

Auf dem Weg zum Kanal fällt mir auf, dass BEAs Schlauch etwas weich ist. Nicht kritisch, es ist eher eine einfache Alterserscheinung. Aber ich muss nachpumpen, so ist mir das zu unbequem. Während all dem strahlt die Sonne, ich bin glücklich.

Im Kanal lege ich an der erstbesten Stelle an. Schnell ist die Luftpumpe hervorgezogen, die Schutzkappe geöffnet, ich pumpe. Dabei habe ich immer Angst davor, was passieren würde, wenn ich an die Sicherung käme, sich diese lösen würde und dabei versehentlich der Schlauch rausrutschte. Natürlich hat das Ventil eine Sicherung. Die Schutzkappe hält eigentlich gar keine Luft zurück, daher besteht keine echte Gefahr. Es ist seltsam, aber das ist reine Kopfsache. Trotzdem bin ich froh, nachdem ich fertig bin, alles wieder zu schließen und die Pumpe zu verstauen.

Mittlerweile ist der Wind stark genug, um unter Segel manövrierfähig zu sein. Für viel mehr reicht es aber nicht. Unregelmäßig greife ich zum Paddel, um etwas mehr Fahrt zu machen. Obwohl ich noch kein richtiges Ziel für heute habe und vielleicht einfach in Heeg bleibe: Je nach Wetterbericht muss ich heute noch ein ganzes Stück weiter. Lieber beeile ich mich jetzt, als mich später zu ärgern. Solange der Wind die nächsten Tage nicht aus Norden kommt, ist alles gut. Dann erreiche ich schon irgendwie das Meer.

Es ist sehr ruhig. Auf dem De Fluezen steht eine Miniwelle, es ist kaum mehr als ein Krisseln. Trotz des guten Wetters sieht man kaum Schiffe auf dem Wasser. Ich kann lange nur ein einziges Boot sehen, offenbar ein Fischer. Erst kurz vor Heeg sehe ich auch noch einen Segler. Es ist ein großes Plattbodenschiff, das elegant durchs Wasser gleitet. Ich freue mich, hebe die Hand.

Um 12 Uhr laufe ich im Passantenhafen in Heeg ein. Gut, dass ich gerudert habe, sonst wäre ich wohl erst gegen Abend angekommen. An Land wird kräftig gebaut, ich frage einen der Bauarbeiter, wo ich am besten entlanglaufe, um nicht zu stören. Einfach schräg durch, kein Thema. Im Hafen sehe ich ausschließlich große Schiffe und Megayachten. Nichts, das kleiner als 20 Meter ist, hat sich hierhin verirrt. Von Passagierschiffen über Traditionssegler bis zur Luxus-Motoryacht ist alles vertreten, was auf dem Wasser schwimmen kann. Beim Griff zur Kamera fällt mir auf, dass ich sie bei BEA vergessen habe. Egal, jetzt geht es in die Stadt. Zu meinem Glück hat das Tourismusbüro offen und sogar eine Windvorhersage aushängen.

Bei dem Wetterbericht sackt mir das Herz in die Hose. Ab morgen kommt der Wind aus Osten. Wenn ich in diese Richtung will, und das will ich, endet heute Abend mein Wetterfenster.

Also jenes Wetterfenster, das heute Morgen erst begonnen hat. Sofort ist mir klar, dass ich nicht über Bolsward hoch nach Harlingen möchte. Die Strecke bin ich letztes Jahr gesegelt. Also muss ich heute weiter nach Osten. Deutlich weiter. Mindestens bis zum Sneeker Meer.

Eilig haste ich zum Supermarkt, decke mich mit neuen Lebensmitteln ein, dann geht es schnell zurück in den Hafen.

Kurz nach dem Ablegen erlebe ich eine Überraschung. Der Wind hat aufgefrischt, BEA segelt. Schneller als ich noch vor Kurzem gerudert bin, schiebt sie sich nun durch das Heeger Meer, während sich ihr Skipper entspannt. Schon verlassen wir den See und segeln kaum langsamer auf dem Kanal weiter. Hinter der Kreuzung erreichen wir den Marrekrite-Platz, an dem ich im vergangenen Jahr eine Nacht verbracht habe. Bleiben will ich nicht. Es gibt gemütlichere Plätze und es herrscht gerade feinstes Segelwetter. Sonne, guter Wind für BEA aus der richtigen Richtung, das will genutzt werden. Außerdem habe ich, wenn ich nicht den gleichen Weg wie letztes Jahr nehmen will, gar keine andere Wahl.

Angenehme 2 bis 3 Beaufort schieben uns nach Osten, vorbei an trockenem Schilf, einem einsamen Ruderboot und über ein Aquädukt. Über uns lächelt die Sonne vom blauen Himmel.

Während wir uns dem Ende des Kanals nähern, wird der Wind stärker. Er erreicht jetzt bestimmt 3 bis 4 Windstärken. Noch ist er kontrollierbar, aber ich werde nervös. So viel Wind war nicht gemeldet. Mit einem Sicherheitsgriff zum Messer versuche ich mich zu beruhigen – notfalls ist das Segel ganz schnell unten. Gleitend nähern wir uns dem Ende des Kanals. Dort wartet eine böse Überraschung auf mich. Hier darf man nicht segeln! Oder zumindest muss der Motor mitlaufen. Aber ich habe ja keinen Motor …

Erstmal ärgere ich mich, dass so was nicht in der Wasserkarte vermerkt ist. Soll ich umdrehen? Den Rest des Tages gegen den Wind rudern, abends bei Heeg ankommen? Alles in mir sträubt sich gegen diese Vorstellung. Morgen kann ich die Strecke hier nicht mehr machen. Ich erreiche das Ende des Kanals und sehe mich um. So weit ich sehen kann, nicht ein Schiff. Ist doch lächerlich, ich behindere ja niemanden! Notfalls geht's sofort zum Rand des Kanals. Das muss reichen. Außerdem habe ich ja auch noch meinen manuellen Motor. Auf dem Schild steht ja nur, dass man hier nicht nur segeln darf. Von „Rudern verboten“ steht da nichts.

Natürlich ist mir klar, dass das eine Ausrede ist, denn ich hole das Segel nicht ein. Aber das Paddel liegt tatsächlich jederzeit griffbereit. Gewissermaßen auf Stand-by. Los geht's.

Statt der erwarteten Tankerautobahn finde ich mich auf einem idyllischen Kanal wieder. Schon nach wenigen Metern bin ich umgeben von Natur. Ich muss darauf achten, nicht ins Träumen zu geraten. Wenn ich schon ein – mir nur schöngeredetes – Schlupfloch in der Beschilderung ausnutze, muss ich doch wenigstens aufmerksam sein, um sofort rechts ranzufahren, wenn sich jemand nähert. Da der Kanal gerade ist, würde ich Berufsschifffahrt schon aus der Ferne erkennen können.

Unnötig, denn während ich den Kanal hochsegle, begegne ich nicht einem einzigen Schiff. Abgesehen von einigen Fischen, die mir folgen und ein paar Vögeln gibt es hier nur Stille und Einsamkeit.

Dann erreiche ich einen See. Oder ist es eine Gabelung mehrerer Kanäle? Jedenfalls passiere ich ein Schild, welches das Segelverbot wieder aufhebt. Kaum drehe ich mich um, sehe ich ein Frachtschiff, das den Kanal hochfährt. Auch wenn ich jetzt wieder ganz offiziell segeln darf, falle ich ab, um dem Profi mehr Platz zu geben.

Bei einem Blick zurück sehe ich, wie der Steuermann zum Gruß die Hand hebt. Kurz darauf ist er vorbei und ich beginne zu navigieren. Die Karte ist auf den Seesäcken festgemacht, so kann ich segeln und nach Bojen und Landmarken Ausschau halten. Wenn ich nah genug an einer Boje bin, um ihre Nummerierung zu lesen, suche ich sie auf der Karte. Ich bin richtig. Der Wind hat wieder nachgelassen. BEA schiebt sich mit geschätzt 2 Knoten übers Wasser. Mir lässt das zwischen der Navigation genug Zeit, die Landschaft zu genießen. Überall kann man Kanalmündungen zwischen dem trockenen Schilf erkennen, ein paar Vögel fliegen am Himmel. Ansonsten ist es ruhig. Dabei bin ich schon kurz vor Sneek.

Dank der Bojen und der tatsächlich stimmigen Wasserkarte schaffe ich es auf Anhieb, den richtigen Kanal zu erwischen, welcher mich schon kurz darauf aufs Witte Brekken ausspuckt. Ich bin glücklich, fühle mich ausgesprochen lebendig. Und das Witte Brekken ist ebenso schön wie der letzte See. Dabei liegt er direkt vor den Toren von Sneek, im Norden kann ich bereits die hohen Häuser der Stadt erkennen. Auf dem Wasser bin ich hier nicht ganz so allein. Eine ganze Reihe von Anglern sitzt auf ihren Dingis. Mindestens ein, meist zwei, manchmal noch mehr Angeln hängen über Bord und warten darauf, dass etwas anbeißt. Ich werde angesehen wie ein Fremdkörper. So, als wäre es absolut verrückt, dass ich zu dieser Jahreszeit hier bin. Dabei sind sie doch auch hier.

Etwas Sorgen mache ich mir um die Angelhaken. An langen, praktisch unsichtbaren Leinen hängen sie weit weg von den Anglern im Wasser. Ich sehe das Ende der Angelleinen meist erst, wenn ich schon kurz davor bin. Was so ein spitzer Haken mit BEAs Schläuchen machen könnte, darüber will ich gar nicht nachdenken. Ich kann nur hoffen, keinen Haken zu übersehen. Und falls doch, dass die Angler nicht sofort an der Leine reißen.

Mehr und mehr flaut der Wind ab, bis er schließlich eine ähnliche Windstärke hat wie schon am Vormittag. Jetzt habe ich das Ziel praktisch vor Augen, bin so gut wie angekommen und habe sogar noch Zeit. Also genieße ich das Segeln, auch wenn es kaum mehr als ein Treiben ist. Solange BEA manövrierfähig bleibt, soll es mir reichen. Wer weiß, wann ich wieder so einen tollen Segeltag erleben werde.

Kurz vor dem Nordufer verlasse ich den See. Mein Ziel ist ein Marrekrite-Platz gleich außerhalb der Stadt. Während ich mich über einen Kanal mit einer festen Brücke nähere, frischt der Wind ein letztes Mal auf. Eine Böe streift über das Land, füllt mein buntes Segel und schiebt uns geschwind vorwärts. Ein wundervolles Abschiedsgeschenk der Natur. Kurz vor der Brücke schläft der Wind dann endgültig ein. Flaute. Jetzt könnte ich nicht mal mehr vorwärtstreiben. Aber der Schub reicht noch, um bis zur Brücke zu kommen. Am Ufer mache ich fest und baue das Rigg ab. Anschließend geht es weiter. Nun wieder rudernd.

Kurz hinter der Brücke finde ich mich mitten in einem Ort wieder. Es ist nicht mehr weit. Es geht vorbei an einigen Häusern, unter einer Brücke durch, die sich im Sommer heben würde, und durch weitgehend leer stehende Yachthäfen hindurch. Dann bin ich auf dem Kanal, der nach Sneek hineinführt. Morgen muss ich ihm ein Stück bis in die Altstadt folgen. Doch jetzt geht es in die andere Richtung und auf ein Nebengewässer. Auf der Karte sind hier mehrere Liegeplätze eingezeichnet. An mindestens einem davon darf ich zelten. Nur an welchem? Und wo sind sie? Als Erstes wende ich mich gegen den Wind und rudere nach Nordwesten. Aber hier kann ich keinen Liegeplatz finden, auf dem man zelten darf. Was wohl auch daran liegt, dass ich überhaupt keinen Liegeplatz entdecken kann. Also drehe ich den Bug um 180 Grad und sehe mir die Orte, an denen die anderen zwei Plätze eingezeichnet sind, an. Bald entdecke ich zwei Stege. Ich bin richtig. Auf dieser kleinen Insel, gleich vor der Stadt, darf man kostenlos zelten. Bei allen Vorteilen der Lage, es hat auch seine Nachteile: Einerseits dringt der Lärm der Zivilisation bis hierher vor, andererseits ist es nicht so idyllisch, wie die letzten zwei Marrekrite-Plätze, an denen ich angelegt habe. Beim Entladen des Bootes passiert mir ein Missgeschick. Kaum lege ich die Tüte mit Lebensmitteln auf den Steg, da sehe ich, dass etwas ausläuft. Obwohl ich sofort reagiere, ist es schon zu spät. Fast 1 Liter Sonnenblumenöl ist auf den Steg und ins Wasser gelaufen.

Schnell bildet sich ein Ölfilm. Ich fluche. Unternehmen kann ich dagegen nichts. Ich entlade BEA weiter, wobei ich darauf achte, auf dem durch mein Verschulden nun glitschigen Steg nicht auszurutschen. Während ich mein Abendessen ohne Öl zubereite, fällt mir auf, dass das Geschnatter der Enten lauter ist als die nahe Zivilisation. Gut so, das gefällt mir besser.

Kapitel 9.

Donnerstag, der 12. März 2015

Eisige Kälte ist in den Schlafsack gekrochen und weckt mich auf. Mein Atem bildet kleine Wölkchen. Trotz mehrerer Schichten warmer Kleidung, Fleecedecke und Wollmütze im Schlafsack geht der Eishauch mir durch und durch. Was jetzt? Mehr Kleidungsschichten kann ich nicht anziehen, denn mehr habe ich nicht. Dann fällt mir auf, dass die ersten Sonnenstrahlen bereits zu sehen sind, und ich stehe auf. Zwar hätte ich noch eine Mütze Schlaf vertragen können, bei dieser beißenden Kälte ist daran aber nicht zu denken.

Das Gras, das Zelt, selbst der Steg und BEA sind von einer dichten Frostschicht bedeckt, die allem einen Weißstich verleiht. Besonders kritisch ist der Steg, denn er ist vereist. Einzig die Stelle, an der mir am Vorabend das Öl ausgelaufen ist, ist nicht vereist. Dafür ist es nun dank des Ölrestes, den ich nicht beseitigen konnte, rutschig. Also ziehe ich mich schnell auf die Insel zurück. Solange der Steg vereist ist, scheint es mir zu gefährlich, darauf herumzulaufen. Die Temperaturen liegen im Moment noch um den Gefrierpunkt, da kann ich selbst in Landnähe gut auf ein Bad verzichten.

Dafür ist aber das Wetter perfekt. Die Sonne scheint von einem fast gänzlich blauen Himmel herab und vertreibt bereits die Kälte.

Mein Zelt ist von Raureif bedeckt!

Eine sanfte Brise streicht übers Wasser, die es mir tatsächlich erlauben würde, zu segeln. Dabei war heute ein Rudertag eingeplant, denn viele feste Brücken, unter denen ich nur mit gelegtem Mast hindurchkomme, versperren den Weg nach Norden.

Kurz gerate ich in Versuchung, hierzubleiben, den Tag auf dem Sneeker Meer zu segeln und abends auf einer der Inseln zu zelten. Aber den Gedanken verwerfe ich schnell, denn morgen käme ich kaum ans Meer. Es wäre selbst dann knapp, wenn ich von Sonnenaufgang bis Sonnenuntergang rudern würde. Ob das meine Fitness überhaupt hergibt? Ich bezweifle es. Und ich will ans Meer! Wenn ich morgen Abend nicht da bin, dann werde ich irgendwo unterwegs eingeweht. Die Tage danach ist nicht daran zu denken, aufs Wasser zu gehen. Zu viel Wind, verspricht der Wetterbericht.

Nach dem Frühstück sehe ich mir den Steg erneut an. Das Eis ist fast komplett getaut, es kann also losgehen. Schnell ist das Zelt abgebaut und alles mit einer Leine auf BEA festgebunden. Noch vor dem Beladen habe ich den Mast aufgestellt. Das Wetter ist gerade so toll, ich will wenigstens das Stück bis zur ersten Brücke segeln.

Gemächlich schiebt sich BEA nach Norden in die Stadt rein. Der Kanal liegt verlassen, nur ein Mann in seinem offenen Motorboot ist noch unterwegs. An Land ist hingegen viel los. Hier, mitten in der Stadt, stehen Menschen am Ufer und angeln. Überrascht sehe ich mir das an. Angler mitten in der Stadt? Das hätte ich nicht erwartet.

Kurz darauf erregt BEA mal wieder Aufmerksamkeit, während sie sich mit unnötigerweise gerefftem Segel der Innenstadt nähert. Drei junge Niederländerinnen winken uns zu. Ob BEA sie amüsiert, ob ich oder doch BEA ihnen gefällt, ist schwer zu sagen. Ich lächle einfach und entscheide mich für eine Mischung aus beidem. Dann winke ich zurück.

Bald darauf finde ich mich in der Stadt wieder. Mitten in der Altstadt wartet die erste Brücke auf mich. Mir bleibt nichts anderes übrig, als anzulegen. Ich segle bis kurz vor die Brücke, dann wird das Rigg abgebaut und flach liegend festgebunden. Während der Saison würde ich bei so tollem Segelwetter wohl doch die Route über Bolsward nehmen, um weiter segeln zu können. Aber auch da gibt es eine ganze Reihe Brücken, unter denen ich nicht mit dem Mast durchpasse. Aktuell müsste ich für eine Öffnung der Brücke nach dem Brückenwärter herumtelefonieren. Wie genau das läuft, weiß ich nicht. Ist mir aber auch egal, da ich keine Lust darauf habe. Nicht grundlos besteht die einzige Technik an Bord meines Schlauchboots aus einer einfachen Kamera und einem simplen Outdoorhandy.

Schweren Herzens greife ich zum Paddel. Es geht weiter, Kurs Nord, Richtung Meer.

Während ich unter einer Brücke nach der anderen hindurchrudere, fällt mir auf, wie schön Sneek doch eigentlich ist. Wäre Zeit kein Thema, würde ich sofort anlegen und mir die Altstadt ansehen.

Die Angler am Kanal grüßen mich, während ich mich langsam aus der Stadt heraus bewege. Selbst in der Stadt ist es ruhig. Ich nehme mir vor, mir irgendwann mal ein paar Stunden Zeit zu nehmen, um dieses nette Fleckchen ausgiebiger zu besichtigen.

Hinter der Stadt erwartet mich eine mir ebenso vertraute, wie liebliche Landschaft. Manch einer hat bei meinen Erzählungen gedacht, dass die Aussicht wunderbar sein müsste, so nah wie ich am Wasser an ihr vorbeisegle. Wenn ich dann erzählte, erschien es unglaublich schnell als monoton. Irgendwie stimmt beides. Die meiste Zeit sehe ich links und rechts Schilf, vor und hinter mir Wasser. Und in der Ferne, wo der Kanal eine Kurve macht, wieder Schilf. Dazwischen Weiden – mal mit, mal ohne Tiere. Das war's im Großen und Ganzen. Trotzdem, oder gerade deshalb, ist es wunderschön. Fische, die so nah rankommen, dass man sie mit der Hand berühren könnte. Kleine Insekten auf dem Wasser, die man von einer Yacht wohl nicht mal sehen könnte. Vögel, die über einem fliegen oder neben einem schwimmen. Geringe Veränderungen, wie Moos auf der Uferbefestigung, oder ein Teil eben jener Befestigung, die kaputt ist. Es gibt sehr viel Abwechslung in dieser Monotonie. Und doch hat es etwas, das einen schnell einlullen und beruhigen kann. Etwas Schönes, Lebendiges.

Ich sehe zumeist nicht einmal, ob zehn Meter neben mir noch ein anderer Mensch ist. Oder ob der nächste Mensch Kilometer entfernt ist. Von dem, was ich erkennen kann, könnte sich der nächste Mensch auch am anderen Ende der Welt befinden.

Außerhalb der Orte bin ich zumeist unbeobachtet, bestenfalls das eine oder andere Windrad zeugt von der Nähe anderer Menschen. Und die Kanäle selbst natürlich auch, aber dort ist so viel Natur, dass man leicht vergisst, wie die Welt der Menschen aussieht.

Bald schon schweifen meine Gedanken ab. Ich paddle weiter, ohne drüber nachzudenken. Geschwindigkeit, ja sogar Zeit, verliert ihre Bedeutung. Ich bin im Hier und Jetzt – und doch ganz woanders. In mir.

Ich tauche ein in die traumhafte Monotonie des Kanals und genieße die Landschaft. Besonders die Tierwelt hat es mir angetan: Enten, Gänse, Ponys, Kühe und sogar Möwen entdecke ich um mich herum. Möwen? Ich wundere mich. So nah am Meer bin ich doch noch gar nicht! Die Ponys wiehern mich an, ich erwidere den tierischen Gruß. Die Kühe machen Muh. Ich mache Muh. Es ist lustig und ich denke nicht großartig über das nach, was ich sehe, oder über das, was mich sonst beschäftigt. Ich genieße einfach.

Doch dann sehe ich etwas, das mich zu einem schallenden Lachen bringt. Gleich hinter einer Brücke erwartet mich eine Schafherde. Das ist eigentlich nichts Ungewöhnliches. Schafe gibt es hier ja viele. Aber diese haben an ihren Hinterteilen große grüne Punkte. Das amüsiert mich so sehr, dass ich nicht anders kann, als meiner Freude durch lautes Gelächter Ausdruck zu verleihen.

Während ich mich gen Norden durcharbeite, bin ich bester Laune. Auch wenn ich aufgrund des passenden Windes am liebsten segeln würde, es gibt doch vieles, das mir weniger Spaß machen würde, als bei so gutem Wetter wie heute durch solch eine schöne Gegend zu rudern. Die etwas abgelegenen Ecken haben einfach ihre ganz eigenen Reize.

Nach einiger Zeit werde ich plötzlich nervös. Auf einer Wasserkarte ist eine Windmühle eingezeichnet. Und die müsste hier irgendwo sein. Nun sind ja Windmühlen nicht gerade klein, ich müsste sie also sehen. Nur kann ich sie nirgends finden! Mir fällt keine Möglichkeit ein, wo ich falsch gerudert sein könnte, der Verstand sagt mir auch, dass ich richtig bin. So eine Windmühle verschwindet ja nicht so einfach. Nachdem ich mich letztes Jahr regelmäßig verfahren habe, navigiere ich nun wenigstens etwas ernsthafter. Dazu gehört, dass ich nach Landmarken Ausschau halte. Und die fehlen hier. Außerdem mag ich Windmühlen und würde sie gern sehen.

Dann ist sie plötzlich da, direkt vor mir. Eine Sekunde weiß ich nicht, ob ich mich über mich selbst ärgern oder einfach nur freuen soll. Denn mein Fehler ist sofort klar. Ich habe nach einer dieser großen Windmühlen Ausschau gehalten, in denen man leben könnte. Was ich jetzt sehe, ist eine kleine, in der man vielleicht etwas Korn mahlen kann, viel mehr aber nicht. Schließlich wundere ich mich, dass so etwas als Landmarke eingezeichnet ist. Denn man sieht sie ja eigentlich erst, wenn man fast schon querab ist. Aber egal, sie sieht hübsch aus und die Hauptsache ist, dass ich richtig bin.

Bald kann ich voraus Easterlittens sehen. Das ist einer von zwei Orten, an denen ich bleiben darf. In Easterlittens soll es sowohl einen Hafen als auch einen Campingplatz geben. Wenn das stimmt, bleibe ich. Ansonsten ist im nächsten Ort ein Hafen eingezeichnet. Doch so weit ab vom Schuss frage ich mich, ob wenigstens einer davon im Winter offen hat.

Vom Wasser aus scheint der Ort ganz hübsch zu sein, aber den Hafen kann ich erst sehen, als ich den Ort schon fast wieder verlassen habe. Denn er liegt gleich neben der Brücke, durch die man den Ort hinter sich lässt. Der Hafen ist winzig. Eigentlich handelt es sich nur um ein paar Liegeplätze am Rand des Kanals. Skeptisch mache ich fest, kaum noch hoffend, dass hier geöffnet ist. Umso überraschter bin ich, als mir – kaum bin ich an Land – ein Mann entgegenkommt, der sich als Hafenmeister vorstellt. Campingplatz und Hafen gehören zusammen, sind geöffnet. Ich kann bleiben. Wenn ich duschen will – was ich natürlich gern möchte – heizt er für mich die Dusche auf. Toilette sowieso. Und da ich am liebsten sofort eine heiße Dusche möchte, verschwindet er kurz und gibt mir danach Bescheid, dass in einer halben Stunde sowohl der Raum als auch das Wasser warm sind.

Während die Heizung brummt, stelle ich mein Zelt gleich neben BEA auf und bereite das Nachtlager vor. Bis ich meine Duschsachen gefunden und dabei ein ziemliches Chaos im Zelt verursacht habe, ist auch die halbe Stunde vorbei. Auf dem Weg zur Dusche mache ich einen Abstecher aufs Klo, wo ich mein Handy zum Laden liegen lasse. Der Akku wird langsam leer und da es unterwegs meine einzige Möglichkeit ist, um Hilfe zu rufen, darf das nicht passieren. Schließlich stehe ich unter der Dusche. So lange ich will. Keine 50-Cent-fressende Maschine gibt den Takt für meine Reinlichkeit vor. Ich hätte Stunden unter dem Strahl warmen Wassers stehen können. Nur meine Neugierde weiß das zu verhindern. Also geht es nach einer ausgiebigen, wenn auch nicht verschwenderischen Dusche zurück ins Zelt und anschließend in den Ort. Auf dem Weg dorthin laufe ich dem Hafenmeister über den Weg und lasse ihn wissen, dass ich fertig bin. Kein Grund, die Heizung unnötig weiter laufen zu lassen.

Auf mich wartet ein richtiges Dorf. Kein Supermarkt oder andere Geschäfte, dafür ein Restaurant, ein Café und sogar eine Eisdiele. Wer um diese Jahreszeit ein Eis will, das ist mir ein Rätsel. Wenn jemand ein Eis will, kann er ja das Eis morgens von meinem Zelt haben.

Easterlittens ist nett, aber unauffällig. Während ich am Friedhof vorbeigehe, fällt mir ein Grabstein aus Glas in der Form der Provinz Friesland auf, doch um niemanden zu verärgern, bleibt der Fotoapparat weggepackt. Dann stehe ich schon am anderen Ende des Dorfes, zurück geht es den Kanal entlang. Ein paar Kinder spielen auf der Straße, sonst ist es still. Ein angenehmer Ort für eine Übernachtung.

Langsam wird es Zeit fürs Abendessen. Ich entscheide mich für eine heiße Suppe. Während ich Notizen für meinen Blog mache, beobachte ich die langsam untergehende Sonne. Das gute Wetter macht auch vor den Abendstunden nicht halt und gönnt mir einen wundervollen Sonnenuntergang. Ich bin schon längst fertig mit den Notizen, als die Sonne schließlich untergeht. Jetzt wird es Zeit, im Schlafsack zu verschwinden, denn wie schon die vergangenen Tage wird es schnell kühl.

Freitag, der 13. März 2015

Am nächsten Morgen wartet endlich einmal keine Frostschicht auf mich. Die Nacht war vergleichsweise warm, die Temperaturen sind anscheinend kaum unter den Gefrierpunkt gefallen. Besonders glücklich macht mich der Sonnenschein. Denn eigentlich hatte ich erwartet, eine dichte Wolkendecke vorzufinden. Offensichtlich will mir das Wetter noch etwas länger treu bleiben.

Während des Frühstücks merke ich, dass ich fast kein Brot mehr habe. Einen Happen für die Mittagszeit, das war's. Erst heute Abend in Harlingen werde ich etwas bekommen. Denn hier im Dorf gibt es weder Supermarkt noch Bäcker.

Um etwa 9 Uhr bin ich wieder unterwegs. Der Kurs: unverändert Nord, gen Meer. Allein das Wissen, dass ich heute ans Meer komme, reicht, um mich glücklich zu machen. Und dann noch das überraschend gute Wetter und die Landschaft! Mein Lächeln wird noch breiter, als ich nicht weit weg eine Windmühle sichte. Dann macht der Kanal eine Kurve und ich muss gegenan. Auch wenn es nicht weit ist, es ist anstrengend. Bis zu diesem Punkt war mir gar nicht aufgefallen, dass der Wind doch mehr als nur mit einer schwachen Brise weht. Ich arbeite mich langsam voran, Schweiß rinnt über meine Haut. Dabei habe ich doch gestern erst geduscht.

Bei einem Blick nach vorn fallen mir zwei Polizeibeamte auf, die mich vom Ufer aus beobachten. Was sie wohl wollen?

Tausend Gedanken rasen mir durch den Kopf, aber letztlich bringt es nichts, zu raten. Ich rudere weiter, mich schreiend mit ihnen zu unterhalten, mag ich nicht. Alles andere wäre gegen den Wind nicht möglich. Irgendetwas wollen sie, denn sie warten geduldig. Mit einem letzten bisschen Hoffnung frage ich, kaum bin ich nah genug an sie herangerudert, um in einer normalen Lautstärke reden zu können, ob sie etwas von mir wollen. Natürlich. Ich solle doch bitte rechts ranrudern, lautet die Antwort.

Einer der Beamten nimmt eine Leine an, dann werde ich um meine Papiere gebeten. Als ich ihnen den Sportbootführerschein Binnen – den man hier gar nicht benötigt – in die Hand drücke, sehe ich ein Grinsen in ihren Gesichern. Meine Daten werden notiert und meine Nervosität erreicht ihren Höhepunkt. Schließlich frage ich einfach ganz direkt, was denn los sei. Das Ergebnis ist recht simpel: Man sieht wohl nicht so oft gelbe Gummiboote, die im Winter in Friesland auf Fahrt sind. Vor allem keine, die offensichtlich mehrtägige Reisen unternehmen. Ob es nachts nicht kalt wäre? Mit einem Achselzucken zeige ich auf mein Gepäck: „Ich habe gute Ausrüstung."

Dass ich fast jede Nacht von der Kälte geweckt wurde, verschweige ich. Da ich offenbar fit genug für ein derartiges Abenteuer aussehe, vielleicht auch dank des günstigen Schnitts des Ölzeugs, reicht ihnen meine Antwort. Trotzdem wollen sie noch eine Handynummer. Obwohl sie es nicht aussprechen, ist es klar, was sie denken: Sie wollen mich, wenn sie eine Wasserleiche finden sollten, ausschließen können. Immerhin bekomme ich im Gegenzug ihre Nummer für Notfälle. Ich solle bei Tag und Nacht anrufen, wenn es ein Problem gäbe.

Die Begegnung war zwar ausgesprochen höflich, sogar freundlich, hinterlässt aber einen bitteren Beigeschmack. Ich habe vor dem Törn über all das nachgedacht, was die beiden Polzisten unausgesprochen gedacht haben mögen. Wenn ich ins Wasser muss, bleibt mir nicht viel Zeit, um entweder sofort an Land oder noch besser zurück an Bord zu gelangen. Dann schnellstens abtrocknen. Und wenn es mehr als paar Sekunden waren, womöglich einen Krankenwagen rufen. Den Notruf hab ich auf Schnellwahl gelegt. Von der Polizei angehalten zu werden, ruft einem dieses Worst-Case-Szenario deutlich ins Gedächtnis. Immerhin, schien es sie zu freuen, dass es mir hier so gut gefällt und ich hier so viel Spaß hatte, dass ich im Winter meinen Urlaub in ihrer Heimat verbringe.

Mit kräftigen Ruderschlägen geht es weiter Richtung Meer. Schon vor Erreichen des Van Harnixmakanals sinkt meine Laune bei der Erinnerung an all die Industrie hier.

Auf dem Kanal, wird es sogar noch schlimmer. Ich hatte gehofft, hier segeln zu können. Aber es ist zu windig, es steht eine richtige Welle. Wenigstens bin ich allein, sodass ich nicht mit den zurückgeworfenen Wellen von Motorbooten kämpfen muss.

Zu allem Übel ziehen Wolken auf. Gar nicht mal so viele, aber sie verdecken die Sonne, wodurch es gleich frisch wird. Plötzlich ist mir alles zu viel. Das Paddeln nervt mich, die Landschaft besteht im Grunde nur aus hässlichen Industriebauten und mir ist kalt. Es ist langweilig, anstrengend und unbequem. Ich will hier weg. Selbst der Güllegestank auf dem letzten Kanal war besser als das hier. Ich finde alles doof. Am liebsten würde ich anlegen, an Land gehen, in den nächsten Zug steigen und nach Hause fahren. Einfach nur weg.

Doch etwas in mir lässt mich weiterrudern. Hinter der nächsten Kurve erwartet mich zumindest eine kleine Besserung. Mehrere große Segelschiffe, größtenteils Plattenboden, aber auch ein paar Rahsegler sind am Ufer festgemacht. Die Besatzungen schwingen die Pinsel und bereiten ihre Schätze auf die kommende Saison vor. Nicht wenige dieser sicherlich erfahrenen Segler unterbrechen ihre Arbeit, sehen rüber zu BEA und grüßen mich. Das Lächeln auf ihren Gesichtern ist herzerwärmend – oder ist vielleicht die Sonne herausgekommen? Tatsächlich scheint es wärmer zu werden. Immer wieder sehe ich einen Daumen nach oben zu mir gerichtet oder eine gehobene Hand zum Gruß. Was für eine Freude!

Viel zu schnell bin ich an ihnen vorbei und finde mich nach einer weiteren Kurve mitten in der Stadt wieder. Franeker scheint recht hübsch zu sein. Nur die Brücke vor mir bereitet mir Sorgen. Denn unter der muss ich durch. Und sie sieht knapp aus. Sicherheitshalber werfe ich einen Blick auf die Karte, aber laut dieser müsste ich locker durchpassen. Beim Anblick der näher kommenden Brücke frage ich mich zunehmend, ob die Höhe wirklich reicht. Zwischen Wasser und Brücke scheint nur ein kleiner Spalt zu sein. Wie kann das sein? Ich kann es mir nicht erklären. Eigentlich ist der Winterwasserstand niedriger als der Sommerstand. Müsste dann nicht eigentlich mehr Platz sein? Es kann doch nicht etwa am Wind liegen, der das Wasser langsam von Ost nach West drückt?

An der Brücke angekommen, bemerke ich, dass ich tatsächlich nicht durchpasse. Der obere Seesack bleibt an der Brücke hängen. Also verhole ich BEA ans Ufer, löse die Leinen und nehme den Seesack nach hinten. Doch auch beim nächsten Versuch bleibe ich hängen. Obwohl ich bereits auf dem Boden zusammengekauert bin, verfängt sich meine Rettungsweste an der Brücke. Kleiner kann ich mich nicht machen.

Ein letzter Versuch, nun habe ich auch noch die Rettungsweste ausgezogen, dann bin ich durch. Das war knapp!

Selbst ohne Rettungsweste und zusammengekauert habe ich gespürt, dass man kaum ein Blatt Papier zwischen mich und die Brücke hätte schieben können. Aber jetzt ist es geschafft! Ich befestige den Seesack wieder im Bug und ziehe die Rettungsweste an. Noch immer kann ich mir die niedrige Brückenhöhe nicht erklären. Ich hätte normal sitzend drunter durchpassen sollen. Es kann doch nicht wirklich am Wind liegen, der seit zwei Tagen hier pustet? Schließlich beende ich die Raterei, eine befriedigende Antwort kann ich ohnehin nicht finden.

Kurz rudere ich, dann lasse ich mich einfach von Wind und Wellen schieben. Ich nutze die Zeit und esse mein letztes Stück Brot, dazu gibt's Schokocreme. Die schlechte Laune hat mich jetzt, wo ich nicht mehr beschäftigt bin, wieder. Jetzt könnte ich tatsächlich anlegen. Gleich neben mir gibt es Liegeplätze für Boote, die auf eine Brückenöffnung warten. Und ganz in der Nähe gibt es einen Marrekrite-Platz, dort könnte ich sogar zelten. Die Innenstadt sieht hübsch aus, aber ich lasse sie gerade hinter mir und finde mich sogleich in einer weniger schönen Gegend wieder. Häuser, Industrie, trüber Himmel: eine grauenhafte Kombination. Auch Segelschiffe mit netter Besatzung, die mich aufmuntern könnten, fehlen.

Also lasse ich mich von einer Welle aus Selbstmitleid und Unlust treiben. Warum lege ich eigentlich nicht einfach an? Ich hab doch eh keine Lust mehr. Franeker ist groß, es gibt bestimmt einen Bahnhof. So käme ich schnell bis Stavoren, von da aus dann zu Fuß nach Warns, Auto holen, BEA in Franeker einpacken und ab nach Hause. Ich könnte heute Abend noch in meinem warmen Bett liegen …

Aber aus einem Grund, den ich mir selbst nicht erklären kann, ist auch das nicht wirklich verlockend. Was soll ich schon mit einem warmen Bett? Gerade ist einfach alles doof. Am liebsten wäre ich schon am Meer oder zumindest deutlich weiter. Irgendwo – nur nicht hier. Zu allem Überfluss bin ich kaputt, ausgelaugt. Körperlich wie geistig erschöpft: nicht wissend, woher ich die Kraft nehmen soll, weiterzumachen. Aber ich muss weiter. Muss unbedingt ans Meer. Und so steche ich wieder und wieder trotzig das Paddel ins Wasser.

Zwischenzeitlich habe ich es bis irgendwo auf die Strecke nach Harlingen geschafft. Bei einem Blick nach hinten sehe ich ein Frachtschiff. Sofort beginne ich damit, mich auf seinen Wellenschlag vorzubereiten, notfalls auch seinen Sog. Aber noch bevor ich mit meinen hektischen Sicherheitsvorbereitungen fertig bin, sehe ich, wie das Frachtschiff langsamer wird. So langsam, bis es fast nur noch treibt. Natürlich ist es trotzdem noch schneller als ich, verursacht aber keinen Sog und kaum Wellenschlag. Im Steuerhaus sehe ich den Steuermann.

Er hebt breit lächelnd die Hand zum Gruß. Ich bin überwältigt von seiner Freundlichkeit. Normalerweise heizen die Berufsschiffe an mir vorbei, selten, dass man mich überhaupt beachtet. Verständlich, immerhin ist es ihr Job, Waren möglichst schnell von A nach B zu transportieren. Aber der Kahn hier hat nur für mich stark abgebremst, sodass die Wellen kaum zu bemerken sind. Ob sich die Schraube überhaupt noch dreht? Er ist so leise. Er wird doch wohl nicht etwa in den Leerlauf geschaltet haben? Ich weiß es nicht. Aber ich weiß, dass hier gerade jemand unglaublich rücksichtsvoll und freundlich zu mir war. Plötzlich kommt auch noch die Sonne raus. Es geht ans Meer. Immer dem Ruf des Meeres folgend. Meine Stimmung bessert sich schlagartig.

Obwohl ich immer wieder Industrie am Ufer sehe, geht es mir besser. Je näher ich Harlingen komme, desto häufiger scheint die Industrie am Ufer sich auf Schiffe spezialisiert zu haben. Ich kann sogar einige beeindruckende Yachten erblicken. Langsam will und muss ich ankommen. Meine Kräfte lassen nach und ich will das Meer sehen.

Am Ortseingang von Harlingen muss ich mich entscheiden. Gleich in der Nähe, auf dem südlichen Kanal, gibt es mehrere Häfen. Wenn ich da nicht bleiben kann, muss ich für den dritten möglichen Hafen nicht gegen den Wind anrudern. Wenn ich aber bleiben kann, liege ich recht weit weg vom Meer und der Altstadt. Alternativ könnte ich dem nördlichen Kanal bis zur Schleuse zum Wattenmeer folgen und in den Yachthafen gleich neben der Schleuse einlaufen. Wenn ich da bleiben darf, bin ich mitten in der Stadt und nah an der Küste. Aber ob ich das darf?

Ich beschließe, das Risiko einzugehen. Notfalls lege ich eine Pause ein, sehe mir das Meer an, esse etwas und rudere dann gegen den Wind zu den anderen Häfen. Die Gebäude am nördlichen Kanal sind keine historischen Bauten, ganz im Gegensatz zu den Schiffen. Wie in Franeker liegen hier Traditionssegler Bug an Heck, einer hinter dem anderen.

Schließlich erreiche ich den Hafen. Schon bei der Einfahrt fällt mir auf, dass es hier nicht leicht sein wird, das Zelt aufzustellen. Es gibt keine echte Rasenfläche, die Grünstreifen, die vorhanden sind, sind zu klein für das Zelt. Einzig ein Platz neben einer Zapfsäule für Wasser bietet Grund zur Hoffnung. Während ich zum Meldesteig rudere, fällt mir auf, dass hier einige Boote im Wasser liegen. Obwohl die Saison noch nicht begonnen hat, sind die meisten Liegeplätze belegt – wenn auch zumeist mit Motoryachten.

Nach dem Anlegen begebe ich mich auf die Suche nach dem Hafenmeister. Doch der ist weder an den Stegen noch im Büro. Wo kann er nur sein? Das Toilettenhäuschen ist geöffnet, Boote sind im Wasser, der Hafen ist also offen.

Schließlich packe ich das Handy aus und wähle eine Nummer, die an der Tür zum Hafenkontor hängt. Das Meer ist nah, ich will da jetzt hin. Die Verständigung ist nicht ganz einfach. Mit einer Mischung aus Deutsch und Englisch schaffe ich es, dem Hafenmeister telefonisch zu erläutern, was ich will. Er entscheidet, dass er vorbeikommen will, um sich das anzusehen. Wenige Minuten später kommt ein älterer Herr auf mich zu. Er kann es kaum glauben, dass ich mit BEA bis hierher gekommen bin und zelten möchte. Ich darf bleiben. Das Klo ist aufgeschlossen, aber die Duschen abgeschaltet. Ich kann bleiben, so lange ich will. Ich bin ganz überrascht, will etwas bezahlen. Der Hafenmeister winkt ab. Um diese Jahreszeit und bei so einem Boot? Nein, ich soll mir einfach eine schöne Zeit machen.

Während der Hafenmeister sich auf den Heimweg macht, kann ich mein Glück kaum fassen. Ich darf mitten in der Stadt mein Zelt aufschlagen. Und das einfach so! Ich bin glücklich.

Schnell ist BEA verholt und gleich hinter der Hafeneinfahrt festgemacht. Um das Zelt zu schützen, lege ich die Bauplane unter, denn der Platz ist voller kleiner Steinchen und scharfer Muschelreste. Kaum ist es aufgebaut, mache ich mich auf ans Meer.

Ich weiß, wo ich bin und wo ich hin will. Aber wie ich genau dorthin gelange, das ist mir noch nicht klar. Also irre ich durch die schöne Altstadt von Harlingen und sehe mir im Vorbeilaufen Häuser und Boote an, bis ich plötzlich weiß, wo ich mich befinde. Hier war ich letztes Jahr schon mal. Nun muss ich mich entscheiden: Will ich möglichst schnell das Meer, gibt es gleich um die Ecke den Fährhafen. Die etwas bessere Aussicht habe ich aber vom Deich in Richtung Campingplatz. Ich will ans Meer. Jetzt. Also eile ich an den Yachthäfen vorbei direkt zum Fährhafen.

Dann bin ich da. Eben noch war die Sehnsucht nach dem Meer nur ein Gefühl in meinem Kopf, schwer zu beschreiben. Jetzt ist es da und braucht gar nicht mehr beschrieben zu werden.

Ein innerer Frieden, gesetzt und ruhig, macht sich breit. All die Mühen, die ich hatte, um hierher zu kommen – sie sind verschwunden. Das ist es, das ist der Grund, warum ich so bescheuert bin und mich im März mit BEA auf einen Törn wage. Das ist der Grund, warum ich nachts bei Frost gezeltet, tags gegen den Wind gepaddelt habe. Das ist der Grund, warum ich immer weiter gemacht habe. Ich bin da. Ich bin am Ziel. Ich bin zu Hause.

Nun – jedenfalls fast. Jetzt, da ich endlich hier bin, ist der Ruf des Meeres lauter, deutlicher, lockender. Alles in mir will dort raus, die Leinen loswerfen und in See stechen. Einfach segeln, sehen, wohin der Wind mich treibt. Segeln. Ich bin glücklich und traurig zugleich.

Mit BEA kann ich nicht aufs Meer raus, das weiß ich. Also werde ich hinter den Toren bleiben, weiter diesem lockenden liebevollen Sirenenklang, dem Ruf der See, widerstehen. Aber: Das ist eine Gewissheit, die ich in diesem Augenblick habe und auch nicht verlieren werde. Ich werde rausfahren. Raus, zur See. Das Meer erkunden. Irgendwann.

Nach langer Zeit trete ich langsam den Rückweg an. Nach fast sechs Monaten, die ich im Binnenland verbracht habe, scheine ich geradezu Angst zu haben, das Meer wieder loszulassen. Nur langsam entferne ich mich, während das Stück Meer, das ich sehe, kleiner und kleiner wird. Am Hafengebäude mache ich halt, nehme eine Broschüre mit. Warum, weiß ich gar nicht so genau. Jetzt geht's zurück in den Yachthafen, eine Tüte aufreißen und Essen kochen. Das war der Plan, doch schon kurz darauf scheitert er an der Hafen-Imbissbude. Da gab es letztes Jahr nicht nur eine nette Bedienung, sondern auch leckere Pommes. Schnell ist die Entscheidung gefallen. Statt Pasta aus der Tüte gibt's Pommes aus dem Schälchen. Mit Mayonnaise.

Kurz überlege ich, meine Pommes hier zu essen, da mich auch dieses Mal eine Frau mit einem freundlichen Lächeln bedient, doch das Meer ruft. So verabschiede ich mich fröhlich, kaum halte ich mein Abendessen in der Hand. Ich bin noch nicht fertig, als ich das Meer wieder sehe. Sofort werden meine Schritte langsamer. Gemütlich eine Fritte nach der anderen kauend, schlendere ich dem Deich folgend am Meer entlang. Nur am Rande bekomme ich mit, wie mich andere Spaziergänger grüßen, nur unterbewusst reagiere ich. Das Rauschen des Meeres, der dezent salzige Geruch, größtenteils verweht vom Ostwind. Und dann geht auch noch die Sonne unter. In Deutschland habe ich hiervon geträumt, jetzt genieße ich es mit allen Sinnen.

Wie schon die letzten Tage, wird es kühl, sobald die Sonne verschwunden ist. Hinzu kommt der Wind, der die Kälte viel zu schnell durch die Kleidung treibt. Die Bewegung hilft und so gehe ich weder langsam noch schnell durch die Stadt. Bald weiß ich nicht mehr so genau, wo ich bin. Zwischen all den historischen Bauten kann man sich auch ruhig verlaufen, ohne dass es langweilig würde.

Schließlich finde ich aber doch den richtigen Hafen. Eilig mache ich meine abendlichen Notizen, kaum mehr als Stichworte. Währenddessen höre ich eine Yacht manövrieren, um aus dem Hafen zu kommen, ihr Bugstrahlruder heult kurz auf. Sie verschwindet Richtung offene See. Was würde ich dafür geben, jetzt dort an Bord zu sein. Doch schon bald übermannt mich der Schlaf.

Kapitel 10.

Samstag, der 14. März 2015

Beim Aufstehen bin ich bester Laune, obwohl das Wetter bescheiden ist. Die Sonne versteckt sich hinter einer dicken Wolkendecke. Aber ich bin in Harlingen, am Meer. Aus dem geplanten Besuch des Supermarkts wird eine Besichtigung der Altstadt. In Gedanken noch immer bei der Architektur der Häuser, denke ich beim Einkaufen zwar an Brötchen, vergesse aber das Brot.

Nach dem Frühstück werfe ich einen Blick auf meine Notizen. Vor der Reise habe ich mir die Zeiten für Hoch- und Niedrigwasser während meines Törns rausgeschrieben. Schnell ist klar, dass jetzt kurz vor Niedrigwasser ist, eine gute Zeit zum Wattwandern. In Gummistiefeln stapfe ich durch die Stadt zum Meer. Mein Ziel ist der Strand, er liegt gleich vor den Toren der Stadt. Von hier aus sollte ich eine schöne Wattwanderung unternehmen können.

Trotz der Jahreszeit sind an diesem Samstagmorgen außer mir noch einige weitere Menschen im Watt unterwegs.

Nur wenige Meter vom Strand entfernt sinken plötzlich die Stiefel in das Wasser-Sand-Gemisch ein. Ein paar Zentimeter, dann finden sie festen Untergrund. Hier kann ich gut durchs Watt laufen. Immer wieder greife ich zur Kamera, während ich mich auf den Weg zu meinem ersten Ziel mache: eine Boje, die den Schwimmbereich begrenzt. Ganz überrascht stelle ich fest, dass die Wasservögel hier keine Angst zu haben scheinen. Ich kann mich ihnen bis auf wenige Meter nähern, bevor sie auffliegen. Schon habe ich die Boje erreicht und muss mir ein neues Ziel suchen. Nachdenklich sehe ich nach draußen, aufs Meer. Einfach mal rauslaufen das wäre doch was. Da draußen lagert ein ganzer Vogelschwarm. Den könnte ich mir doch mal näher ansehen? Und außerdem ist es bestimmt eine schöne Möglichkeit, Harlingen vom Meer aus zu beobachten.

Kurzerhand laufe ich weg vom Strand, raus ins Watt. Es geht gut, der Sand ist stabil und ich bleibe immer wieder stehen, um Fotos zu machen. Mal von der Landschaft als Ganzes, dann von Details wie kleinen Muscheln oder dem Wellenmuster der Priele. Plötzlich gibt der Boden unter mir nach, ich sinke ein. Treibsand. Ich versinke bis über die Knie im weichen, wasserhaltigen Sand.

Ich fluche, will mich befreien. Hastig reiße ich einen Fuß hoch. Zumindest versuche ich es, denn die hastige Bewegung lässt mich noch tiefer einsinken. Deutlich besorgter greife ich zum Handy und verlege es von der Hosentasche in eine Tasche der Jacke. Noch habe ich einige Stunden Zeit, bevor das Wasser wieder hierhin zurückströmt, aber sollte ich mich nicht aus eigener Kraft befreien können, wäre es sinnvoll, den Notruf wählen zu können, ohne das Handy im Watt suchen zu müssen.

Meine erste Idee, aus den Stiefeln zu schlüpfen, sie zurückzulassen und über den Sand zurück auf festen Untergrund zu kriechen, verwerfe ich schnell. Ich brauche die Stiefel noch, sie sind aktuell mein bestes Schuhwerk beim Segeln. Mir blieben sonst nur die Neoprensandalen. Bei Temperaturen um den Gefrierpunkt mag ich sicher nicht den ganzen Tag mit nassen Füßen herumsitzen. Also entschließe ich mich für eine andere Taktik. Ich halte mir die Option, zurück zu robben, für den Fall offen, dass alles andere versagt.

Die Zehenspitzen nach oben, die Fersen nach unten gedrückt ziehe ich langsam ein Bein aus dem Treibsand. Auch wenn es anstrengend ist, gelingt es mir auf diese Weise, tatsächlich langsam einen Fuß frei zu bekommen. Gerade noch rechtzeitig. Bald wäre das wohl nicht mehr möglich gewesen. Bereits jetzt ist etwas Schlamm in den Stiefel gelaufen. Gerade will ich den zweiten Fuß befreien, da kippe ich nach vorne über und lande auf dem Bauch. Das ist gar nicht mal so schlimm, ich kann ja im Hafen die Hose waschen. Rückblickend wird mir klar, dass das wahrscheinlich dafür gesorgt hat, dass ich überhaupt freigekommen bin. Trotzdem ist das erste Bein bis knapp unter dem Knie eingesunken, bevor der zweite frei ist. Nun ist es etwas leichter, vorwärtszukommen.

Ich schaffe es, ein paar Schritte zu machen, bevor ich wieder einsinke. Wenigstens weiß ich jetzt, wie ich meine Füße aus dem Treibsand bekomme. Dieses Mal ist es allerdings noch schwerer. Dabei bin ich doch gar nicht so tief eingesunken! Es gelingt mir, meine Füße zu befreien, ohne umzustürzen. Schon nach wenigen Metern wiederholt sich dieses Trauerspiel. Wieder und wieder und wieder. Schon bald habe ich das Gefühl, keine Kraft mehr zu haben. Es ist unglaublich anstrengend, kräftezehrend. Schließlich, ich bin gerade wieder tief eingesunken, gönne ich mir eine Pause. Bereits einfaches Stehen ist zu einem anstrengenden Kraftakt geworden und ich lehne mich kurzerhand nach vorne. An Land wäre das anstrengend, aber nun liegen meine Beine vom Knie abwärts schräg im Watt und stützen mich. Ich blicke erneut um mich. Die Landschaft ist atemberaubend. Zwar bin ich in eine doofe Situation geraten, aber wenigstens an einem schönen Ort – da ist das doch eigentlich alles nur halb so schlimm.

Nach mehreren Minuten Pause und einem tiefen Atemzug befreie ich mich erneut und gehe weiter. Die Pause hat etwas gebracht, ich habe wieder Kraft. Oder war es vielleicht einfacher, weil ich nach vorn gelehnt im Watt lag?

Jeder Schritt ist ein Kampf gegen den wasserdurchtränkten Sandboden. Meine Füße fühlen sich eisig an. Schlamm ist in die Stiefel eingedrungen und klamme Flüssigkeit sickert durch Hose und Socken. Eben noch bin ich fast wieder eingesunken, dann stehe ich plötzlich stabil. Ein Schritt und alles ist anders. Meine Füße finden wieder Halt. Es ist noch ein ganzes Stück bis zum Ufer, aber ich kann stehen. Richtig stehen!

Bei einem Blick in Richtung Horizont fällt mir auf, wie weit ich gelaufen bin. Da, in der Ferne, verschwindet die Spur. Bin ich da eingesunken oder verhindert das triste Wetter einfach, den Anfang meiner Spur zu sehen? Egal wie, es war ein weiter, kraftraubender Weg. Mit zittrigen Beinen setze ich meinen Weg fort. Was, wenn ich im Treibsand stecken geblieben wäre und die Flut wäre gekommen? Es scheint, als hätte ich jede Kraft verbraucht. Wenn ich jetzt einsacke, ist es vergleichsweise harmlos, höchstens bis über die Knöchel. Während ich mich dem Strand nähere, fallen mir zwei junge Frauen auf, die etwas rufen. Kurz sehe ich mich um, kann aber niemanden sehen. Was rufen die ins Watt heraus? Da ist doch niemand. Dann wird mir klar: Die rufen nicht ins Watt. Die rufen nach mir. Diese zwei jungen Frauen wollen etwas von mir. Zu schade, dass ich kein Niederländisch spreche. So habe ich keine Ahnung, was sie von mir wollen.

Übers ganze Gesicht strahlend, sehen sie mich an, während ich langsam näher komme. An meinem umwerfenden Äußeren kann es nicht liegen. Ungewaschene Haare, Kleidung und die Haut voller Schlamm. Verschwitzt, einfach komplett ungepflegt – das entspricht nicht gerade den gängigen Schönheitsidealen. Aber bei so einem lieben Blick, wäre es unhöflich, sie zu ignorieren. Also gehe ich in Richtung der Frauen. Wenn der Schlammgeruch meinen eigenen nicht überdeckt, ist das noch ein weiterer Grund, sich zu fragen, was sie wohl wollen.

Kaum bin ich bei ihnen angekommen, beginnen sie, auf mich einzureden. Es hört sich freundlich an und sie strahlen dabei so schön. Nur schade, dass ich immer noch nichts verstehe. Also hebe ich schließlich hilflos die Schultern und unterbreche sie.

„Do you speak English or German? Sprecht ihr Deutsch oder Englisch?"

Ihre Blicke sind Gold wert. Ganz überrascht werde ich angesehen, als wäre es absolut unerwartet, dass ein Deutscher um diese Jahreszeit hier unterwegs ist.

„English, no problem. Where are you from?"

„Germany."

Mein Verdacht wird sogleich bestätigt: Deutsche kommen wohl normalerweise erst später im Jahr hierher. Aber es scheint sie nicht zu stören, dass ich jetzt schon da bin. Ich fühle mich geschmeichelt, dass sie mich zunächst auf Niederländisch ansprechen, obwohl ich Segelbekleidung trage und auch gut von einer der Yachten kommen könnte. Dann verraten sie, warum sie mich angesprochen haben. Der Grund ist, natürlich, nicht mein umwerfendes Äußeres oder mein Natur-Deo. Auch meine Sicherheit war nicht ihr Anliegen. Nein, sie interessieren sich für Vögel. Sie haben gesehen, dass ich weit draußen im Watt war, und wollen wissen, ob ich erkannt hätte, was für eine Vogelrasse da draußen ihr Unwesen treibt. Ich war nicht nah genug an der Vogelbank, um das beantworten zu können. Außerdem: Selbst wenn ich einen Vogel in der Hand gehalten hätte, hätte ich bestenfalls eine Taube von einer Möwe und diese von einem Papagei unterscheiden können. Also versuche ich es mit Humor.

„Birds?"

Freundliches Gelächter folgt, in das ich gern einstimme. Ich frage, warum sie das interessiert. Schnell ist klar, dass sie Studentinnen sind und irgendetwas mit Tieren studieren. Eigentlich interessieren sie sich nicht für Vögel, sondern für Pferde. Aber Vögel gehören eben zu ihrem Fach, also sind sie heute hier, um diese zu bestimmen.

Noch während sie erzählen, werde ich schon wieder von der Seite angequatscht. Wieder von zwei jungen hübschen Frauen. Und wieder verstehe ich: nix. Denn auch sie sprechen Niederländisch.

Es hört sich freundlich an, ihre Sprache empfinde ich als angenehm, und wenn die sprechende Person beim Reden strahlt, ist doch die Bedeutung ihrer Worte nur zweitrangig. Bevor ich die beiden auf das Sprachproblem hinweisen kann, machen das die beiden anderen. Erst freue ich mich über das überraschte Gesicht der beiden Neuankömmlinge, dann erfahre ich, dass die vier jungen Frauen zusammengehören. Nun werde ich über meine Reise befragt. Sie scheinen sich tatsächlich dafür zu interessieren, also erzähle ich ihnen, wo ich war. Als ich Sneek erwähne, werde ich unterbrochen. Denn auch da wollen sie die Vogelpopulation beobachten. Und da sie es gern leichter hätten, fragen sie, ob ich zufällig Bilder von Vögeln hätte. Schnell ist die Kamera ausgepackt, unsere fünf Köpfe beugen sich über das winzige Display und wir sehen uns fast 1000 Bilder an. Unter all den Bildern sind nur zwei Bilder, auf denen Vögel zu sehen sind und ausgerechnet diese zwei sind unscharf. Auf allen anderen Bildern sind die Vögel zu klein, um auch nur im Ansatz etwas erkennen zu können. Nun muss das Kleeblatt eben doch nach Sneek, was schade ist, da wir uns sonst einen schönen Nachmittag in Harlingen hätten machen können. Immerhin haben wir auf dem Weg in die Stadt noch ein angeregtes Gespräch, bei dem ich auch einen Wetterbericht für die nächste Woche erhalte. Es soll wieder sonnig werden. Zum Abschied gibt es tatsächlich Küsschen auf die Wange. Ich bin überrascht. Verdammt, entweder die vier sind noch netter als gedacht oder ich stinke nicht halb so schlimm wie angenommen. Vom Aussehen ganz zu schweigen.

Wieder allein, geht es für mich in den Hafen. Noch vor dem Zelt entledige ich mich der Hose. Schnell sind die Beine gesäubert und die neue Hose angezogen, dann wird die dreckige gewaschen. Zum Glück ist das Toilettenhäuschen offen und beheizt, im kalten Kanalwasser hätte das wenig Spaß gemacht.

Für mehrere Stunden verschwinde ich im Zelt. Kraft tanken und lesen steht auf dem Programm. Doch dann übermannt mich meine Neugierde und ich gehe wieder in die Stadt. Schnell bin ich mitten in der Altstadt angelangt, wo ich über einen Markt stolpere. Hier gibt es Fisch, Blumen, Käse und vieles andere zu kaufen. So verlockend das Angebot ist, zunächst möchte ich meinen Wetterbericht um die Windvorhersage erweitern. Auf der Suche nach dem Tourismusbüro laufe ich weiter. Natürlich in die falsche Richtung. Doch letztlich finde ich es und da der Spaziergang durch Harlingen Spaß gemacht hat, stört mich das Umherirren nicht weiter. Zwar hängt kein Wetterbericht aus, dafür steht im Inneren ein Computer zur öffentlichen Nutzung bereit. Schnell ist die Adresse eingegeben und ich erhalte einen aktuellen Windbericht.

Die nächsten zwei Tage sehen gar nicht gut aus, erst danach soll es schnell besser werden. Auch wenn ich nicht glaube, noch zwei Tage hierzubleiben. Ein Tag wäre okay, aber faulenzen will ich nicht, also sehe ich mir die Prospekte an und rede mit der Angestellten. Beim Verlassen des Büros stelle ich überrascht fest, dass schon wieder eine Stunde vergangen ist. Zum Glück hat der Markt noch offen und ich begebe mich schnellstens zum Käsestand. Der Verkäufer spricht sehr gut Deutsch. Er berät mich hervorragend. Ich will etwas Altes, Würziges. Kurzerhand schlägt er mir Brokkel vor, einen mehrere Jahre alten Käse. Um mir die Entscheidung zu erleichtern, schneidet er ein gutes Stück vom Laib ab und gibt es mir zum Kosten. Noch bevor der Käse auf der Zunge zergangen ist, weiß ich, dass er sein Geschäft versteht – genau davon will ich etwas.

Eigentlich wollte ich auch noch zum Supermarkt, aber es erscheint mir falsch, mit dem Käse in der Hand dorthin zu gehen. Nach einem kurzen Abstecher zum Zelt und meiner Portion Stadtleben will ich etwas Ruhe. Auf dem Deich geht es raus aus der Stadt, weg vom Lärm. Sehnsüchtig sehe ich raus aufs Meer. Es ist kurz nach Hochwasser, das Meer scheint zum Greifen nahe. Mit meinen Stoffschuhen mag ich nach meinen Erfahrungen des Tages nicht ins Watt gehen. Viel zu schnell muss ich mich losreißen. Der Nachmittag ist in den Abend übergegangen, wenn ich noch Brot kaufen will, muss ich jetzt in den Supermarkt.

Kurz darauf stehe ich mit dem Brot im Zuiderhaven. Hier ist auch Molly's, die Imbissbude, bei der ich so gerne Pommes esse. Wieder verwerfe ich meinen Plan, heute zu kochen, dafür gibt es Frittiertes. Irgendwie bezweifle ich, dass es wesentlich ungesünder ist als meine Tütenpasta. Dafür ist es deutlich schmackhafter und, zugegeben, auch viel bequemer für mich.

Während ich aufs Essen warte, sehe ich durchs Fenster in den Hafen. All die Boote und die Gebäude hier sind so schön, dass ich kurzerhand zum Essen dableibe. Die Fritten sind so gut wie erwartet, ich lasse sie mir schmecken. Pappsatt mache ich mich auf dem Weg zurück zum Zelt. Die Sonne müsste jetzt irgendwann untergehen, doch bei der dichten Wolkendecke macht es keinen Sinn, auf einen Sonnenuntergang zu hoffen. Vielleicht ist sie sogar schon hinter dem Horizont versunken? So genau kann man das nicht sagen. Jedenfalls wird aus der frischen Brise schnell eine kühle. Doch da ich gemütlich durch die Stadt laufe und warm angezogen bin, ist mir nicht besonders kalt, was mir erlaubt, diese schöne Stadt zu genießen. Warum auch sollte ich mich beeilen? Im Zelt werde ich mir doch nur wieder ein paar Notizen machen und lesen.

Kapitel 11.

Samstag, der 15. März 2015

Verträumt sehe ich raus aus Meer, dortin, wo statt dem Wasser heute eher eine graue Suppe ist. Kein Sonnenstrahl schafft es durch die graue Wolkendecke bis zu mir. Ein strammer Wind weht über das Wattenmeer und lässt einen nicht zu unterschätzenden Seegang entstehen. Ein paar Wellen brechen sich sogar. Kaum zu glauben, dass ich in einer Stunde da draußen sein werde. Wie es wohl sein wird?

Eine Antwort werde ich wohl erst erhalten, wenn es so weit ist. Aber ich freue mich riesig drauf. Während ich mich umsehe, fällt mein Blick auf das Schiff der KNRM, der niederländischen Seenotrettung. Es liegt gut vertäut im Vorhafen. Ich habe nicht vor, ihnen Arbeit zu machen. Andererseits, wer hat das schon? Mein Blick fällt auf die Uhr, es ist an der Zeit. Gemächlich stehe ich auf und laufe in Richtung Hafen. So schön es hier ist, von hier aus kann ich nicht in See stechen. Dann habe ich mein Ziel erreicht. Schnell ist eingecheckt, ich betrete die Schnellfähre. Sie wird mich nach Vlieland bringen, meinem heutigen Ziel. Mit mir ist eine ganze Horde Menschen an Bord gegangen. Eigentlich würde ich ja gerne an Deck, aber das scheint nicht möglich zu sein. Angesichts der Geschwindigkeit der Fähre ist es vielleicht auch vernünftig. So lasse ich mich im warmen Innenraum nieder, natürlich an einem Fensterplatz. Die Menschenmenge verteilt sich über die ganze Fähre und plötzlich sehe ich nur noch eine Handvoll Menschen. Kaum sitzen alle, heult der Motor auf, die Fahrt beginnt.

Geschickt manövriert der Kapitän die Fähre aus dem Vorhafen. Hatte ich gerade noch gedacht, dass das schon in einem recht hohen Tempo geschieht, wird mir jenseits der Hafenmauer klar: Das war noch gar nichts! Während die Fähre Kurs nimmt, frage ich mich, ob sie noch fährt oder nicht doch schon fliegt. Vlieland ist eher durch Zufall mein Ziel geworden. Mein eigentliches Ziel war die See, ich wollte raus. Da das mit BEA nicht geht, habe ich mich eben für die Fähre entschieden. Wattrundfahrten gibt es im Winter nicht, ich hatte also keine wirkliche Alternative. Und Vlieland hört sich doch schön an.

Hier drinnen kann ich die salzige Seeluft nicht riechen, den Wind nicht spüren, das feuchte Nass erreicht mich nicht. Die aktuelle Wetterlage ist nicht gerade gemütlich und sorgt dafür, dass die riesige Fähre ins Schwanken gerät. Nicht stark, gerade so, dass ich es als angenehm empfinde. Durch das enorme Tempo der Fähre sammelt sich mehr und mehr Spritzwasser an der Scheibe. Trotzdem lässt mich die Aussicht träumen. Von BEA, vom nächsten Boot, von den kommenden Fahrten, vom Segeln, von der See.

Immer wieder sehe ich Bojen, an denen wir vorbeischießen. Schon kann man Vlieland aus dem Fenster erkennen. Zwischen den Inseln wird das Schwanken der Fähre stärker. Ich freue mich, denn das verstärkt nur noch das Gefühl, auf dem Meer zu sein. Mit einem Segelboot wäre es noch besser, aber ich nehme, was ich kriegen kann. Mit BEA könnte ich hier nicht sein – wenn der Mast bei diesem Wind nicht brechen würde, dann würde sie eben durchkentern.

Während wir uns diesem Flecken Sand mit Bäumen und Gestrüpp nähern, lässt das Schwanken nach, wir sind im Windschatten der Insel angelangt. Schon kommt der Fähranleger näher, die Fähre wird langsamer. Wir legen an.

Die Überfahrt hat 45 Minuten gedauert. Auf meinem Schoß liegt noch immer ein Buch. Ich hatte erwartet, mich bald zu langweilen, und vorsichtshalber etwas zu lesen mitgenommen. Schnell verschwindet das Buch in meiner Tasche, dann geht es an Land. Obwohl ich durchs Aufschreiben meiner Gedanken versucht habe, meine Gefühle zu ordnen, bin ich noch immer aufgewühlt – dass mich eine Fährfahrt so sehr berühren würde, hatte ich nicht erwartet.

Gleich gegenüber vom Fährhafen liegt das Tourismusbüro. Drinnen werde ich enttäuscht. Die Postkarten entsprechen nicht meinem

Geschmack. Auch sonst scheint es, als würde man sich hier auf die eigene Kernaufgabe konzentrieren: Informationen bereitstellen.

Also schnell weiter. Dem Meer folgend laufe ich in Richtung Yachthafen. Schon nach kurzer Zeit erreiche ich mit ihm das erste der drei Ziele, die ich mir überlegt hatte. Der Hafen ist nahezu leer. Die langen Schwimmstege ragen ungenutzt ins Wasser, nur eine Handvoll Schiffe liegt im Hafen. Doch die paar Yachten, die ich sehe, haben es in sich: wunderschöne Segelyachten, die aussehen, als könne man jederzeit die Leinen lösen und auf lange Fahrt gehen. Ich träume vor mich hin. Ansonsten liegt hier noch ein Kreuzer der Seenotrettung, das war's. Nur wenige Menschen haben sich in den Hafen verirrt. Bald verlasse ich ihn, vor mir liegen der Strand und das Meer. War der Hafen noch fast ausgestorben, sehe ich am Strand überraschend viele Menschen. Es ist nicht überlaufen, aber bei schlechtem Wetter und zu dieser Jahreszeit hätte ich doch weniger Aufgebot erwartet. Gemütlich laufe ich am Strand entlang, genieße das Rauschen des Meeres, den Wind, der mir durch die Haare strubbelt, den salzigen Geruch der Luft und die Landschaft. Die Dünen zu meiner Linken, das Meer zu meiner Rechten, ich bin glücklich. Das schlechte Wetter ist vergessen, ich finde es wunderschön hier.

Auf der Ostseite der Insel nimmt der Wind deutlich zu. Auch als Landratte hört man ja immer wieder von diesem Effekt, ihn nun am eigenen Leib zu spüren, ist dann doch etwas komplett anderes. Glücklicherweise kommt der Wind aus Süden und schiebt mich. Ich kann mich sogar ein wenig gegen den Wind lehnen, ohne umzufallen. Auch die Wellen werden höher, noch beeindruckender. Nachdenklich blicke ich nach Terschelling. Es scheint fast zum Greifen nah zu sein. Aber wie wohl die Überfahrt mit einem Segelboot wäre? Der Moment, in dem man den Windschatten der Insel verlässt? Beeindruckt denke ich an all die Segler, die das immer und immer wieder machen.

Spielerisch weiche ich den Wellen aus. Einerseits will ich so nah wie möglich am Meer sein, andererseits wäre es besser, wenn meine Schuhe nicht nass werden. Es sind Stoffschuhe, wenn sie mal nass sind, bekomme ich sie so schnell nicht wieder trocken.

Ich suche nach einem anderen Blickwinkel und etwas mehr Einsamkeit. Zielstrebig geht es auf eine Düne hoch. Die Aussicht von hier oben ist unglaublich. Auf der einen Seite das Meer, auf der anderen das Inselinnere mit seinen Wald- und Buschlandschaften. Schon nach wenigen Metern wird mir klar, dass ich hier oben aufpassen muss. Der Dorn eines kleinen Busches hat sich in mein Bein gebohrt. Zwischen zwei Dünen komme ich an einem Herz vorbei, das jemand liebevoll aus

Treibholz und Muscheln gebastelt hat. An einigen Stellen wurden kleine, runde Holzscheiben mit Herzen drauf befestigt. Wie romantisch! Was hier wohl passiert ist? Heiratsantrag? Hochzeitstag? Ein romantisches Date? Egal, der Ort gefällt mir. Die Lage ist traumhaft und das Herz ist mit viel Liebe gelegt worden.

Ich biege auf einen Weg ab, der vom Meer weg führt. Ich möchte, wenn ich schon hier bin, auch etwas von der Insel sehen. Ich folge dem Weg zwischen Büschen und Dünengrat vielleicht 100 Meter, bis ich an einer Koppel stehen bleibe. Eine kleine Herde Pferde kommt auf mich zu, Isländer, wie mir scheint. Die meisten trotten einfach weiter zum anderen Ende der Koppel, nachdem ihnen klar wird, dass ich sie nicht füttern werde. Alle, bis auf ein Pony. Das letzte Pferd sieht mich aus seinen dunklen Augen neugierig an. Es sieht so freundlich aus, als wäre es ein guter Zuhörer. Irgendwie habe ich das Bedürfnis, mit jemandem zu sprechen – und sei es ein Pferd. Es unterbricht einen nicht, wird nichts weitererzählen und bestätigt mit einem gelegentlichen Nicken, dass es alles verstanden hat. Mehr oder weniger. Kurz überlege ich, worüber ich mich mit einem Pferd unterhalten könnte, doch die Antwort ist eigentlich klar. Also fange ich an, ihm von meinem Törn und vom Segeln zu erzählen. Dabei sieht mich das Pony mit großen Augen an. Grinsend wird mir klar, wie lächerlich das ist: Ich rede mit einem Tier.

Egal, ich bin Einhandsegler – abgesehen von den vier Frauen gestern habe ich die gesamte letzte Woche kein ernsthaftes Gespräch geführt. Da tut es richtig gut, zu sprechen. Also rede ich munter weiter und weiter. Obwohl ich zwischendurch immer wieder Anekdoten vom ersten Törn einbaue, bin ich schließlich fertig. Das Pferd nickt und sieht mich weiter neugierig an. „War das schon alles? Sonst nichts, das du mir gerne erzählen würdest?“, scheint es zu fragen.

Kurz rattert es in meinem Kopf, dann kommt es mir. Ich erzähle ihm von meinen Träumen, meinen Plänen. Vom Seesegeln. Auch das hört sich das Pony an. Nicht ein Mal hat es mich unterbrochen. Daran sollte ich mir vielleicht mal ein Beispiel nehmen. Schließlich wird es Zeit, sich zu verabschieden. Während ich weitergehe, trottet mein neuer Freund zurück zu seiner Herde. Schon bald erreiche ich eine Bank, auf die ich mich setze. Ich mag etwas Brokkel und Brot. Von hier habe ich nicht nur einen schönen Blick auf die Landschaft, sondern kann auch noch meinen Freund und seine Herde sehen. Lange bleibe ich aber nicht, denn ich will die Insel weiter erkunden.

Eine Zeit lang folge ich dem Weg nach Norden, dann will ich wieder ans Meer. Der schnellste Weg scheint mir über einen Pfad Richtung Dünen zu gehen. Er führt quer durch das Buschland mit all den Dornbüschen.

Ein Herz in den Dünen.

Immer wieder muss ich einem dieser Büsche ausweichen, der sich auf den Weg verirrt hat. Plötzlich liegen vor mir, hier hinter den Dünen, Muscheln. Sehr schöne Muscheln. Spontan räume ich die Essensreste aus der Tüte und in meine Umhängetasche und beginne, die Muscheln aufzusammeln.

Hier, auf der Nordseite der Insel, scheint es mir noch schöner zu sein. Allein das Wissen, das für Hunderte, wenn nicht Tausende Kilometer kein Land in der Nähe ist, ist überwältigend. Während mein Blick zwischen Dünen, der See und dem Boden vor mir hin und her wandert – nur unterbrochen, wenn ich mich bücke, um eine schöne Muschel aufzuheben –, fällt mir auf, dass hier deutlich weniger Menschen unterwegs sind. Hin und wieder kommen Geländewagen mit jungen Einheimischen vorbei, sonst sehe ich niemanden. Kommt es mir nur so vor oder ist dadurch alles noch viel intensiver?

Erst als ich an eine Art Strandbar komme, sehe ich wieder Touristen. Wie es aussieht, sind sie mit dem Fahrrad hierher gefahren. Ich bin froh, mir kein Rad geliehen zu haben. Am Strand wäre es nutzlos. Ein wenig später stapfe ich erneut eine Düne hoch. Dahinter sieht es längst nicht mehr so schön aus. Statt Natur sehe ich eine Feriensiedlung, Hotelanlagen und einen Campingplatz. Der Ruf eines Vogels lenkt mich ab. Was ist das? Er sieht fast aus wie ein Truthahn. Aber das kann nicht sein. Nachdenklich sehe ich zum Hotel, das nur wenige Meter neben mir liegt. Vielleicht ist er ja aus der Küche ausgebrochen?

Jedenfalls ist das Truthahn-Tier schreckhaft. Schnell gebe ich den Versuch auf, Bilder zu machen. Aber wofür auch, ich habe die Bilder im Kopf – und das ist das Wichtigste. Lächelnd sehe ich raus zum Meer und renne dabei zielsicher mitten in den nächsten Dornenbusch hinein. Durch mein lautes Fluchen kommt der Vogel noch mal raus und verschwindet dann, weg vom Hotel. Kluges Tier.

Schließlich verlasse ich die Dünen auf Höhe der Strandbar. Langsam muss ich mich auf den Rückweg machen, die letzte Fähre des Tages wird wohl kaum auf mich warten. Ich habe mehr als genug Zeit, mag aber lieber deutlich zu früh sein, als mich zu stressen. Im Zweifelsfall kann ich auch vom Fährhafen aus aufs Meer sehen.

Als ich auf dem Weg ins Inselinnere abbiege, sehe ich einen Krankenwagen. Ob wohl etwas passiert ist? Aber es ist keine Hektik zu sehen und ich setze gemütlich meinen Weg fort. Bald schon finde ich mich auf einem Campingplatz wieder. Ständig teilt sich der Weg. Irgendwie schaffe ich es, in einen Wald zu gelangen. Wo ich bin, weiß ich nicht. Immerhin habe ich es geschafft, die Orientierung zu behalten – wenn auch nur dank des Wissens, von woher der Wind weht. So wähle ich zielsicher die Wege, die nach Süden führen, während ich durch den Nadelwald laufe. Plötzlich sehe ich rechts von mir einen Fußballplatz, auf dem eine Gruppe Jugendlicher ihren Spaß hat. Es wäre schön, jetzt mitzuspielen. Aber ich gehe weiter, folge dem Weg, der nach Süden führt. Nach einigen Hundert Metern öffnet sich der Wald. Ich sehe die Dünen zu meiner Linken. Ansonsten scheint es eine Lichtung zu sein, bewachsen mit Tausenden von Dornbüschen. Der Weg ist längst keiner mehr, sondern nur noch ein Pfad. Aber es reicht und die Landschaft hier ist es wirklich wert. Vorsichtig folge ich dem Pfad, der sich in Schlangenlinien zwischen den Büschen hindurch auf die andere Seite der Lichtung schlängelt. Bilde ich es mir ein oder ist die Luft selbst hier hinter den Dünen etwas salzig?

Dann habe ich die andere Seite erreicht und halte inne. Auf einem umgekippten Baumstamm lasse ich mich nieder und lasse kurz das Bild auf mich einwirken, das sich mir bietet.

Der Pfad weitet sich hier wieder zu einem Weg und ich folge ihm. Schnell wird der Wald lichter und bald weiß ich, wo ich mich befinde: Ich habe meinen Freund, das Islandpony, das mir so geduldig zugehört hat, wieder gefunden. Ich gehe kurz zu ihm, erzähle ihm von der Insel. Geduldig hört es sich an, was ich gesehen habe, dann verabschiede ich mich endgültig und folge dem Weg ins Inselinnere. Auf ihm müsste ich irgendwann zum Yachthafen kommen.

Ich bin froh, im Inselinneren zu sein. Am Strand gegen den Wind zu laufen, das wäre mir zu anstrengend geworden. Ich komme an mehreren Gebäuden und einer geschlossenen Fischbude vorbei, dann bin ich im Hafen. Noch einmal genieße ich den Anblick der Segelboote, bevor ich zurück in die Stadt gehe.

Der zweite Besuch des Tourismusbüros bringt auch nicht mehr als der erste. Warum ich gehofft habe, jetzt andere Postkarten vorzufinden, weiß ich selbst nicht. Auch wenn mir der Ort nicht so wichtig ist – meine Prioritäten waren der Yachthafen, das offene Meer und die Natur im Inselinneren –, habe ich noch Zeit und möchte sie nutzen. Während ich durch eine Seitengasse laufe, frage ich mich, was hier los ist. Statt einem bis in die Poren vom Tourismus überzogenen Örtchen scheint es ein ganz normales Dorf zu sein. Es ist weder heruntergekommen noch übermäßig schön. Manches wirkt abgewohnt und dreckig, anderes gepflegt. Vlieland überrascht mich durch seine Normalität.

Zweimal biege ich um eine Ecke, dann stehe ich auf der Hauptstraße. Hier finde ich dann doch noch genau das, was ich erwartet habe. Schöne, traditionelle Häuser. Alles ist sauber und gepflegt, geradezu herausgeputzt. Ein wenig muss ich mich selbst schelten. So sehr das hier auch ein Ort für Touristen ist, hier leben auch Menschen. Warum also sollte jede Gasse herausgeputzt sein?

Gemütlich schlendere ich zurück in Richtung Yachthafen. Kurz halte ich an einer Pommesbude an. Soll ich welche kaufen? Nein, heute wird gekocht. Kaum habe ich mich wieder in Bewegung gesetzt, bleibe ich erneut stehen.

„Do you speak english or german?“, fragt mich eine Frau. Breit grinsend antworte ich auf Deutsch, dass beides kein Problem sei, was ihr denn lieber wäre. Wie auch ich ist sie Deutsche. Allerdings bleibt sie länger, ist gerade erst angekommen und sucht ihr Hotel. Das Gute an der Begegnung: Sie hat mich nicht sofort als Tourist eingestuft, sondern gedacht, ich wäre ein Einheimischer. Das ist wohl das größte Kompliment, das man als Tourist erhalten kann. Leider bedeutet das aber auch, dass ich ihr nicht helfen kann, denn sie will wissen, wo eine bestimmte Straße ist – und ich weiß noch nicht mal, wie die Straße heißt, auf der ich mich gerade befinde.

Schließlich komme ich wieder zurück zum Fährhafen. Es gibt noch eine Statue, die ich ansehe, sonst verbringe ich die Zeit bis zum Ablegen der Fähre damit, aufs Meer hinaus zu blicken und einige Notizen für meinen Blog zu machen. Kurz habe ich darüber nachgedacht, noch mal zum Strand und zurückzulaufen. Aber wofür? Um von dort aus aufs Meer zu blicken? Das kann ich von hier ebenso gut. Und nach dem Herumgerenne der letzten Stunden tut es gut, die Beine zu entspannen.

Viel schneller als gedacht gehe ich mit all den anderen Touristen an Bord der letzten Fähre. Ich habe mich gerade hingesetzt, als mir auffällt, dass sich wenige Meter neben mir eine Tür befindet. Ein paar Touristen öffnen sie. Dahinter liegt eine Treppe, die an Deck führt. An Deck!

Hier kann ich mir den Wind um die Nase wehen lassen, die Aussicht ohne eine Glasscheibe genießen und die salzige Luft schmecken. Übers ganze Gesicht strahlend koste ich den Moment aus.

Der Wind ist stark und kalt und schafft es, durch und unter die Kleidung zu greifen. Aber das ist mir im Moment egal, so schön ist es hier. Als die Fähre aus dem Windschatten der Insel kommt, beginnt sie, deutlich zu schwanken.

Binnen Sekunden leert sich das Deck weitgehend, nur noch eine Handvoll Passagiere harrt aus – ich bin einer von ihnen.

Hier, zwischen den Inseln, ist der Wind so stark, dass ich mich gegen ihn lehnen kann, ohne umzufallen. Und es auch mache. Plötzlich schält sich aus dem Grau der Umriss eines anderen Schiffes. Ich sehe einen Rahsegler, der sich uns nähert. Bald schon erkenne ich den blauen Rumpf. Das Schiff habe ich bereits in Harlingen gesehen. Der Segler hat nur wenig Tuch gesetzt und macht trotzdem beachtlich Fahrt. Dann sehe ich einen zweiten Rahsegler. Zwei Rahsegler, mitten im März im Wattenmeer? Bei so einem Wind? Was für ein Anblick! Begeistert mache ich ein paar Bilder. Am liebsten wäre ich bei ihnen an Bord. Das muss ein unglaublicher Ritt sein.

Aber auch die Fahrt mit der Fähre bereitet mir Freude. Das Wattenmeer ist unglaublich schön. Land kann ich bei dem Wetter von hier aus nicht mehr sehen – und dann sind da noch die Segler. Ich bin glücklich.

Einem anderen Mann geht es anscheinend ähnlich, er gibt mir seine Karte. Ich könne die Bilder, die er mit seiner Kamera gemacht hat, haben. Dafür soll ich ihm einfach eine Mail schicken.

Schließlich gehe auch ich unter Deck. Es ist eisig draußen und ich habe meine Ölzeughose nicht an. Ich mache wieder ein paar Notizen, als ich plötzlich, wenige Meter von der Fähre entfernt, ein Fischerboot vorbeifahren sehe. Das war knapp! Sofort springe ich an Deck, mache weitere Bilder.

Schnell verschwindet das Fischerboot im Grau. Von der Zeit unter Deck etwas aufgewärmt, möchte ich die restliche Überfahrt nun doch an Deck genießen. Wir befinden uns jetzt mitten im Wattenmeer, der Wind ist etwas ruhiger geworden.

Plötzlich finde ich mich mitten in einem angeregten Gespräch mit einer Niederländerin wieder, die an Bord ihres umgebauten Frachtschiffs lebt. Auch wenn ich wohl ein Boot mit Rigg und Segeln gewählt hätte, das Gespräch ist interessant. Ihr Leben ist so anders als das meine und doch verbindet uns die Liebe zur See. Zwischendurch sehen wir immer wieder einfach nur hinaus aufs Meer, wie es da grau in grau vor uns liegt. Ich erzähle ihr von meinem Törn.

Harlingen.

Bei der Erwähnung, dass ich mich teilweise im Kanalwasser gewaschen habe, erzählt sie mir, dass sie jeden Tag, auch im Winter, ein paar Minuten im Kanal schwimmt. Allein die Vorstellung, freiwillig in dem eisigen Wasser mit Temperaturen knapp über dem Gefrierpunkt zu schwimmen, fröstelt es mich. Andererseits ist es wohl eine Gewohnheitssache.

Viel zu schnell erreichen wir die Hafeneinfahrt von Harlingen. Die Überfahrt ist wie im Flug vergangen und ich werde etwas traurig. Einerseits, weil ich mich nun von der Niederländerin verabschieden muss, und andererseits, weil mein Ausflug aufs Meer endet. Während ich meine Sachen zusammenpacke und langsamen Schritts die Fähre verlasse, wird mir klar, dass ich sie gar nicht nach ihrem Namen gefragt habe. Und sie mich nicht nach meinem. Und doch hatten wir ein intensives Gespräch, das ich so leicht nicht vergessen werde. Zwei Menschen an Bord einer Fähre, die das Meer lieben. Mit einem Lächeln denke ich, dass man für ein gutes Gespräch eigentlich gar keinen Namen braucht.

Der Plan, mir etwas zu kochen, ist schnell gestrichen, meine Faulheit siegt. So begebe ich mich zielstrebig zu Molly's und genieße eine Portion Fritten. Sie sind einfach zu lecker. Ich bin durchdrungen von Glück.

Kapitel 12.

Montag, der 16. März 2015

Gleich nach dem Aufwachen packe ich meine Sachen zusammen. Dann geht es auf dem schnellsten Weg ans Meer. Während ich ein Frühstück, bestehend aus Vla und Milchbrötchen, genieße, sehe ich hinaus aufs Meer. Tatsächlich hat es aufgeklart. Die Wolken sind verschwunden, der Himmel ist blau, die Sonne scheint. Warm berühren die Strahlen mein Gesicht und meine Hände, der Rest des Körpers ist in mehrere Schichten Kleidung eingepackt. Unterhosen, lange Unterhosen, eine Jogginghose und die Hose meines Ölzeugs. Oben ein T-Shirt, ein Fleeceshirt und die Ölzeugjacke. Später werde ich auch noch Handschuhe anziehen und wahrscheinlich eine Mütze.

Hier am Meer ist es wunderschön. Wenn ich genau hinsehe, kann ich in der Ferne die Inseln erkennen. Kaum zu glauben, dass ich gestern Abend mitten im Wattenmeer weder die Inseln noch das Festland sehen konnte. Immer wieder versuche ich mich loszureißen. Mit dem Frühstück bin ich längst fertig und doch sitze ich immer noch da und schaue aufs Meer. Schließlich kommt mir eine Idee. Was wäre, wenn ich am Campingplatz einen Zwischenstopp einlegen würde? Nicht, um da zu bleiben, nein. Er hat ja sowieso noch geschlossen. Aber ich könnte dort kurz anlegen und mich erst dort vom Meer verabschieden.

Die Entscheidung steht, ich reiße mich los und mache mich auf den Weg zurück zum Yachthafen.

Während ich mein Gepäck auf BEA packe und sie zum Ablegen vorbereite, kommen einige Anwohner auf mich zu. Neugierig befragen sie mich über den Törn. Natürlich fragen sie mich, ob es nachts nicht sehr kalt wäre. Schließlich laden sie mich auf einen Kaffee ein, den ich freundlich, aber bestimmt ablehne. Nicht nur dass ich keinen Kaffee trinke, ich möchte jetzt los. Schließlich löse ich die Leinen und rudere in die Stadt. Der Wind kommt statt wie erwartet von achtern, von der Seite. Der Halbwind treibt mich immer ein wenig ab. So anstrengend es ist, durch diese schöne alte Stadt und zwischen den historischen Schiffen zu rudern, macht es doch Spaß.

Es geht durch mehrere Brücken, die man wohl getrost als historische Bauwerke bezeichnen könnte, aber schließlich verlassen wir die Stadt. Meine Ruderschläge werden schneller, ich will zum Campingplatz und ans Meer. Dort angekommen ist BEA schnell am Kanalrand festgemacht, ich springe an Land und laufe zum Meer. Mein Herz schmerzt. Segeln und das Meer sollten doch kein Widerspruch sein! Es wäre so eine schöne Symbiose. Aber leider nicht für mich, ich muss mich entscheiden. Es tut weh, aber gleichzeitig bin ich unglaublich glücklich, beides haben zu können. Selbst wenn es nicht gleichzeitig ist.

Gerade ist Niedrigwasser. Auf ein paar Steinen laufe ich ein Stück hinaus ins Watt. Ich will alles in mich aufnehmen. Den Duft der See, das leise Schlagen und Rauschen der Wellen in der Ferne, die Aussicht, meine widerstreitenden Gefühle. Ich genieße den Augenblick. Ohne jeden Zeitsinn sehe ich hinaus. Wenn ich mich nicht losreißen kann, muss ich eben zurück in die Stadt.

Schließlich schaffe ich es doch. Rückwärts geht es den Deich hoch, die Augen starr aufs Meer gerichtet. Ich merke, dass ich oben angekommen bin und wieder runterlaufe. Aber erst nachdem der Deich auch das letzte bisschen Meer verdeckt, drehe ich mich um. Noch bevor ich bei BEA bin, merke ich, dass ich das Meer bereits zu vermissen beginne.

Mit kräftigen Ruderschlägen geht es weiter. Die Landschaft, die ich durchquere, ist gewohnt lieblich, das Wetter gut. Der Wind ist etwas nervig, immer mal wieder muss ich gegenan rudern. Aber letztlich ist es schön hier. In einer kleinen Siedlung, gleich außerhalb von Harlingen, winkt mich eine Frau ans Ufer. Wir reden ein wenig, und bevor ich wieder ablege, bietet sie an, mir meinen Müll abzunehmen. Da vielerorts die Müllcontainer abgeschlossen sind, nehme ich dieses Angebot dankbar an. Dann geht es weiter und ich genieße die Natur um mich herum. Besonders auf den Teilstrecken, auf denen der Wind keine Probleme macht, entspanne ich mich etwas.

Durch das Rudern schmerzen meine Arme. Verbissen stelle ich fest, dass ich wohl tatsächlich etwas mehr Sport machen sollte.

Kimswerd ist ebenso schön, wie ich es in Erinnerung habe. Es hat mir schon letztes Jahr sehr gut gefallen und ich bin versucht, anzulegen. Doch selbst für eine kurze Pause fehlt die Zeit. Meine Bummelei am Meer hat mich viel Zeit gekostet. Ich muss heute mindestens bis nach Witmarsum, davor gibt es keine Übernachtungsmöglichkeit für mich. Um dorthin zu gelangen, muss ich mehrere Kilometer gegen den Wind rudern. Das wird mich Zeit kosten.

Trotzdem erfreue ich mich am Bild dieses hübschen Dorfes, es zieht gemächlich an mir vorbei. Nicht viel später macht der Kanal eine Kurve, ab jetzt geht es gegen den Wind. Meine Arme sind diese Anstrengung nicht gewohnt, die Anstrengung macht sich als ziehender Schmerz bemerkbar. Zwischendurch äffe ich belustigt die Kaubewegungen einiger Schafe am Kanalrand nach, die sich dadurch nicht beeindrucken lassen. Egal, ich amüsiere mich köstlich über mich selbst. Schließlich biege ich auf den Kanal nach Witmarsum ab. Auf dem letzten Stück habe ich mal den Wind von hinten, dann von vorn und letztlich als Halbwind von der Seite. Ein Blick auf die Uhr verrät mir, dass ich hier bleiben muss. Die Zeit reicht nicht mal im Ansatz, um es bis nach Makkum oder Bolsward zu schaffen. Dort könnte ich mitten in der Nacht auch niemanden mehr fragen, ob ich bleiben darf.

Bald schon bin ich durch den Ort gerudert, vor mir liegt die Windmühle, dahinter fängt der Campingplatz an. Bereits vom Wasser aus sehe ich das Schloss an seinem Tor. Zwar treffe ich bei der Rezeption jemanden an, doch da der Campingplatz geschlossen ist, darf ich nicht bleiben. Was jetzt? Nachdenklich sehe ich mir die Karte an, während ich in BEA sitze. So sehr ich es mir auch wünsche, weder Campingplätze noch Häfen wollen von sich aus näher kommen. „Kun ik je helpen?“, ertönt da die Stimme einer jungen Radfahrerin hinter mir. Nachdem das Sprachthema geklärt ist, schildere ich ihr meine Situation. So erfahre ich, dass es in Witmarsum am Kanal ein B&B gibt. Nur wo? Zu zweit versuchen wir es zu finden, vergeblich. Schließlich empfiehlt sie mir eine Stelle außerhalb des Ortes, an der neben dem Kanal etwas Gras wächst. Dort sollte ich BEA festmachen und mein Zelt aufstellen können. Ich habe alles andere versucht, also rudere ich zur beschriebenen Stelle und baue mein Zelt auf. Ich bin gerade fertig, da kommt die Radfahrerin. Sie wollte nachsehen, ob alles in Ordnung ist. Wir unterhalten uns ein wenig, dann fährt sie weiter. Mittlerweile geht die Sonne unter. Der Ort ist wundervoll – schade, dass ich eigentlich gar nicht hier sein dürfte.

Dienstag, der 17. März 2015

Bei bestem Wetter löse ich die Leinen. Das Wetter ist sogar so gut, dass ich nicht widerstehen konnte, das Rigg aufzubauen und zu segeln. Eine schwache Brise versucht, mich vorwärtszuschieben, doch nur in den Böen reicht der Wind aus, um merklich Fahrt zu machen. Bald liegt das Paddel zur Unterstützung in der Hand. Alleine schon, dass ich in den Böen segeln kann, ist wie ein Geschenk für mich. Der Kanal ist stellenweise recht eng. An der nächsten Brücke baue ich den Mast ab, um unter ihr durchzukommen, und erreiche so das nächste Dorf. Es sieht gemütlich aus, es wirkt wie ein Dorf, in dem Menschen leben. Statt privater Parkanlagen sehe ich hinter den Häusern Schaukeln, Rutschen und Kinderspielzeug. Da der Wind nicht bis hierher kommt und auf dem Weg immer wieder Brücken den Weg versperren, muss ich rudern.

Schon bald lasse ich auch das Dorf hinter mir. Ein letztes Mal versuche ich zu segeln, gebe aber schließlich auf. Es hat keinen Sinn. Selbst in den leichten Böen reicht der Wind bestenfalls aus, um zu steuern. Ernsthaft vorwärtskommen ist was anderes. Nach der nächsten Brücke bleibt das Rigg liegen, der Baum hing ohnehin zumeist im Weg und hat nichts gebracht. Nichtsdestotrotz ist es ein schöner Schlag. Die Sonne scheint fröhlich, es ist fast schon warm und ich befinde mich umgeben von reizvoller Landschaft. Dann komme ich auf einen anderen, deutlich breiteren Kanal. Nun geht es zielstrebig nach Westen, Kurs Makkum. Auf Backbord tauchen mehrere große Plattbodenschiffe auf. Diese sehen fast so aus, als würden Menschen darauf leben. Ich sehe sogar eine Familie, die an Deck beschäftigt ist und mich freundlich winkend grüßt.

Dann geht es um eine weitere Kurve und schon bin ich mitten in der Stadt. Hinter jeder Ecke scheint ein Postkartenmotiv zu liegen. Ich mache fest, um meinen Plan umzusetzen. Aber es ist schon spät, eigentlich habe ich nicht die Zeit dafür. Außer natürlich, ich würde hierbleiben. Ich weiß nicht ... Kurzerhand mache ich mich auf dem Weg zum Deich. Dabei sehe ich am Hafenkontor ein Schild, auf dem steht, dass der Binnenhafen bis Saisonbeginn geschlossen ist. Damit hat sich meine Überlegung erledigt. Kurzerhand geht es auf den Deich und dann immer weiter gen Norden. Am zweiten Tor bleibe ich stehen, es ist verschlossen. Also runter und der Straße hinter dem Deich nach, obwohl ich von hier nicht diese wundervolle Aussicht habe. Schon nach wenigen Metern sehe ich ein weiteres Tor, das auf den Deich führt. Kurzerhand geht es wieder hinauf und dann weiter am Ijsselmeer entlang.

Auf dem Kanal nach Wittmarsum.

Links von mir erstreckt sich eine verträumte Wasserfläche. Tausende von Vögeln sind an Land, auf dem Wasser und in der Luft. Ein Stückchen weiter draußen liegt eine idyllisch wirkende Insel. Der Deich selbst zieht mich ebenfalls in seinen Bann. Ein Steinstrand, ein altes Ruderboot auf einer Rampe – man muss Schönheit nicht extra suchen, um sie hier zu finden. Ich hetze an all dem vorbei, nehme mir kaum Zeit, das Panorama zu genießen. Schon bald liegt sie hinter mir, es geht über eine Schnellstraße, unter einer Brücke hindurch und vorbei an einem Platz, an dem Polizeihunde trainiert werden. Schließlich kraxle ich wieder einen Deich hinauf und dann liegt es endlich vor mir, das Wattenmeer. So weit, so wunderschön. Eine sanfte Brise streichelt das Meer. Lächelnd muss ich feststellen, dass es heute selbst mit BEA kein Selbstmordkommando gewesen wäre.

Genussvoll sehe ich hinaus, nehme jede Sekunde in mich auf. Am liebsten würde ich für Stunden hier stehen bleiben und diesen Moment auskosten. Es ist einfach toll, am Meer zu sein.

Zu bald muss ich mich verabschieden. Ich gebe dem Meer mein stilles Versprechen wiederzukommen, dann geht es weiter. Bis Workum ist es noch ein ganzes Stück. Eigentlich hätte ich nicht mal die Zeit für diesen Ausflug gehabt. Sobald ich das Meer nicht mehr sehen kann, verschlechtert sich meine Laune. Mürrisch marschiere ich zwischen den Schnellstraßen zum Ijsselmeer. Eben dieses müht sich, meine Laune zu bessern. Es gelingt. Immer wieder bleibe ich stehen, mache Bilder, genieße die Aussicht. Meine Füße machen sich bemerkbar, ich habe wohl das falsche Schuhwerk gewählt.

Bald schon bin ich wieder in Makkum, binde die Leinen los und es geht weiter nach Süden. Der Kanal führt direkt hinter dem Deich entlang, von Zeit zu Zeit sehe ich Radfahrer, die an mir vorbeifahren. Die Landschaft behütet mich.

Kurz vor einem der nächsten Dörfer geraten wir ins Stoppen. Der ganze Kanal ist voll von abgemähtem Schilf, es riecht modrig. BEA steckt fest. Schnell ist das Schwert aufgeholt, mit dem Paddel versuche ich, mein Boot und mich vorwärts zu schieben. Von Rudern kann keine Rede mehr sein, ich drücke uns regelrecht vom Schilf im Wasser ab. Wir sind darin gefangen. Immer wieder vollführen wir die wildesten Manöver, drehen uns im Kreis, fahren vorwärts und rückwärts, alles nur, um endlich frei zu kommen. Es klappt zwar, aber die Freiheit ist nur wenige Meter groß. Schwitzend und fluchend arbeite ich uns vorwärts, bis das Wasser endlich wieder unter dem Schilf hervorkommt. Ich drehe mich erschöpft um und mir wird klar, dass die Strecke im Schilf gerade mal 100 Meter lang war – für dieses kurze Stück habe ich rund eine Stunde Zeit gebraucht.

Besorgt werfe ich einen Blick zum Himmel. Die Sonne nähert sich bereits dem Horizont, ich muss mich beeilen. Kurz darauf biege ich auf einen anderen Kanal ab, voraus sehe ich ein Dorf. Es ist das letzte Dorf vor Workum, weit ist es nicht mehr. Wieder ein Blick zur Sonne – sie steht wieder ein Stück tiefer. Wenn ich es bei Helligkeit bis zum Dorf schaffen möchte, wird es extrem knapp. Und ob ich das schaffe, bezweifle ich. Kurzerhand packe ich meine Stirnleuchte aus.

Während ich durch das Dorf rudere, sehe ich einem Garten mehrere Tiere: eine Ziege, ein Schaaf, ein paar Hühner, ein Hahn und eine Ente haben es sich hinter dem Haus bequem gemacht. Lächelnd rudere ich weiter bis zur Einfahrt des nächsten Kanals. Jetzt wird es eng. Die Wasserkarte weist hier 50 Zentimeter Tiefe aus. Die Messlatte an der Brücke hingegen steht bei gerade mal 30 Zentimetern. Nur wenige Sekunden später geht ein Ruck durch BEA, wir stehen still. Zum Glück hat mein Boot ein Schwert, ich ziehe es einfach hoch und es geht kurz darauf weiter.

Mittlerweile hat sich der Horizont rot verfärbt, eine winziger Rest Sonne versinkt langsam vor meinen Augen. Ich werde es nicht mehr schaffen. Im Dunkeln auf dem Kanal unterwegs zu sein ist keine gute Idee. Ob ich auf einem der Höfe am Kanalrand fragen soll, ob ich über Nacht bleiben darf?

Aber nein, ich kann Workum bereits sehen. Ich versuche weiterzukommen. Alle paar Meter muss ich unter einer Brücke in Richtung der Stadt durch. Schließlich ist die Sonne gänzlich verschwunden, ich mache meine Stirnleuchte an. Eigentlich ist sie unnötig, hier auf dem Kanal ist sowieso kein anderes Boot unterwegs. Höchstens ein Kanu könnte mir entgegenkommen.

Während ich in die Stadt einfahre, wird es nun wirklich dunkel. Der Kanal verläuft zwischen Häusern, die dicht an dicht stehen. Das letzte bisschen Licht, das mich vor dem Ort noch erreicht hat, ist verschwunden.

Nach einer letzten Brücke befinde ich mich mitten in der Stadt. Straßenlaternen sorgen jetzt für Licht. Auf der gegenüberliegenden Seite des Kanals kann ich bei einem Yachthafen einen Mann sehen. Ich spreche ihn an und es stellt sich heraus, dass es der Hafenmeister ist. Er empfiehlt mir, auf die andere Kanalseite zu gehen und dort mein Zelt aufzustellen. Auf dieser Seite des Kanals seien die Sanitäranlagen noch geschlossen.

Im Schein einer Laterne und meiner Stirnleuchte stelle ich das Zelt auf und mache mich für die Nacht fertig. Ich bin unglaublich froh, das Zelt heute morgen trocken eingepackt zu haben. In der Nacht würde es wohl kaum trocknen.

Kapitel 13.

Mittwoch, der 18. März 2015

Straßenlärm weckt mich. Nicht dass es laut wäre, ich bin nur nach den Tagen mitten in der Natur und dem ruhigen Platz in Harlingen einfach verwöhnt. Ich klettere aus dem Zelt und sehe zunächst mal – nichts. Nebel bedeckt den Kanal. Im Moment könnte ich nicht weiter. Aber will ich das überhaupt?

Zunächst führt mich mein Weg kreuz und quer durch die Altstadt. Eigentlich wollte ich zum Supermarkt, aber ich werde nicht fündig. Schließlich kaufe ich bei einem Bäcker zwei Brötchen und zwei Croissants. Workum ist eine schöne Stadt, es gefällt mir hier. Zurück beim Zelt werfe ich einen Blick auf die Karte. Ich denke darüber nach, ob ich überhaupt heute schon nach Warns wollte, wenn der Nebel bald lichter würde. Kurzerhand beschließe ich, den Tag zu bleiben und einen Spaziergang nach Hindeloopen zu unternehmen. Daran ändert sich auch nichts, als mir auffällt, dass die Sanitäranlagen auf dieser Kanalseite ebenfalls noch geschlossen sind. Kurzerhand geht es raus aus der Stadt in Richtung Hindeloopen.

Eine Reiterin ist der einzige Mensch, den ich unterwegs sehe. Allerdings beschränkt der Nebel die Sicht noch immer stark. Ob ich wohl richtig bin? Die Sicht ist schlecht und ich habe zur Orientierung nur meine Wasserkarte. Dann, plötzlich, kann ich ein Dorf vor mir ausmachen. Bereits beim Betreten wird mir klar, warum ich nur begeisterte Berichte über diesen Ort gehört habe. Man könnte denken, in einem Museumsdorf gelandet zu sein. Die alten Häuser, die künstlerisch gestalteten Schilder, es ist einfach ein Traum. Am Ufer des Ijsselmeers bleibe ich stehen. Es scheint, als wäre der Nebel über dem Wasser noch dichter, ich kann nur wenige Meter weit sehen. Aber es reicht. Kurze hohe Brecher schlagen immer und immer wieder gegen das Ufer, veranstalten einen Lärm, den man hört, bevor man seine Ursache sieht. Es ist beeindruckend.

Von Gässchen zu Gässchen irre ich durch das Dorf, erfreue mich an der Architektur. In einem Geschäft, das Dekoartikel verkauft, finde ich ein paar Postkarten, die mir gut gefallen. So kann ich doch noch ein paar Karten nach Hause schicken.

Anschließend versuche ich, anhand der Beschilderung das Pannekokenhuis zu finden. Dort soll es Pfannkuchen geben. Zunächst renne ich mehrfach daran vorbei, laufe im Kreis, bis ich es endlich finde. Positiver Nebeneffekt des Suchens: Ich konnte nicht eine Gasse finden, die mir nicht gefallen hätte. Ich gönne mir eine Waffel mit Sahne, heißen Kirschen und Zimt, dazu eine heiße Tasse Schokolade. Das Ambiente ist toll, und wenn ich in einem Pannekokenhuis keinen Pfannkuchen bestelle, bin ich irgendwie selbst schuld, wenn es nicht ganz so gut schmeckt, wie gedacht.

Als nächstes drehe ich eine Runde durch den Ort. Es ist nicht viel los, ich bin nicht der Museumsmensch, und wenn man pittoreske Häuser zu lange ansieht, verlieren letztlich selbst sie ihren Reiz. Also geht es wieder zurück nach Workum. Kurz vor dem Ortsausgang stolpere ich in einen Supermarkt. Schnell fülle ich meine Lebensmittelvorräte auf, auch wenn ich sie jetzt mitschleppen muss.

Gerade habe ich Workum erreicht und laufe über den Deich, als sich der Nebel innerhalb von wenigen Sekunden auflöst. Der Himmel ist plötzlich blau, die Sonne scheint und fängt sofort an, alles aufzuwärmen. Begeistert über diese Entwicklung achte ich nicht drauf, wo ich hintrete und treffe zielsicher den nächsten Hundehaufen. Weiter geht es zum Zelt, wo ich sicherheitshalber die Schuhe im Kanal säubere. Ich will den Gestank nicht ins Zelt mitschleppen. Kurz darauf sitze ich Käse naschend, das gute Wetter genießend und lesend im Hafen.

Im Laufe des Nachmittags laufe ich erneut in die Innenstadt. Ich habe Postkarten geschrieben und bringe sie zur Post. Anschließend wandere ich noch etwas durch die Altstadt, gönne mir bei einem Imbissstand Pommes mit Mayo und mache mich schließlich auf den Weg zurück zum Zelt, wo ich den Abend gemütlich ausklingen lasse.

Donnerstag, der 19. März 2015

Mit zwei Croissants zum Frühstück sitze ich bei bestem Wetter über der Wasserkarte. Ich könnte bei diesem Wetter wohl sogar über den De Fluezen zurück. Nur kenne ich schon fast den gesamten Weg. Nein, ich beschließe, über die Seitenkanäle Kurs auf Koudum zu nehmen. Ich will zurück zu dem Liegeplatz beim De Morra.

Nachdem ich meine Sachen aufgeräumt und zusammengepackt habe, geht es los. Gemütlich rudere ich über den Kanal und biege zielstrebig in den falschen Kanal ein. Ein Anwohner sagt etwas zu mir, ich verstehe nicht ganz, was er meint. Bald wird es mir aber klar, denn der Kanal endet in einer Sackgasse. Gegen den Wind geht es zurück. Ein Blick auf die Wasserkarte hilft mir, den Schuldigen zu entdecken, diese Kanaleinfahrt ist hinter einem Symbol versteckt.

Nun muss ich unter einer Brücke durch. Und tatsächlich, die Brückenampel leuchtet rot-grün. Sie ist in Betrieb. Nicht dass es nötig wäre, der Mast ruht flach auf BEAs Schläuchen, aber es ist das erste Mal auf diesem Törn, dass ich eine Brückenöffnung sehe. Warum wohl? Kaum bin ich unter der sich öffnenden Brücke durch, sehe ich den Grund. Hinter mir folgt eine größere Motoryacht mit überraschend leisem Motor. Oder war ich so in Gedanken versunken, dass ich sie überhört habe?

Die Besatzung grüßt mich freudig und ruft „Hallo BEA!“. Im ersten Moment bin ich ganz verdutzt, dass sie den Namen meiner Kleinen kennen, dann fällt mir ein, dass er ja in dicken Buchstaben auf dem Bug steht.

Beim zweiten Versuch schaffe ich es, den richtigen Kanal zu erwischen. Warum rudere ich eigentlich? Der Wind ist wunderbar zum Segeln geeignet. Eigentlich sollte er heute zu stark zum Segeln sein. Was, wenn er außerorts auffrischt? Schnell ist der Gedanke beiseitegewischt. Nichts deutet darauf hin. Der Kanal, auf dem ich mich befinde, ist ein kleiner Seitenkanal. Wird der Wind zu stark, schneide ich eben das Segel runter.

Am Rande der Stadt liegen Industrieanlagen. Doch jetzt, wo ich segle, stören sie mich nicht mehr, ich betrachte sie sogar neugierig. Außerhalb der Stadt erwartet mich das bekannte Kanalbild mit seinem Spiel aus Schilf, Weiden und Wasser. Anscheinend wird der Kanal nur wenig gepflegt, denn immer wieder bröckelt die Befestigung an seinem Rand. Hinter diesen Durchbrüchen finden sich größere Pfützen, in denen es nur so vor Leben wimmelt – diese Miniaturseen machen den Kanal noch schöner.

An den wenigen Brücken werfe ich die Schot los, klappe den Baum hoch, löse die Wanten und ziehe das ganze Rigg an einem Stück raus. Der Wind weht mit höchstens 2 Beaufort, ich kann genüsslich segeln und liege ruhig genug, um solche Turnübungen machen zu können. Einzig eine fast leere Tüte Vla leidet darunter, da ich versehentlich drauftrete, sie aufplatzt und etwas von ihren Inhalt ins Boot entleert.

Obwohl in der Nähe eine Straße verläuft, ist es ruhig. Begeistert von dem perfekten Akkord aus Wetter und Landschaft ziehe ich immer wieder an der Schot, halte die Pinne und lasse mir den Wind ins Gesicht wehen. Ich segle! Ich genieße jeden Meter in vollsten Zügen, freue mich, dass ich vorankomme und mein Segel seine Arbeit tut.

Während ich mich Koudum nähere, sehe ich am Ufer immer wieder Kinder, die auf ihren Rädern vorbeifahren und mir begeistert zuwinken. Offenbar ist Schulschluss. Langsam wird der Wind stärker, ich muss mich mehr und mehr konzentrieren. Es bleibt aber angenehm, ein schöner Segelschlag. Ich hatte geglaubt, heute nicht segeln zu können. Die Überraschung macht es umso besser.

Ursprünglich hatte ich vorgehabt, in Koudum eine Pause einzulegen, einzukaufen und erst gegen Abend zum Marrekriteplatz zu segeln. Wenn der Wind allerdings weiter so zunimmt wie bisher, werde ich später nicht mehr segeln können. Das Risiko will ich nicht eingehen. Also geht es weiter.

Der Wind kommt aus der richtigen Richtung und ich kann hinter dem Kanal gut segeln, auf dem ich in der vorigen Woche noch im Windschatten herumgedümpelt bin. Mit meinem gerefften Segel passe ich gerade so unter der letzten Brücke durch, das leidige Mastlegen kann ich mir sparen. Auf dem letzten Stück des Weges beginnt BEA zu gleiten, so als würde sie sich ebenfalls riesig freuen zu segeln. Beim Anlegen brummen zwei Motorboote an mir vorbei, die wohl eher unbedacht starken Wellenschlag verursachen. Wild wird meine Kleine hin- und hergeworfen, ich muss sie stabilisieren, um eine Kenterung zu verhindern. Während ich BEA noch zu bändigen versuche, sind wir wieder ein Stück vom Liegeplatz weggetrieben, ich muss einen neuen Anlauf unternehmen. Wenige Sekunden später und die Wellen hätten mich zwischen BEA und dem Land erwischt. Dann wäre ich wahrscheinlich im Wasser gelandet. Böse sehe ich den Motorbooten hinterher, während ich BEA festmache.

Das Zelt aufzubauen gestaltet sich schwierig, denn es versucht, sich im immer stärkeren Wind selbständig zu machen und davonzufliegen. Dieses Mal bin ich darauf vorbereitet und habe es in weiser Voraussicht mit einem Hering gesichert.

Nach dem Aufbau geht es zu Fuß nach Koudum. Der Ort erscheint mir sogar noch schöner als beim letzten Mal. Es ist vielleicht nicht der schönste Ort in Friesland, aber jetzt, wo ich mehr von ihm sehe als eine Baustelle und eine Wohnsiedlung, offenbart er seine stillen Reize, obwohl ich gar nicht ernsthaft versuche, ihn zu erkunden. Ich will eigentlich nur zum Supermarkt. Neben einigen anderen Dingen kaufe ich hier etwas Salami und ein Radler.

Zurück am Liegeplatz erwartet mich eine Überraschung. An Land liegt ein Kanu und neben ihm ist ein Tarp aufgespannt. Da hat manch einer mich gefragt, ob es nachts nicht kalt wäre und jetzt sehe ich hier jemanden, der sogar auf den überschaubaren Luxus eines Zelts verzichtet und nur eine Plane über sein Kanu spannt! Ich bin beeindruckt. Wo er wohl ist? Jedenfalls nicht hier, es scheint, als wäre er in die Stadt gegangen.

Freitag, der 20. März 2015

Es ist ein kühler, trister Morgen. Über Nacht ist es zugezogen, alles scheint grau. Während ich mich nach der Nacht im Zelt strecke, fällt mir auf, dass der Kanufahrer da und sogar bereits auf ist. Er erzählt mir, dass er das ganze Jahr über häufig mit dem Kanu unterwegs ist. Nur zugefrorene Kanäle halten ihn von seinen Expeditionen ab. Er meint, er würde zwar mittlerweile praktisch jeden Kanal kennen, aber durch den Wechsel der Jahreszeiten bliebe es spannend, immer wieder seien seine Reisen neu und anders. Bald darauf schiebt er sein Kanu ins Wasser und lässt mich zurück. Wenn ich wollte, könnte ich innerhalb kürzester Zeit in Warns sein, aber noch bin ich nicht so weit. Ich möchte noch einmal etwas Neues sehen, eine Ecke, die ich noch nicht erkundet habe. Davor gibt's erst mal Frühstück und anschließend lese ich ein wenig.

Es ist bereits fortgeschrittener Vormittag, bis ich endlich BEAs Leinen loswerfe. Das erste Stück meines heutigen Törns führt nach Norden auf den Kanal, von dem ich gestern kam. Statt wie gestern nach Steuerbord wende ich nun den Bug nach Backbord, schlage Kurs West ein. Gleich neben dem Kanal verläuft eine kaum genutzte Straße, daneben ein etwas häufiger genutzter Radweg. Es ist gemütlich hier. Abgesehen von gelegentlichen Autos und Radfahrern ist es absolut ruhig. Ich habe kaum Lust, in dieser Stille zu rudern. Schließlich packe ich das Paddel weg und hole das Buch raus, das ich gerade lese. Meine Kleine und ich treiben einfach auf der Stelle, kein Wind, keine Wellen, die uns in die eine oder andere Richtung schieben könnten. BEA und mit ihr mein Leben steht still, während ich lese. Hin und wieder klingt mein Lachen durch die Stille, wenn ich an einer witzigen Textstelle angekommen bin. Könnte es einen noch schöneren Ort zum Lesen geben als hier auf dem Wasser? Wenn man mal von der Wolkendecke am Himmel absieht, wohl nicht. Die Zeit vergeht, ich sehe Schulkinder auf ihren Rädern. Schon so spät? Ich sollte weiterrudern, doch schon nach wenigen Metern tausche ich das Paddel erneut gegen das Buch. Es ist gerade so spannend.

Irgendwann muss ich doch weiter und komme in Molkwerum an. Soweit ich es vom Wasser aus beurteilen kann, ist es ein schöner Ort. Ich bin gerade gut unterwegs, also lasse ich den Ort am Kanalrand liegen und rudere unter den Brücken hindurch weiter. Links von mir liegt ein Campingplatz, kurz bin ich versucht, festzumachen und nachzusehen, ob ich für die Nacht bleiben kann. Seine Lage ist schön, gleich auf der anderen Kanalseite befindet sich der Deich zum Ijsselmeer, eine Brücke ermöglicht den Weg dahin. Aber ich mag noch etwas weiter, mein Ziel ist Stavoren. Schon bald liegt Molkwerum hinter mir und ich finde mich in einer weiteren wunderschönen Auenlandschaft wieder. Viel Schilf, das den Himmel kämmt, ein paar größere Wasserflächen, ein kleines Häuschen an Land. Einige Bäume, Schafe auf dem Deich zum Ijsselmeer – und all das spiegelt sich im Wasser. Die Luft ist kühl, aber nicht kalt. Überall ist Leben und ich mittendrinnen. Ich fühle mich als Teil der Natur, während leise Ruderschläge mein Boot und mich langsam nach vorne schieben. Selten stört ein einsamer Spaziergänger dieses Bild.

Ich komme an einer Hütte vorbei. Ein Unterschlupf auf dem Deich? Ein alter Bunker? Ich weiß es nicht. Aber das Gebäude schmiegt sich auf eine seltsam stimmige Art und Weise in die Landschaft. Langsam schwindet es außer Sicht. Es geht wieder um eine Kurve und vor mir liegt die nächste Brücke. Etwas weiter weg sehe ich einen Leuchtturm, ich nähere mich Stavoren. Langsam verlasse ich die Natur und komme in ein Industriegebiet. Eine Handvoll alternder müder Schiffe liegt am Kanalrand, an Ufer sehe ich Industriebauten. Eine leichte Brise kommt von vorn, nicht viel, gerade so, dass ich merke, dass ich nun gegen den Wind muss. Schade, dass er erst jetzt kommt, sonst hätte ich kreuzen können. Bald geht es durch die nächsten Brücken hinein in die Stadt. Ich sehe einen Supermarkt auf der einen, Schiffe im Stadthafen auf der anderen Seite. Hier stehen große Plattbodenschiffe neben Motor- und Segelyachten. Dazwischen liegen vereinzelt kleine Motorboote, kaum größer als BEA.

Voraus kann ich mein Ziel ausmachen: Eine kleine Insel, auf der ich schon letztes Jahr gezeltet habe. Ich möchte noch nicht nach Warns, stattdessen will ich das Ijsselmeer noch etwas genießen und mir Stavoren ansehen. Schnell ist BEA festgemacht. Am Hafenkontor hängt ein Zettel – Hafenservice gibt es erst ab Anfang April. Das ist mir egal, dann stelle ich das Zelt eben einfach so auf. Ich bin schon in Workum ohne Toilette ausgekommen, dann werde ich es auch hier schaffen.

Später mache ich einen Spaziergang zum Ijsselmeer. Es liegt recht ruhig vor mir, eine leichte Brise sorgt für kleinste Wellen. Verwundert bleibe ich vor einem Schild mit der Aufschrift „Kiss & Go" stehen. Ich muss grinsen, ein Pfeil zeigt raus auf den Deich des Schleusenbereichs. Ein Mann, der Kleidung nach ebenfalls Segler, kommt von dort. Wir kommen ins Gespräch. Er hätte nachgesehen, dort vorne gäbe es keine schöne Frau für den versprochenen Kuss. Die muss man wohl selbst mitbringen.

Wir verabschieden uns, mein Weg führt mich zum Buitenhaven. Einige Segelyachten schwimmen im Wasser, aber noch immer steht ein guter Teil von ihnen hoch und trocken an Land. Ein Bild, das mich noch immer traurig macht. Draußen auf dem Ijsselmeer kann ich die weißen Segel eines Yacht erkennen. Ein schönes Bild, das mein Herz schneller schlagen lässt. Wieder spüre ich diese Sehnsucht, an Bord zu gehen.

Ich reiße mich los, schlendere langsam in die Stadt, bewundere die Architektur. Schließlich geht es in einen Imbiss, ich gönne mir zum Abendessen Fritten und eine Frikadelle mit Mayonnaise. Kurz darauf sitze ich mit dem Essen und einem Buch im Zelt, genieße Essen und Lektüre gleichermaßen. Später mache ich noch mal Notizen, lese wieder. Langsam klingt der Tag aus. Das Wetter mag heute nicht optimal gewesen sein, aber es war ein schöner Tag. Und ich habe noch mal so eine schöne Ecke entdeckt. Durch feste Brücken lag es verborgen für die meisten Segler, wunderschön, ein echtes Naturparadies. Ich bin glücklich.

Samstag, der 21. März 2015

Am nächsten Morgen erwache ich, weil der Wind das Zelt durchschüttelt. Regentropfen trommeln auf die Zeltplane. Es hört sich an, als würde jemand neben dem Zelt auf einem Schlagzeug üben. Ich lese die letzten Seiten meines letzten Buches, das ich mitgenommen habe, und warte. Als es schließlich aufhört zu regnen, verlasse ich mein Zelt.

Die Wolken ziehen weiter, der Wind bleibt. Das Wetter ist erwartungsgemäß schlecht, der Wind weht stark und rüttelt am Zelt. Ein Blick aufs Wasser reicht mir, um zu wissen, dass ich auf dem Kanal nicht bis Warns rudern mag. Ich habe noch ein paar freie Tage. Was soll ich mit ihnen anfangen? Heute hier abwettern? Ich habe nichts mehr zu lesen und bin kein Museumsgänger. Zudem traue ich dem Wetter nicht. Es wird kaum den ganzen Tag trocken bleiben. Und morgen? Das Wetter soll nicht wirklich besser werden. Vielleicht könnte ich noch ein, zwei Tage auf dem Wasser verbringen. Und wo sollte es hingehen? Bei dem aktuellen Wetter käme ich nirgendwo mehr wirklich hin. In Warns steht das Auto, das ist gleich der nächste Ort. Noch während ich zum Ijsselmeer laufe, wird mir klar, was das bedeutet.

Die Aussicht über das vom Wind aufgepeitschte und doch wunderschöne Gewässer hilft. Es ist okay. So gern ich auch geblieben wäre, welchen Sinn hat es? Ich könnte natürlich noch ein paar Tage Zeit totschlagen, bis ich BEA nach Warns rudern kann, um dort den Törn regulär zu beenden. Ich könnte vielleicht auch noch mal nach De Morra, vielleicht auch bis Workum und dann wieder zurück. Wenn ich etwas Neues sehen möchte, könnte ich auch auf einem der kleineren Kanäle rudern. Aber ich hab keine Lust mehr aufs Rudern. Ohne ein gutes Buch habe ich auch keine Lust, einfach so die Zeit totzuschlagen. Es war so ein schöner Törn, ich beende ihn lieber hier und heute im Guten, als am Ende durchnässt und frierend einfach nur irgendwo abzuwarten, bis ich nach Hause muss. Es ist schade, ich hätte Lust, noch ein bisschen zu segeln, noch eine neue Ecke von Friesland zu erkunden – einen neuen Kanal, einen neuen See, einen neuen Ort. Aber das Wetter ist gegen mich. Ich bin in der westlichsten Ecke gelandet, der Wind kommt aus Osten. Selbst wenn ich nach Westen müsste, würde ich mit BEA heute nicht aufs Wasser gehen, es bläst einfach zu stark und dreht dauernd. Egal wo ich mich hin wende, er kommt immer von vorn. Jetzt und die nächsten Tage. Nein, es macht keinen Sinn mehr.

Im Supermarkt kaufe ich mir ein letztes Frühstück. Danach geht es an Land zurück nach Warns. Auf halbem Wege hält neben mir ein Auto: Der Hafenmeister hat mich erkannt und bietet mir an, mich mitzunehmen. Bei dem Wetter nehme ich das gerne an. Zunächst geht es wieder nach Stavoren – er muss in einem der Industriegebäude noch etwas abholen – dann bringt er mich nach Warns. Wir unterhalten uns, er erzählt mir vom Saisonbeginn aus Sicht eines Hafenmeisters. Ich höre ihm gern zu. Ich erzähle ihm dafür von meinem Törn, meinen Erlebnissen und den Orten, an denen ich war. Dann zahle ich ihm ein paar Euro für die erste Nacht und dafür, dass ich mein Auto bei ihm parken konnte.

Bald darauf bin ich zurück in Stavoren. Ich baue alles ab, lasse die Luft aus BEA. Innerhalb kurzer Zeit ist sie abgebaut und verstaut, ebenso das Zelt und all meine Ausrüstung. Kurz hadere ich mit meiner Entscheidung. Es ist so schön hier, ich ruhe in mir. Ein letztes Mal geht es ans Ijsselmeer, ich genieße das Rauschen der Brandung und die Aussicht. Ein Boot mit dem Segler, den ich gestern getroffen habe, läuft aus. Er freut sich sicher, er ist hier für einen Starkwindtörn. Nun, den Starkwind wird er wohl bekommen. Mit einem Lächeln setze ich mich ins Auto und mache mich auf den Heimweg.

3. Törn.

Kapitel 14.

Freitag, der 28. August 2015

Bereits auf dem Weg nach Friesland habe ich ein erstes Erfolgserlebnis. Seit dem letzten Törn habe ich etwas Niederländisch gelernt. Nicht viel, aber es reicht, um mich an der Tankstelle komplett in der Landessprache zu unterhalten – was einen überraschten Gesichtsausdruck bei der Frau an der Kasse hervorruft.

Mittlerweile kenne ich den Yachthafen in Warns ja etwas, packe meine Sachen direkt aus, bevor ich das Auto parke und den Hafenmeister suche. Ich finde ihn bei einer Feier im Stormvogel. Kaum sieht er mich, kommt er breit grinsend auf mich zu.

Ich habe vor, bei dem tollen Wetter heute noch etwas zu segeln, und verabschiede mich deswegen schnell wieder. Es stört ihn nicht weiter, er wünscht mir einen schönen Törn und ist kurz darauf wieder bei der Hochzeitsgesellschaft.

Dieses Mal baue ich BEA gleich an der Einwurfstelle auf. Währenddessen genieße ich die Aussicht über den Hafen. Jetzt, da all die Boote dort sind, wo sie hingehören, nämlich im Wasser, sieht es gleich noch besser aus.

Ich bin schnell fertig, den oberen Mastteil spare ich mir, wie schon beim letzten Mal, für den Moment. Ich muss ja sowieso gleich auf dem

Kanal unter einer Brücke durch. Ich verhole BEA näher an mein restliches Gepäck, belade meine Kleine und bin gleich darauf unterwegs. Unter Paddel geht es raus aus dem Hafen. Während ich den Hafen verlasse, grüßt mich die Besatzung einer Segelyacht und macht mir ein Kompliment für meine Kleine. Darüber freue ich mich immer noch, wie beim ersten Mal.

Schnell sind wir auf dem Kanal, eine angenehme Briese schiebt von hinten mit. Es ist schon kurz nach 19 Uhr, in einer Stunde geht die Sonne unter. Mein Ziel ist der Marrekrite-Platz bei De Morra. Selbst wenn ich es nicht ganz bis Sonnenuntergang schaffe, sollte ich da sein, bevor es ganz dunkel ist.

Kaum bin ich unter der Brücke, drückt uns eine Welle ein Stück nach oben. Der untere Mastteil stößt an. BEA schlägt quer. Sonderlich dramatisch ist das aber nicht. Ich klettere schnell nach vorn und drücke so den Bug etwas weiter nach unten, dann drücke ich uns mit den Händen an der Brücke vorwärts.

Nach einem kurzen Zwischenstopp am Kanalrand segeln wir. Ich habe das Segel gerefft, auch wenn ich vermute, dass es anders ebenfalls kein Problem wäre. Aber warum etwas riskieren, wo der Wind heute Abend in Böen grenzwertig sein soll?

Ich genieße den Wind, die kleinen Wellen, die Natur, die mich schon bald umgibt, und das Gefühl wieder auf dem Wasser zu sein. Um mich herum blüht alles. Die Landschaft im Jahreszeitenverlauf zu sehen ist ein besonderes Erlebnis. Es ist einfach immer wieder toll, hier zu sein. Trotzdem achte ich auf die Uhrzeit, denn in 40 Minuten soll die Sonne untergehen. Und BEA ist schließlich nicht die Schnellste.

Um kurz vor 20 Uhr geht es auf jenen kleinen See, auf dem ich im Winter von den Wellen ins Schilf gedrückt wurde. Dieses Mal läuft alles gut. Zum einen weil ich weiß, wo die nächsten Bojen liegen. Zum anderen, weil der Wind 2, wenn nicht sogar 3 Windstärken schwächer ist. So weit ich es aus der Ferne beurteilen kann, scheint sich das Schilf von meinem unfreiwilligen Abstecher erholt zu haben. Sicherheitshalber fahre ich aber nicht zu nah ran. Während ich weitersegle, entdecke ich auf einer an den Kanal angrenzenden Weide Pferde. Wie schon in der Vergangenheit begleiten sie mich mit neugierigen Blicken. Es ist so schön hier. Seit ich auf dem Wasser bin, ist jeglicher Stress von mir abgefallen, ich entspanne mich, kann loslassen. Friesland ist einfach ein wundervolles Segelrevier.

Kurz darauf bin ich auf einem Kanal zwischen Festland und einer Insel, der Wind schläft sofort ein. Mit der restlichen Fahrt treibe ich langsam weiter, an der Insel vorbei. Ich nutze die Zeit, um die Landschaft zu genießen. Vor Sonnenuntergang schaffe ich es nicht mehr, das ist mir mittlerweile klar, immerhin berührt die Sonne schon fast den Horizont. Bald bin ich an der Stelle vorbei, an der ich BEA im Winter wieder gewassert habe. Kurz denke ich an den jungen Mann, der mir damals geholfen hat, dann geht es raus auf De Morra, hinein in den Sonnenuntergang. Es ist so wunderschön hier und die Tageszeit ist einfach perfekt. Ich habe die Stirnleuchte extra in den Rucksack gesteckt, sodass ich sie im Zweifelsfall schnell zur Hand habe. Das Zelt ist natürlich trocken. Trotzdem nutze ich von Zeit zu Zeit das Paddel, denn der Wind lässt schnell nach und droht auch auf dem See einzuschlafen. Weiter draußen auf dem See ist außer mir noch eine Jolle unterwegs. Gespannt sehe ich ihrer Fahrt zu. Es ist ein wundervoller Moment, die Stille, der Sonnenuntergang, die Natur und das Segeln an sich lullen mich ein, lassen mich mit offenen Augen träumen. Am Himmel kann ich einen fast vollen Mond ausmachen, der mein Bestreben anzukommen, endgültig zunichtemacht. Selbst wenn es dunkel wird, bei diesem Vollmond wird man immer noch genug sehen können, um das Zelt aufzubauen.

Plötzlich ist neben mir der Kanaleingang. Was im März noch ein riesiges Gelände war, auf dem ich mich ausbreiten konnte, bietet jetzt fast keinen Platz mehr für mich. Schließlich mache ich BEA in einer kleinen Lücke, in die wohl kein größeres Boot reingepasst hätte, fest.

Kurz darauf ist auch das Zelt neben ihr aufgebaut. Zum Abendessen gibt es mal wieder eine Tüte Pasta. Schon nach der Hälfte bin ich satt. Was mir in der Vergangenheit als normale Portion erschien, ist jetzt viel zu viel. Noch lange bleibe ich auf meinem Hocker sitzen, sehe raus, genieße die Umgebung, die Atmosphäre.

Samstag, der 29. August 2015

Beim dritten Läuten meines Weckers stehe ich schließlich auf. Es ist 5.45 Uhr, Draußen ist es noch dunkel. Trotzdem bin ich kurz darauf unterwegs. Für heute habe ich ein gutes Stück Strecke geplant.

Beim Ablegen ist die Sonne noch nicht aufgegangen, der Horizont beginnt aber bereits sich rot zu färben. BEA nimmt Kurs auf den Kanal in Richtung De Fluezen und ich genieße den Segelschlag. Es geht gerade so. Noch näher an den Wind und wir würden kaum noch vorwärtskommen. Dann geht die Sonne auf und ein leichtes Strahlen legt sich über die Landschaft. Ein traumhaftes Bild. Allerdings sehe ich so nun auch die Pflöcke vor dem Kanaleingang, zwischen denen Fischer Netze gespannt haben. Und sie gehen recht weit in den See hinein. Wenn ich diesen Kurs halte, würde ich mitten reinfahren.

Als Erstes hoffe ich, höher an den Wind zu kommen. Es kostet Zeit, bringt aber nichts. Also muss ich paddeln. Es nervt mich, dass ich bei gutem Wind wegen der Netze darauf zurückgreifen muss, aber was bleibt mir sonst übrig? Schließlich scheint es, als hätte ich es geschafft, und ich segle wieder. Die Ruhe, das sanfte Licht der aufgehenden Sonne und der Moment zwischen Tag und Nacht ist für mich die schönste Zeit, um auf dem Wasser zu sein. Der Wind schiebt gut und schon bald bin ich in der Nähe der Pfähle. Schnell ist klar, dass ich mich verschätzt habe. Ich muss noch mal etwa 10 Meter nach Osten paddeln. Den äußersten Pfahl passiere ich so nah, dass BEA ihn fast berührt hätte. An allen weiteren komme ich problemlos vorbei. Nun geht es nach Westen, in Richtung der nächsten Seen. Auf dem folgenden Kanal finden wir uns im Windschatten wieder, ich muss erneut paddeln, um vorwärtszukommen. Am Backbordufer passiere ich zwei Yachthäfen, in denen viele schöne Segelyachten gesehen wollen werden. Der Kanal liegt gerade hinter uns, da greift der Wind erneut ins Segel und schiebt uns weiter. Mittlerweile ist die Sonne ganz aufgegangen, der letzte Rotton am Horizont verblasst. Schnell verschwindet die letzte Kühle der Nacht. Ich muss grinsen. Kühle? Im Winter hätte ich die jetzige Temperatur als warm bezeichnet.

Auf De Holken sehe ich die ersten anderen Boote. Unter Motor brummen sie an mir vorbei. Auf dem See kann ich genug Abstand halten, um ohne Probleme weiterzukommen. Wenige Meter, nachdem die Boote an mir vorbeigefahren sind, genieße ich wieder die Ruhe. Es ist unglaublich schön hier. Nur eines stört die Idylle: ich. Denn ich sitze laut singend auf BEA. Egal wie schlecht ich singe, niemand ist da, um sich zu beschweren. Also kann ich aus vollem Hals Lieder über den See schmettern.

Auf dem nächsten Kanal verstumme ich, denn an seinem Ende sehe ich einen Fischer, den ich bei seiner Arbeit nicht stören möchte. Ein stiller Gruß, dann geht es raus auf den De Fluezen. Links sehe ich jene Bucht, durch die ich mich im Frühjahr gekämpft habe. Ich bin überrascht, wie viele Erinnerungen diese Orte hier in mir hervorrufen und was sie mit mir machen. Neben ein paar Yachten unter Motor sehe ich auch wieder ein Plattbodenschiff, das tatsächlich unter Segel fährt. Ein toller Anblick, der mein Herz schneller schlagen lässt. Bald darauf passiere ich die erste Marrekrite-Insel. Nun ist es an der Zeit, ich verlasse das Fahrwasser. Der neue Kurs führt mich etwas weiter nördlich,

Auf dem Kanal.

Richtung zweite Insel. Dank des Windes sind wir schon bald wieder auf dem Kanal, lassen den De Fluezen hinter uns. Hier wird es plötzlich voller. Ein Blick auf die Uhr zeigt mir den Grund. Es ist kurz nach 9 Uhr, die Brücken beginnen sich zu öffnen und spucken jetzt die ersten Yachten aus Workum aus. Kurz darauf sehe ich auch jene Insel, auf der ich im Winter eingeweht war, zu dieser Jahreszeit ein Mastenmeer wie in einem Hafen. Es ist unglaublich, der Unterschied zwischen Sommer und Winter. Und ich weiß nicht mehr, was schöner ist. Was im Winter noch eine einsame, ruhige Insel war, ist jetzt ein belebter Ort.

Schon geht es zwischen den Inseln nach Nordwesten, immer weiter Richtung Workum. Der Wind hat auch zugelegt, auf der Nordseite steht eine ordentliche See. Wäre das Wasser nicht warm, hätte ich mir ernsthaft überlegt, hier zu segeln. Aber so schreckt mich eine Kenterung nicht übermäßig.

Immer wieder gleiche ich die Landmarken mit der Karte ab, bestimme meine Position. Das Ziel ist klar – dieses Mal will ich mich nicht ein Mal versegeln. Eine Schwäche hat die Karte allerdings: Ich habe sie nie berichtigt. An Orten, auf denen in der Karte ein Windrad eingezeichnet ist, stehen gern auch mal fünf davon. Und wo keines eingezeichnet ist, teilweise auch. Schnell achte ich mehr auf Häuser, Kanalabzweigungen und andere Landmarken, bis vor mir die nächste Brücke auftaucht, dahinter Workum. Die Brücke ist offen, die Ampel grün, ich beginne durchzusegeln. Noch während ich unter ihr bin, höre ich etwas. Ein Blick nach oben bestätigt meinen Verdacht: Die Brücke, sie schließt sich! Was soll denn das? Sehen die mich nicht? Schnell greife ich zum Paddel und sehe zu, hier rauszukommen. Natürlich weiß ich, dass sich die Brücken teilweise nicht für offene Segelboote öffnen, diese hier war aber bereits offen, die Ampel grün – da kann man doch nicht mit dem Schließen beginnen, während noch ein Boot drunter ist! Ich habe Glück und schaffe es gerade noch.

Unter der zweiten Brücke komme ich problemlos durch und kurz darauf ist BEA festgemacht. Auf schnellstem Wege geht es in die Stadt. Ich brauche Lebensmittel und dringend eine Zahnbürste. Bis ich in Makkum bin, ist es vielleicht schon zu spät zum Einkaufen. Aber wie schon letztes Mal finde ich keinen Supermarkt. War die Stadt schon im März belebt gewesen, ist sie nun voll. Trotzdem ist es schön hier, das Flair gefällt mir. Bei einer Bäckerei hole ich mir ein Chocolate Brodje. So schön die Stadt auch ist, ich muss weiter und ende schließlich im Tourismusbüro. Dort kann man mir weiterhelfen. Ich bekomme eine Karte mit eingezeichnetem Supermarkt und wenige Minuten später kann ich einkaufen.

Bereits auf dem Weg zurück zu BEA nasche ich Stroopwaffeln mit einer Karamellfüllung. Sie schmecken ganz okay, noch mal kaufen werde ich sie wohl eher nicht. Nachdem ich alles verstaut habe, löse ich die Leinen und es geht weiter. Ein guter Wind schiebt uns über den Kanal nach Norden. Hin und wieder passiert mich eine Gruppe Yachten, auch Polyvalken bekomme ich zu sehen. Komme ich in die Nähe der Brücken, öffnen sie sich wie von Zauberhand gesteuert. Ich muss nicht warten oder paddeln, sondern kann ganz gemütlich durchsegeln. Ich bin glücklich und strahle übers ganze Gesicht. Obwohl es mitten in der Saison ist, sehe ich weit und breit niemand anderen.

Schon bald biege ich auf den Kanal in Richtung Makkum ab. Weit komme ich nicht, schon bald schwächt der Wind ab und ich komme kaum noch vorwärts. Außerhalb von Böen reicht der Wind nicht mehr, um BEA zu steuern. Schließlich greife ich zum Paddel. Der lose in der Mitte hängende Baum nervt. Der Wind frischt wieder auf, ich mache schnell das Reff aus dem Segel und versuche den Wind zu nutzen, wo es geht. Und tatsächlich, es funktioniert. Begeistert genieße ich den Moment, wohl wissend, dass ich wohl bald wieder paddeln muss. Wie erwartet schläft der Wind nur wenig später erneut ein. Aber es gibt hier so viel Schönheit, dass mir das nicht die Laune verderben kann. Unter Ruder gelange ich schließlich zur nächsten Brücke, doch hier erwartet mich ein Doppel-Rot. Kaffeepause. Kurzerhand beginne ich, auf dem Wasser treibend, das Rigg abzubauen. Der Brückenwärter kommentiert es mit einem Kopfschütteln, schließlich dauert es nur noch eine Viertelstunde, bis die Pause vorbei ist. Aber ich habe keine Lust hier tatenlos zu warten, und tatsächlich gewinne ich ein paar Minuten. Drei Minuten bevor die Brücke wieder öffnet, bin ich bereits fertig und paddle weiter. Bereits nach wenigen Metern wird mir klar, dass ich viel schneller hätte sein können. Der Aufbau hat Zeit gekostet. Und wofür? Es weht schließlich kein Wind!

Nach einigen Minuten – die anderen Boote sind längst an mir vorbei – bin ich alleine und störe deshalb auch niemanden. Ich krieche zum Bug und baue das Rigg wieder ab. Der lose herumhängende Baum hat mich bei jedem Paddelschlag genervt und bald kommt die nächste Brücke. Dann muss ich eben rudern statt segeln, aber solange das Wetter gut und die Landschaft schön ist, gibt es wahrlich Schlimmeres. Schon bald erreiche ich die großen Plattbodenschiffe vor Makkum. Eine Familie ist an Bord, grüßt mich und unterhält sich kurz mit mir. Tatsächlich, mein Verdacht im Winter war richtig, sie leben an Bord. Dann geht es in die Stadt hinein. Der Binnenhafen ist voll, ich muss etwas suchen, bis ich eine Lücke, groß genug für BEA, finde. Endlich eine gefunden, mache ich auf Backbord fest. Anschließend geht es schnell durch die Stadt zum Hafenkontor. Es ist kurz vor 19 Uhr, ich bin seit knapp 13 Stunden unterwegs, 12 davon allein auf dem Wasser. Was für ein toller Tag. Aber jetzt muss ich zusehen, dass ich die Erlaubnis bekomme, hier mein Zelt aufzustellen.

Gerade noch rechtzeitig – das Hafenkontor hat nur bis 19 Uhr offen – schlüpfe ich durch die Tür. Noch redet ein anderer mit dem uniformierten Hafenmeister, dann bin ich dran.

Zunächst versuche ich es auf Niederländisch, aber obgleich ich die einzelnen Worte tatsächlich kann, merkt er sofort, dass meine Sprachkenntnisse mangelhaft sind. Lächelnd fragt er mich, welche Sprache denn meine Muttersprache wäre – und zählt eine ganze Reihe Sprachen auf, die er spricht. Ich bin beeindruckt und wir wechseln zu Deutsch.

„Kann ich hier mit meinem Boot und einem Zelt bleiben?“, frage ich ihn.

„Natürlich“, kommt die Antwort und ich freue mich wie ein kleines Kind. Mitten in einer Altstadt ist es ja nicht selbstverständlich, ein Zelt aufbauen zu dürfen.

„Aber bezahlen musst du natürlich! Wie lang ist dein Boot“, erklärt er mir. Vermutlich hat er meine Freude falsch gedeutet.

„2,40 Meter“, antworte ich ihm und er sieht mich mit großen Augen an.

„Bist du der, der heute mit einem Schlauchsegelboot durch all die Brücken ist?“

„Ja.“

„Du bist Gast, du bezahlst nichts“, erklärt er mir daraufhin. Ich bin sprachlos. Hauptsaison, mitten in der Stadt, Boot und Zelt kostenlos? Dankend verabschiede ich mich. Kurz darauf bin ich wieder bei BEA und baue das Zelt auf. Dabei werde ich gespannt von den Nachbarbooten beobachtet. Schnell steht es.

Begegnung auf dem Kanal Richtung Makkum.

Ich packe meine Sachen ins Zelt, bereite aber nicht den Schlafplatz vor, denn noch ist das Zelt innen etwas feucht. Anschließend geht es wieder in die Innenstadt, wo ich mir eine „Portie Patat met Mayonaise“ – Fritten mit Majo – gönne. Dann geht es zum Buitenhafen. Hier liegen so viele schöne Boote: vom Kleinkreuzer über Plattbodenschiffe, regelrechten Superyachten, bis hin zu allem, was irgendwo dazwischen liegt. Ein schöner Anblick, der dafür entschädigt, dass ich zu spät dran bin, um einen Ausflug ans Wattenmeer zu machen – meiner ursprünglichen Motivation bei der Törnplanung. Andererseits ist es auch gut, dass ich auf diese Weise eine Chance habe, diese schöne Hafenstadt anzusehen.

Der Abend geht bereits in die Nacht über, als ich zurück zum Zelt komme. Schnell ist das Nachtlager vorbereitet, ich ziehe mein übliches Abendprogramm durch, bevor ich endlich einschlafe.

Kapitel 15.

Sonntag, der 30. August 2015

Es ist Sonntag. Trotzdem hoffe ich, einen offenen Supermarkt zu finden. Mein Weg führt mich durch die Altstadt zum Hafen, wo ich ratlos umherirre. Ich sehe einige Werbeplakate, aber keinen Supermarkt. Schließlich frage ich eine Frau, sie ist hier allerdings ebenfalls nur zu Gast und wundert sich, dass ich erwarte, an einem Sonntag einen offenen Supermarkt zu finden. Da sie mir nicht helfen kann, laufe ich zurück in die Innenstadt. Trotz der frühen Morgenstunde sehe ich eine Frau, die damit beschäftigt ist, eine Fassade zu streichen. Mit Sicherheit eine Einheimische, die mir bestimmt helfen kann.

Auf Niederländisch erkundige ich mich, ob sie Deutsch oder Englisch spricht. Ich weiß nicht, was Supermarkt auf Niederländisch heißt und ohne dieses Wort dürfte es schwer werden. Sie weist mir zwar den Weg und ich finde den Supermarkt, leider hat er geschlossen und ich finde kein Schild mit den Öffnungszeiten. Es ist kurz nach 8 Uhr, wenn er jetzt nicht offen hat, öffnet er, wenn überhaupt, wahrscheinlich nicht vor 9 Uhr. So lange mag ich nicht warten, also geht es zurück zu BEA.

Gegen den Wind fahre ich raus aus der Stadt, vorbei an weiteren Plattbodenschiffen und mitten durch eine wunderschöne Landschaft. Der Wind ist schwach und auf dem Kanal nahezu nicht vorhanden.

Ich komme gut vorwärts. Auf dem letzten Stück Kanal, auf dem ich gestern schon war, beginnt der Wind stärker zu werden. Dann biege ich ab nach Norden. Es geht in Richtung Witmarsum weiter. Der Wind ist hier noch mal stärker. Er kommt nicht direkt auf meine Nase, sondern leicht schräg, also versuche ich, mich im Windschatten zu halten. Leider klappt das nicht richtig, der Bewuchs ist ungleichmäßig und zwingt mich immer wieder, Bögen zu rudern. Schließlich gebe ich auf und sehe einfach zu, dass ich weiter vorankomme. Immerhin ist es schön hier. Und so ruhig. Ich bin alleine, kein anderes Boot ist unterwegs. Die Brückenöffnungszeiten haben auch ganz klar ihre Vorteile.

Um ein Haar hätte ich den nächsten Kanal verpasst, das hohe Schilf auf beiden Seiten verdeckt den Eingang. Ich sehe ihn erst, als er bereits querab ist.

Er ist mir bereits von meinem Wintertörn bekannt, doch ist er noch enger als in meiner Erinnerung. Die Enge hat einen entscheidenden Vorteil: Der Wind erreicht uns nicht mehr. Das Wasser ist flach, ich komme gut vorwärts. Problematisch ist es nur an den Stellen, an denen ich direkt gegen den Wind muss. Denn was eben noch Windschutz war, bildet nun eine Schneise, durch die es ganz schön pfeift. Aber schnell bin ich weiter und genieße wieder die Landschaft und die Stille.

Das nächste Dorf sieht einladend aus, aber ein leicht modriger Geruch lässt mich schneller rudern. Im Kanal schwimmen tote Pflanzen, die wohl hierfür verantwortlich sind. Immerhin hält sich ihre Menge in Grenzen, ich komme vernünftig vorwärts. Nur ein einziges Mal muss ich einen kleinen Kreis fahren, um den Rumpf von Kraut zu befreien. Ich bin schon hinter dem Ort, als sich plötzlich der Kanal teilt. Was jetzt? Voraus sieht es aus, als würde der Kanal nach etwa 100 Metern enden. Auf der Karte sieht es aber nicht so aus, als würde der Kanal hier eine 90-Grad-Kurve machen. Ich habe die Brücken gezählt, trotzdem sehe ich auf dem Kanal, der nach steuerbord führt eine, die nicht auf der Karte verzeichnet ist. Ebenso wenig wie der Kanal selbst. Aber wenn der Kanal geradeaus nach wenigen Metern endet, hilft mir das ja auch nicht weiter. Kurzerhand biege ich ab und bleibe kurz stehen. Zum einen ist der Kanal verkrautet, zum anderen ist er extrem flach, sosehr, dass mein Schwert nicht im Kraut, sondern am Boden festhängt. Kurzerhand hole ich das Schwert hoch und versuche es. Aber ohne Erfolg. Jetzt greift das Kraut nach uns, es ist sinnlos. Und dann ist da ja auch noch die Brücke. Ich kann froh sein, wenn BEA ohne mich und Gepäck da durchpasst.

Nein, hier stimmt etwas nicht. Schnell ist BEA gewendet. Rückwärts geht es raus aus den Kanal, ich paddle den anderen hoch.

Auch hier gibt es Krautfelder, im Slalomkurs versuche ich sie zu umgehen. Stellenweise ist der ganze Kanal voller Kraut. Mir bleibt nichts anderes übrig, als mich durch den Krautsalat vorwärtszukämpfen. So finde ich immerhin heraus, warum es so aussah, als würde der Kanal hier enden.

Es ist einfach so eng, dass ich schon Bedenken hatte, was wohl passieren würde, wenn mir ein anderes Schlauchboot entgegenkommen sollte. Bereits nach wenigen Metern hat sich das erledigt, der Kanal erhält wieder seine alte Breite. Viel wichtiger ist aber, dass das Kraut ebenso schnell nachlässt. Nur noch ein paar kleine Flecken sind zu sehen. Und diese kann ich tatsächlich gut umpaddeln. Während ich weiter gen Woudsend rudere, sehe ich, dass an Land der Wind stärker wird. Solange ich noch im Windschatten bin, ist alles gut, dann aber verschwindet das Schilf auf Luv und ich muss gegen den Wind anpaddeln. Ein Kraftakt beginnt. Mir bleibt kaum Zeit, die Landschaft zu bewundern. Drei Stunden brauche ich für die letzten 1,5 Kilometer, in denen ich durchgängig paddeln muss, denn selbst nur wenige Sekunden Pause werfen mich sofort zurück. Schweiß läuft über meine Haut, die Anstrengung macht sich bemerkbar. Zunehmend wütend sehe ich in Richtung Witmarsum. Die ganze Zeit über kann ich den Ort sehen, zu Fuß wäre ich wohl in fünf Minuten da, würde ich einfach quer über die Felder laufen. Mit BEA paddle ich aber zunächst weiter weg, bevor ich mich wieder in Richtung des Ortes bewege. Das führt bei mir zu Frustration. So schön die Gegend auch ist, es ist kräftezehrend und ich habe keine Möglichkeit, mich auch nur kurz zu erholen.

Um die 100 Meter vor dem nächsten Kanal schläft der Wind plötzlich ein. Ich bin im Windschatten des Waldes, habe es fast geschafft. Es gibt noch ein, zwei kürzere Abschnitte, die ich gegen den Wind schaffen muss, zum größten Teil geht es jetzt aber mit Wind von querab oder von hinten weiter. Gemütlich paddelnd versuche ich, das Tempo weiter zu halten. Früh ankommen werde ich heute wohl nicht mehr, sollte es aber noch vor Sonnenuntergang schaffen. Zumindest, wenn meine Kräfte bis dahin durchhalten.

An der Brücke am Ortseingang sehe ich ein Schild. Es verheißt nichts Gutes – der Kanal in Witmarsum ist noch für über eine Stunde wegen eines Triathlons gesperrt. Wie soll ich es so noch bis Harlingen schaffen? Schon so wäre es knapp gewesen. Wenn ich wirklich eine Stunde warten muss, wird es kaum noch möglich sein.

Zunächst hoffe ich, mich irgendwie durchmogeln zu können. Aber die Hoffnung stirbt bereits am Ortseingang: Hunderte, wenn nicht Tausende Menschen sind am und im Wasser. Nein, hier kann man sich nicht unauffällig durchmogeln. Murrend mache ich an der Seite fest. Dabei fällt mein Blick auf die Windmühle. Was ist denn da los? Der fehlen ja die Flügel!

Schließlich esse ich etwas und blicke dabei grimmig zum Triathlon. Ob die wenigstens einen Stand mit Essen und Getränken haben? Ich packe meinen Geldbeutel aus und will gerade hingehen, als ich sehe, wie die Veranstaltung beendet wird. Schnell mache ich mich bereit, weiterzurudern. Macht das Sinn? Den Höhepunkt meiner Kräfte habe ich längst überschritten, es ist noch ziemlich weit und ich bezweifle, dass ich es rechtzeitig bis Sonnenuntergang schaffe. Der Wind soll auch drehen, morgen wird es damit noch schwerer, wenn nicht unmöglich, ans Meer zu kommen. Kurzerhand wende ich mich Hilfe suchend an die Besatzung eines Motorbootes, das gleich hinter BEA festgemacht hat. Ich habe Glück. Sie fahren nach Harlingen und nehmen mich ein Stück in Schlepp. Während sie sich zur Abfahrt bereit machen, verhole ich BEA, um hinter ihnen zu sein. Mir wird eine Leine zugeworfen und schon ziehen sie BEA hinter sich durch Witmarsum. Immer wieder sieht sich der Skipper zu mir um, mit Handzeichen gebe ich ihm zu verstehen, dass alles gut ist. Währenddessen achte ich auf BEA und darauf, dass sich die Leine nicht im Außenborder des Dingis verfängt, das zwischen dem Motorboot und BEA liegt.

An Land winkt man uns breit grinsend zu. Schnell liegt Woudsend hinter uns, der Skipper des Motorbootes erhöht das Tempo und BEA fliegt geradezu über das Wasser. Stetig überprüfe ich die Spannung der Seile, aber alles ist gut. Während wir über das Wasser gleiten, kann ich sogar gemütlich weiter essen. Die Landschaft schießt nur so an uns vorbei – fast zu schnell, um sie zu genießen. Fast.

Wir haben nicht vereinbart, wann die Leine wieder gelöst wird. Ich dachte, sie würden mich nur ein kurzes Stück ziehen, damit ich mich noch etwas erholen kann. Vielleicht, bis die Strecken gegen den Wind hinter uns liegen. Aber bei der Kurve auf ein langes Kanalstück, bei dem der Wind von hinten kommt, geht die Fahrt unverändert weiter. Ich gewöhne mich schnell an diesen Luxus und sehe keinen Anlass, von mir aus einfach die Leine zu lösen. Rauschend geht es weiter. Kurze Zeit später erreichen wir das nächste Dorf, nur um es kurz darauf gleich wieder nach Norden zu verlassen. Ich kenne die Strecke, da ich hier schon zweimal war. Obgleich ich hier unabhängig vom Wind kaum segeln kann, ist es schön hier. Ich mag die Gegend. Schon geht es um die nächste Kurve, wir sind auf der Zielgeraden. Links von mir liegt der Campingplatz, auf meiner Rechten sehe ich die ersten Häuser von Harlingen. Ein Stück voraus sehe ich die Brücken in die Stadt. Anders als die restlichen Brücken sind diese zwar nicht fest, dafür aber niedriger.

Das Motorboot hält vor ihnen an. Schnell ist die Leine gelöst, mich weiterzuschleppen würde keinen Sinn machen. Dankbar verabschiede ich mich. Ohne die beiden hätte ich es heute wohl nicht bis Harlingen geschafft.

Ich rudere BEA das letzte Stück in die Innenstadt. Statt mit Schilf und Weiden, ist der Kanal nun gesäumt von alten Gebäuden und historischen Segelbooten. Wind kommt hier praktisch keiner hin.

Es ist fortgeschrittener Nachmittag. Als ich beim Hafen ankomme, ist er schon recht voll. Schnell ist BEA am Meldesteiger festgemacht und ich begebe mich zum Hafenmeister. Der Hafenmeister ist dieses Mal eine Hafenmeisterin. Schnell wird klar, dass die Vereinsmitglieder abwechselnd diese Aufgabe übernehmen. Mein Anliegen sorgt für Überraschung, ist aber kein großes Problem. Ich soll nur erst auf der anderen Kanalseite bei einer Familie nachfragen, ob ich dort zelten darf, da dort Rasen vorhanden ist. Ansonsten wäre es natürlich kein Problem. Es soll in der Nacht stark regnen, wenn es zu viel wird, könnte ich mich natürlich jederzeit ins Hafengebäude zurückziehen.

Dankend verabschiede ich mich, im vollsten Vertrauen zum Zelt. Ans andere Ufer bin ich schnell gepaddelt. Dort erwarten mich allerdings zwei Probleme. Ich kann die Eigentümer nicht sehen und die Boote hier liegen dicht an dicht. Selbst für BEA ist kein Platz. Und so ist sie bald schon im Yachthafen festgemacht. Auf direktem Wege geht es ans Meer. Es zieht mich auf den ersten Blick in seinen Bann, verzaubert mich, lockt und lullt mich ein. Ich beginne wieder zu träumen und vergesse die Zeit. Gerade noch rechtzeitig komme ich wieder zu mir, um schnell noch einkaufen zu gehen. Dann geht es in den Hafen, das Zelt aufbauen und BEA entladen. Während ich damit beschäftigt bin, spricht mich ein Segler von seiner großen Yacht an. Er interessiert sich sehr für BEA. Meine Kleine lässt mal wieder all ihren Charme spielen.

Schließlich bin ich fertig und verhole mich unter die Dusche, bevor es wieder zum Meer geht. Dieses Mal allerdings nicht zum Yachthafen, sondern auf den Deich in Richtung Campingplatz. Es ist gemütlich hier. Ich entspanne mich, lasse los. Und träume.

Erst spät kehre ich zurück zum Hafen. Ich bin völlig erschöpft, körperlich wie mental. Und doch bin ich glücklich. Kurz bevor meine Augen zufallen beende ich meine Notizen mit dem Satz „Ich liebe Segeln."

Montag, der 31. August 2015

Kurz nach Mitternacht wache ich auf. Ich bin hellwach, dabei habe ich erst wenige Stunden geschlafen. Kurzerhand stehe ich auf und laufe durch die Stadt. Zu dieser Zeit sind die Straßen wie ausgestorben. Ohne auch nur einen Menschen zu treffen komme ich ans Meer. Vor mir liegt ein Lichtermeer. All die Bojen draußen im Watt blinken. Ich entspanne mich – was hat mich eigentlich so aufgewühlt? Ich weiß es nicht, aber hier zu sein beruhigt mich.

Irgendwann gehe ich langsam zurück zum Zelt. Auch die Innenstadt ist reizvoll in der Dunkelheit. Ich bin froh, sie nun auch um diese Zeit gesehen zu haben. Dankbar krabble ich in den Schlafsack, meine Augen fallen sofort zu. Als ich sie das nächste Mal öffne, denke ich, das Zelt stände unter Beschuss. Unglaublich laut schlagen Regentropfen auf die Plane, geben mir das Gefühl als würde gerade die Welt untergehen. So habe ich nicht die geringste Lust aufzustehen. Viel lieber packe ich ein Buch aus und verliere mich in einer Fantasywelt. Als der Regen endlich nachlässt, ergreife ich die Chance und verlasse das Zelt. Ich muss lachen: Was sich drinnen wie ein bedrohlicher Wolkenbruch angehört hat, entpuppt sich als kaum mehr als ein Nieselregen.

Neben dem Supermarkt führt mich mein Weg auch in ein Käsegeschäft. Und ich habe Glück, sie haben Brokkel! Ohne nachzufragen schneidet man mir, kaum nenne ich den Namen, ein Stück zum Probieren ab. Ich lasse es noch, nachdem ich mit einem guten Stück Käse das Geschäft verlasse, auf der Zunge langsam zergehen. Bei dem aktuellem Wetter steht mir der Sinn nicht großartig nach Ausflügen, stattdessen lege ich mich ins Zelt und frühstücke.

Als es endlich aufhört zu regnen, raffe ich mich schnell auf. Mein Weg führt mich direkt zum Meer. Ich entscheide mich dafür, den Deich des Vorhafens unsicher zu machen. Mit jedem Schritt werden die Geräusche der Stadt immer weniger, es wird ruhig. Ganz am Ende des Deiches lasse ich mich nieder. Ich kann raus auf die See blicken, den Schiffen beim Ein- und Ausfahren zusehen und habe das Gefühl, die Stadt vom Meer aus zu sehen. Es ist etwas kühl, aber ein perfekter Platz zum Tagträumen. Ich verliere jegliches Zeitgefühl, sitze einfach nur da und sehe raus aufs Meer, ohne etwas zu tun. Alles ist genauso, wie es sein soll.

Fremde Stimmen reißen mich aus diesem Zustand. Drei Menschen nähern sich mir – seit ich hier draußen bin, die ersten. Schnell reiße ich mich zusammen und frage, ob sie ein Bild von mir machen können. Es ist einfach etwas anderes als ein Selfie.

Danach sitze ich einfach wieder da, genieße die Atmosphäre und mache gelegentlich Fotos. Entspanne mich, genieße den Moment.

Eben noch habe ich im Tourismusbüro meinen Wetterbericht aktualisiert, jetzt stehe ich im Hafenkontor. Da gestern noch nicht klar gewesen ist, ob ich ein oder zwei Nächte bleibe, habe ich noch nicht gezahlt. Das ist schnell geklärt, ich bleibe eine weitere Nacht und bezahle. Die zwei Vereinsmitglieder im Büro amüsieren sich zusammen mit mir über die Summe. Für zwei Nächte hier, mitten in der Stadt, bezahle ich nur 6,90 €. Und das in der Hauptsaison. Unglaublich.

Am frühen Nachmittag mache ich mich wieder auf in die Stadt. Dieses Mal wandere ich bewusst durch die Stadt. So viele tolle Boote liegen hier, umgeben von alten Gebäuden, die selbst mich immer wieder ins Schwärmen bringen. Ich werde etwas wehmütig bei dem Gedanken, dass ich wahrscheinlich das letzte Mal mit BEA hierhergekommen bin. Andererseits, wenn ich das nächste Mal komme, wird es bestimmt von der Seeseite aus sein. Oder aber, wenn ich von Harlingen raus aufs Meer gehe. Bei dem Gedanken übermannen mich Glücksgefühle.

Ich bin eben erst am Meer angekommen, als es anfängt stark zu regnen. Kurzerhand drehe ich mich um und gehe zu Molly's. Das muss einfach sein, wenn ich nach Harlingen komme.

Zu meiner Freude schaffe ich es, auf Niederländisch zu bestellen, zu bezahlen und mich nach dem Essen zu verabschieden. Man hatte mich zuerst auf Deutsch angesprochen, am Ende aber auf Niederländisch mit mir geredet. Ich bin stolz.

Ich lasse bereits den Tag ausklingen, als mir klar wird, wie dumm das eigentlich ist. Noch bin ich nicht müde. Und die Sonne ist noch nicht untergegangen! Also, was mache ich hier?

Schnell schlüpfe ich in wärmere Kleidung, bei fortschreitender Stunde wird es kühler, dann geht es zum Meer. Aufgrund der grauen Wolkendecke sieht man nicht viel vom Sonnenuntergang, trotzdem gefällt es mir hier sehr gut. Ich weiß nicht, wann die Sonne tatsächlich untergegangen ist, aber zu dem Zeitpunkt, an dem ich das Ende des Vorhafendeiches erreiche, ist sie auf jeden Fall längst verschwunden. Es wird dunkel, ich kann draußen bereits die ersten Bojen deutlich leuchten sehen. Der Blick auf die See ist wunderschön. Bald aber will ich zurück zum Zelt. Es ist kühl.

Als ich mich umdrehe, sehe ich Harlingen: Die ganze Stadt leuchtet. Ich dachte, Harlingen wäre schön bei Tag, aber das hier übertrifft alles. Ich bin überwältigt von der Aussicht. Dass ich eben noch zurückgehen wollte: vergessen.

Von Minute zu Minute wird es dunkler, bald schon verschwinden die letzten Konturen, ich kann nur noch die Lichter sehen. Es ist wie in einem Traum.

Auf dem Rückweg fängt es an zu regnen, aber das ist mir egal. Trotz des Regens ist es so schön hier, dass ich meine Schritte nicht beschleunige. Grinsend wird mir klar, dass ich alleine heute schon mehr Regen abbekommen habe, als in den zwei Wochen, die ich im März unterwegs war.

Kapitel 16.

Dienstag, der 1. September 2015

Kurz nach Mitternacht weckt mich der Wind. Erst vor wenigen Stunden war ich am Meer, da war das Wasser glatt. Jetzt pfeift ein starker Wind durch den Hafen, der das ganze Zelt heftig durchschüttelt. Ich werde nervös, der Boden gibt dem Zelt kaum Halt. Kurzerhand gehe ich nach draußen und spanne sicherheitshalber ein paar zusätzliche Leinen. Dann geht es wieder ins Zelt. Mehr kann ich nicht machen.

Der Wind weht noch immer stark, als ich das Zelt verlasse. Ein paar Meter weiter weg wird der Wind schwächer. Es scheint, als würde mein Zelt genau in einer Windeinfallschneise stehen. Gut, dann kann ich heute weiter. Zunächst geht es zum Supermarkt, Frühstück kaufen. Dann weiter ans Meer. Mein Herz schmerzt. Ich weiß, dass dies der Abschied ist. Traurig und glücklich zugleich stehe ich an der Wasserfront, atme den Duft der See ein, lausche den Wellen und genieße die Aussicht. Hoffentlich ist dies das letzte Mal, dass ich nicht raus kann. Es zerreißt mir das Herz, hier zu stehen und mich zu verabschieden. Vor allem: Ich könnte ja bleiben, ich habe noch Urlaub. Mit dem Zug erst nach Leuwaarden, dann nach Stavoren und schließlich zu Fuß nach Warns, das Auto holen. Dann könnte ich hier BEA abbauen und bleiben.

So sehr ich aber die See liebe, so sehr will ich auch weitersegeln. Oder, was heute betrifft, weiter paddeln. Einfach weiter auf dem Wasser unterwegs sein.

Bis ich schließlich ablege, ist es bereits 11 Uhr, eigentlich viel zu spät. Ich würde viel lieber wieder ans Meer, aber ich muss mich sputen, habe kaum Zeit, all die schönen Boote am Kanalrand auch nur eines Blickes zu würdigen.

Am Stadtrand ergreift mich der Wind. Er weht ordentlich – glücklicherweise aus der richtigen Richtung. Ich werde geschoben.

Die Landschaft zieht an mir vorbei, dank des Windes muss ich mich kaum anstrengen. Selbst die Wolken über mir wollen mich nicht ärgern. Statt an das zu denken, was ich zurücklasse, konzentriere ich mich auf das, was ich habe, und freue mich einfach darüber, hier zu sein. Ein viertes Mal durchquere ich Kimswerd und auch dieses, das wohl letzte Mal, lege ich keine Pause ein. Aber es ist schön hier und ich freue mich, diesen Ort wie so viele andere Dörfer, wenigstens im Vorbeisegeln, für mich entdeckt zu haben. Und wer weiß schon, was die Zukunft bringt. Vielleicht komme ich ja noch mal hierher.

Ich habe kaum Zeit, meinen Gedanken nachzuhängen, schon bin ich vorbei. Der Wind schiebt mich unermüdlich vorwärts.

Ich bin froh, die Strecke noch mal genießen zu können. So dankbar ich auch für den Schlepp vor zwei Tagen bin, ich hatte kaum die Möglichkeit, das hier wertzuschätzen.

Es ist schon 16:30 Uhr, bis ich Witmarsum durchquert habe. Neben mir ist die Windmühle, gleich danach kommt der Campingplatz. Soll ich bleiben? Nein, ich wollte nach Bolsward. Noch habe ich ein paar Stunden Zeit, das sollte zu machen sein. Schlimmstenfalls komme ich erst kurz nach Sonnenuntergang an.

So lasse ich auch diesen Ort hinter mir, jedoch nicht, ohne mich an der Windmühle und dem kleinen Haus gleich daneben zu erfreuen.

Obgleich ich bei meinem ersten Törn schon mal hier war, habe ich nur wenige Erinnerungen an diesen Streckenabschnitt. Ich erinnere mich lediglich an einige wenige Kleinigkeiten. So ist es toll, noch einmal hier zu sein. Mein vorschnelles, wenig positiv ausgefallenes Urteil von damals war eindeutig ungerechtfertigt. Mich umgibt auch weiterhin Natur und Ruhe, ganz so, wie ich es am liebsten habe. Während ich meinen Weg nach Süden fortsetze, spüre ich die Anstrengung in meinen Armen und, was noch schlimmer ist, es wird unbequem. Trotzdem mache ich weiter, die meiste Zeit lenkt mich die wundervolle Umgebung ab. Es geht vorbei an einem Dorf, das sogar eine Art kleinen Hafen zu haben scheint.

Ich rudere weiter und weiter. Plötzlich sehe ich zu meiner Linken die winzige Windmühle und daneben das riesige Windrad. Der Anblick amüsiert mich jedes Mal aufs Neue.

Auf der anderen Uferseite kann ich nun tatsächlich Industrie erkennen. Es ist nur halb so schlimm wie in meiner Erinnerung. Die Gebäude sind zwar nicht schön und der Lärm der nahen Straße schwappt über den Kanal, aber wenn ich einfach in die andere Richtung sehe, löst sich das Problem in nichts auf.

Kurz vor den Toren der Stadt kommt von hinten ein Motorboot. Es ist ein Stahlboot, das aussieht wie ein Schlepper. Es ist ein niederländisches Pärchen, etwa in meinem Alter, das seinen Urlaub damit verbringt, mit dem Boot durch sein Land zu fahren. Sie bieten mir an, mich den Rest des Weges zu schleppen. Eine Sekunde überlege ich, dann nehme ich an. Zeitlich hätte ich es auch so, noch vor Sonnenuntergang, in den Hafen geschafft, aber ich bin bequem. Es wäre was anderes, könnte ich noch segeln, aber bis zum Hafen kann ich sowieso nur rudern. BEA wird querab genommen und die Fahrt geht weiter. Wir unterhalten uns. Ich erfahre, woher sie kommen und etwas mehr über ihr Boot. Eigentlich bin ich ja kein Motorboot-Fan, aber wenn ich mir ein Motorboot kaufen würde, dann wäre dieses eindeutig ganz vorne auf meiner Wunschliste dabei. Es sieht tatsächlich gut aus. Nachdem der neugierige Bootshund mich ausgiebig beschnuppert hat, bin ich akzeptiert.

Wir fahren in einem angenehmen Tempo, in dem man sich gut die Landschaft ansehen und unterhalten kann, gleichzeitig aber auch ordentlich vorankommt. Bald erreichen wir die Stadtmitte, es wird Zeit, sich zu verabschieden. Ich muss zusehen, einen Platz für die Nacht zu bekommen. Sie wollen in ein Restaurant gehen und biegen dafür auf einen Kanal in die Altstadt ab. Ich mache derweil am nächsten Steg fest. Noch bevor ich an Land bin, sehe ich den Hafenmeister, kurze Zeit später ist klar, dass ich – schon wieder – mein Zelt in einer Stadt aufstellen kann.

Als das erledigt ist, geht es für mich ebenfalls in die Stadt – ich habe keine Lust auf Pasta. Während ich durch die Stadt laufe, bewundere ich ihre Schönheit. Ich wundere mich ein wenig, dass hier sonst keine Segler sind, alle anderen Boote im vollen Hafen sind Motoryachten. Ich laufe weiter, sehe mich um. Nur etwas zu essen finde ich nicht. Die Restaurants, die noch offen haben, liegen alle nicht in meiner Preisklasse. Und das, was ich eigentlich gesucht habe, einen Imbiss, finde ich nicht. Schließlich hake ich das Thema ab und schlendere einfach durch die Stadt. Immerhin finde ich für das Frühstück am nächsten Morgen einen Bäcker.

Bolsward.

Zurück im Hafen laufe ich den beiden Niederländern, die mich geschleppt haben, in die Arme. Sie hatten wohl beim Einfahren in die Stadt Probleme, etwas hatte sich in der Schraube verfangen. Ich biete ihnen meine Hilfe an, die sie aber nicht benötigen. Es ist wohl nicht das erste Mal, dass ihnen so etwas passiert, sie wissen sich zu helfen.

Da ich immer noch nichts gegessen habe, bereite ich mir eine Fertigmahlzeit-Pasta zu, um meinen Hunger zu stillen. Auf einer Bank sitzend, genieße ich die Umgebung. Obwohl ich hier mitten in der Stadt und in einem Hafen sitze, ist es ruhig. Schließlich greife ich zum Buch und lese es zu Ende. Dann esse ich, mache Notizen. Gegen Ende mithilfe meiner Stirnleuchte. Erst nachdem es mir zu kühl wird, beende ich den Tag. Mir gefällt es hier und ich bin froh, wieder unterwegs zu sein.

Mittwoch, der 2. September 2015

Meine Sachen sind bereits zusammengepackt, als ich mit einem Brötchen und einem Croissant vom Bäcker zurückkomme. Ich genieße mein Frühstück im noch friedlichen Hafen. Die meisten anderen Boote können noch lange nicht los, die Brücke versperrt ihnen die Ausfahrt. Als ich fertig bin, rudere ich die wenigen Meter aus der Stadt raus, dann baue ich das Rigg auf. Endlich, ich kann wieder segeln!

Der Wind fasst ins Segel, ich spüre, wie er schiebt. Es ist angenehm, ich mache deutlich, aber kontrolliert Fahrt. Schon bald bin ich an den letzten Gebäuden vorbei und mitten auf jenem ruhigen, idyllischen Kanal, an den ich mich noch aus dem letzten Jahr erinnere. Ich bin umgeben von Schilf, Vögeln und Fischen. Den Moment genießend, segle ich gen Süden. Immer wieder versuche ich, meine Position zu bestimmen, es gelingt mir allerdings mehr schlecht als recht.

Zumeist sehe ich nichts anderes als den Kanal und Schilf, somit liegt der Schwerpunkt auf den Bewegungen, die der Kanal macht. Aber da ich einfach dem Kanal folgen muss, ist es nur halb so wild. Ich passiere einen Angler, der mich stumm grüßt. Kurz darauf sehe ich voraus ein Dorf und in diesem die erste Brücke. Sie ist rot, und noch während ich mich nähere, schaltet sie um auf rot-grün. Ich komme gerade rechtzeitig, um einfach darunter hindurchzufahren. Dankbar grüße ich den Brückenwärter. Ich segle an Fijfjhus, einer friedlich wirkenden Ansammlung von Häusern vorbei. Mir fällt auf, dass ich viel zu schnell bin – dabei habe ich den ganzen Tag Zeit, um bis nach Sneek zu kommen. Bei meinem aktuellen Tempo werde ich aber bereits in wenigen Stunden da sein.

Es ist zu schön, hier zu segeln, warum also trödeln. An der nächsten Brücke muss ich auf ein weiteres Boot warten, habe aber Glück, es kommt bereits wenige Minuten nach mir an. Gleich hinter der Brücke trennen sich unsere Wege und ich genieße von meinem Logenplatz aus die Natur.

Während ich mich Ijylst nähere, sehe ich nachdenklich zum Himmel. Es ist bewölkt. Ob es wohl regnen wird? Ich schiebe den Gedanken beiseite, wenn, kann ich nichts daran ändern. So lange wie möglich will ich die Natur und den Anblick der alten Gebäude links und rechts von mir genießen. Und natürlich die Tatsache, dass ich segeln kann. Und das nutzen wir. Zügig bewegt sich BEA über das Easthimmer Mar und nähert sich der Eisenbahnbrücke. Diese ist, ich kann mein Glück kaum fassen, offen. Durch puren Zufall komme ich genau in dem Zeitfenster an, in welchem die Durchfahrt frei ist. Ein weiterer Grund zum Feiern.

Auch wenn die Natur hier der Zivilisation weicht, kann ich mich der Schönheit dieses Ortes nicht verschließen. Es ist unglaublich. An Land wie auf dem Wasser hat es den Anschein, als befände man sich in einem Freilichtmuseum. Ich denke einen Moment darüber nach, zu bleiben. Aber nein, ich will auch unter der nächsten Brücke durch, bevor sich das Zeitfenster schließt. An der Brücke muss ich warten. Und warten. Der Grund: Der Brückenwärter hat mich nicht gesehen. Durch einen mittellauten Ruf lenke ich seine Aufmerksamkeit auf mich, kurz darauf kann ich passieren. In diesem Moment öffnet der Himmel seine Schleusen. So schnell ich kann, schlüpfe ich, während ich segle, in mein Ölzeug. Ich will nicht abwarten, bis meine Hose komplett durchnässt ist.

Gleich hinter der Brücke mache ich BEA fest und gehe in einen Imbiss. Ich gönne mir Pommes mit Mayonnaise und eine Frikadelle.

Ich bin noch nicht wirklich fertig mit meiner Mahlzeit, als ich von einer Frau angesprochen werde. Sie ist die Veranstalterin eines Wassersportevents und muss wohl genau an der Stelle, an der ich BEA festgemacht habe, etwas für die kommende Veranstaltung vorbereiten. So ganz verstehe ich es nicht, wundere mich auch, da der Platz keineswegs gesperrt war. Was hätte sie wohl getan, hätte sich dort eine Yacht hingelegt und die Eigner, was ja ihr gutes Recht wäre, hätten einen längeren Spaziergang unternommen? Sie ist freundlich und macht keinen Stress. Ich soll meine Mahlzeit ruhig genießen und einfach mein Boot verholen, sobald ich fertig bin.

Ganz halte ich mich nicht an unsere Abmachung. Statt BEA nur zu verholen, lege ich kurz darauf ab und verlasse Ijylst. Es hat aufgehört zu regnen und ich freue mich auf einen weiteren schönen Segelschlag. Am Ortsausgang richte ich meine Augen auf die Steuerbordseite. Links liegt etwas Industrie, rechts dagegen erfreuen sie sich an einem Sportboothafen und einer Windmühle. Die Entscheidung ist einfach.

Langsam segelt BEA über einen See nach Sneek. Etwa auf halbem Wege kommen mir die ersten Stand-up-Paddler entgegen. Es scheint, als wäre dieses Rennen heute. Trotz der Wettkampfsituation grüßen mich fast alle Paddler freundlich, wenn sie an mir vorbeirasen. Beeindruckend, wie schnell sie sind.

Bald weicht die Natur einigen Industriegebäuden, kurz darauf erstreckt sich vor mir die Altstadt. Die ersten zwei Brücken öffnen sich für mich, als ich kaum in ihre Nähe komme. Dazwischen bewundere ich die alten Gebäude, die den Kanal säumen. Eine wirklich schöne Stadt. Und dieses Mal habe ich die Zeit, sie mir anzusehen!

Kurz vor der letzten Brücke werde ich von Beamten angesprochen. Gleich käme ein großes Schiff hier durch, ich solle bitte an der Seite festmachen. Kein Problem: Kurz darauf erreiche ich den Kanalrand. So richtig fest mache ich BEA nicht, ich werfe lediglich eine Leine über eine Stange und halte sie mit den Händen fest. Mal sehen was da kommt. Als sich die Brücke öffnet, staune ich nicht schlecht. Dass so was hier durchfährt! Das Schiff ist ein richtiges Frachtschiff, es passt kaum unter der Brücke durch. Und das soll durch die Altstadt? Der Frachter fährt entsprechend langsam. Dadurch hält sich der Sog- und Wellenschlag in Grenzen, was mir natürlich mehr als recht ist.

Beeindruckt blicke ich dem Schiff hinterher. Die Brücke schließt sich wieder. Erst sollen die wartenden Menschen und Fahrzeuge abgefertigt werden.

Als ich endlich unter der Brücke durch bin, mache ich auf der anderen Kanalseite neben einem Wassersportgeschäft fest. Ausgerüstet mit Kamera, Geldbeutel und einer großen Portion Neugierde geht es in die Stadt. Und ich verliebe mich sofort in sie. Eine große Einkaufszone in der Altstadt und viele kleine Gässchen locken mich an. Ich stolpere über einen Markt in ein Tourismusbüro und lande schließlich in einer Eisdiele. Hier gibt es die Eissorte „Pure Chocolate", die hält, was ihr Name verspricht. Mein Eis genießend, schlendere ich langsam zwischen den Altbauten umher. Sonst will ich nichts kaufen, und ein normaler Supermarkt scheint nicht in der Nähe zu sein. Das macht nichts, eigentlich brauche ich keinen.

Schließlich will ich wieder aufs Wasser. Sneek ist ein Highlight, ich bin überglücklich, sie mir endlich angesehen zu haben. Aber mein Herz will wieder zu BEA, zurück aufs Wasser. Und so geht es nach dem Stadtbummel nach Süden, langsam aus der Stadt heraus.

Unterwegs grüßt mich die jugendliche Crew eines Plattbodenschiffs ganz begeistert, erstaunt über mein Boot. Kurz darauf werden die Menschen am Ufer weniger, ich verlasse langsam die Stadt. Viel zu schnell segle ich über das Aquädukt, kurz darauf muss ich abbiegen. Nun liegt der Marrekrite-Platz vor mir. Auch wenn ich riesig Lust hätte weiterzusegeln – jeden Meter Ost, den ich heute mache, muss ich morgen gegen einen kräftigen Wind anrudern. Mit diesem Wissen beende ich schweren Herzens diesen wundervollen Segeltag. Den restlichen Tag verbringe ich damit, das Zelt aufzubauen, über die Insel zu spazieren und zu lesen. So geht der Nachmittag langsam in den Abend über. Der Abend belohnt mich mit einem wundervollen Sonnenuntergang. Eine tolle Art, einen Tag zu beenden.

Kapitel 17.

Donnerstag, der 3. September 2015

Beim Aufwachen höre ich den Regen an der Zeltwand. Es schüttet. Trotzdem bereite ich schon mal meine Sachen vor. Danach lese ich so lange, bis der Regen aufhört. Umgehend räume ich meine Sachen aus dem Zelt und baue es ab. Zu warten, bis es trocken ist, macht keinen Sinn. In der Ferne sehe ich bereits die nächste Regenfront heranziehen.

Das erste Stück des Weges kenne ich von meinem Wintertörn. Ich rudere über kleine Kanäle durch Häfen und die Randbereiche der Stadt. Trotz mancher schöner Gebäude und Schiffe gefällt es mir nicht: Auf dem Wasser ist eine riesige Ölschicht. Erst als der Kanal eine Kurve macht, verschwindet sie wieder. Allmählich entspanne ich mich, verlasse den Ort und bin wieder draußen auf dem Wasser. Ich nähere mich der letzten Brücke, als es wieder anfängt zu regnen. Es ist, als würde jemand Eimer mit Wasser über mir ausschütten. So schnell ich kann, bringe ich uns unter die Brücke, dann stoppe ich auf. Während BEA langsam weitertreibt, ziehe ich mein Ölzeug an. Ich kann das Ende der Regenfront nicht erkennen, also will ich da nicht ohne Schutz durch. Anschließend geht es mit kräftigen Paddelschlägen weiter, ich lasse die Häuser und Straßen hinter mir und finde mich schnell inmitten der Natur wieder. Vor mir liegen zwei größere Seen, gleich südlich von Sneek. Sie sind ein Naturidyll vor den Toren der Stadt. Im Moment ist zwar alles grau, trotzdem ist ihre Schönheit selbst im Regen zu erkennen. Noch schützt mich eine Landzunge vor dem Schlimmsten.

Ich grüße die zwei Fischer am Ufer, dann muss ich den Schutz verlassen. Kräftige Ruderschläge ermöglichen mir ein langsames Vorwärtskommen. Jede Welle will erklommen werden. Meine Fortschritte bemessen sich wohl eher in Zentimetern als in Metern. Wenigstens hat der Regen wieder aufgehört, ich orientiere mich an den Bojen. Hinter jeder Welle stürzt BEA ins Wasser. Obwohl die Luft kühl ist, beginne ich unter dem Ölzeug zu schwitzen. Es ist anstrengend, ermüdend und knifflig. Noch bevor ich die Hälfte geschafft habe, merke ich jeden einzelnen meiner Knochen. Mir bleibt trotzdem nichts anderes übrig, als weiterzumachen.

Ich habe schon eine gute Strecke zurückgelegt, als mir mehrere Inseln auffallen, die nicht auf der Wasserkarte zu sehen sind. Ich bin mir sicher, richtig zu sein, also sind die Inseln falsch. Die Anstrengung darf nicht umsonst gewesen sein, ich darf es nicht mal denken, dass ich falsch navigiert habe. Das wäre zu frustrierend. Ich merke, dass meine Kräfte nachlassen. Soll ich weiter, bis zum Kanal, auf dem offenen Wasser und gegen den Wind? Kurzerhand wechsle ich den Kurs, suche Deckung hinter den Inseln. Hoffend, dass es wirklich Inseln sind und nicht etwa eine Landzunge. Als BEA hinter den Bäumen Schutz findet, wird die Fahrt ruhig, geradezu bequem. Plötzlich kommen wir wieder gut voran.

Die Inseln gefallen mir. Ich atme auf: Es sind wirklich Inseln. Auf ihnen tobt das Leben. Tiere und Pflanzen beherrschen diesen Ort. Selbst der Wohnwagen, der auf einer der Inseln steht, sieht so aus, als ob die Natur ihn erobert hätte. Nach den Inseln wird es wieder anstrengender, aber nicht so anstrengend wie zuvor. Ich nähere mich dem Kanal, der See ist nicht mehr ganz so breit wie noch vor kurzem.

Als ich den Kanal endlich erreiche, ist das Schwierigste hoffentlich geschafft. Mal gegen den Wind, dann mit Wind von der Seite geht es weiter. Der Kanal ist gemütlich, aber langsam knurrt mein Magen. Ich habe noch nichts gegessen und habe auch nichts mehr, abgesehen von Tütenmahlzeiten. Der nächste Supermarkt auf meiner Route, von dem ich weiß, ist in Heeg. Von Zeit zu Zeit gibt es weitere kurze Regenschauer, die ebenso plötzlich aufhören, wie sie beginnen. Ich passiere Ijylst im Süden.

Besonders begeistert mich in diesem Streckenabschnitt ein ungewöhnliches Tier: ein weißes Lama. Ich habe ja viele Tiere unterwegs gesehen, aber ein Lama war noch nicht dabei. Es sieht mich neugierig an, während ich weiterpaddle.

Auf dem Weg nach Süden passiert mich ein Motorboot, das erste Boot, das ich heute sehe. Es geht wieder nach Süden, der Wind kommt von querab und stört mich nicht mehr. Die Natur, die mich umgibt, erfreut mich. Dann geht es wieder nach Westen, gegen den Wind. Ich bin erschöpft und nur der Gedanke, dass es danach eine ganze Zeit lang mit Halbwind weitergehen wird, lässt mich weitermachen. Trotzdem bin ich etwas enttäuscht. Ich hatte gehofft, das nächste Stück segeln zu können, aber der Wind ist zu stark. Vorbei geht es an einem Liegeplatz, weiter durch unberührte Natur. Als ich auf den Kanal in Richtung Heeg abbiege, sehe ich einen Blitz. Sekunden später rumpelt es laut. Eine Unwetterfront nähert sich mir, in der Ferne sieht es sogar so aus, als würde sich eine Windhose bilden. Besorgt sehe ich in Richtung Unwetter. Was jetzt? Zurück? Und dann? Oder weiter, versuchen, so schnell wie möglich nach Heeg zu gelangen?

Ich habe gerade ein paar weitere Ruderschläge gemacht, als ich ein Motorboot sehe, das sich mir von hinten nähert. Schnell greife ich zu einer Leine und halte sie hoch. Vielleicht habe ich ja Glück. Tatsächlich, das Motorboot stoppt auf, sie nehmen mich ins Schlepp.

Das Tempo ist ordentlich. Da ich mittlerweile zwischen Blitz und Donner keinen Zeitunterschied mehr erkenne, bin ich sehr froh darüber. Der Wind ist stark, drückt auf BEA und mich. Immer wieder blickt sich der Skipper des Motorboots nach mir um. Mit Handzeichen gebe ich ihm zu verstehen, dass alles gut bei mir ist. Seine Frau kommt raus und bietet mir an, für mich eine heiße Suppe zu kochen. Ich bin unglaublich dankbar, lehne aber ab. Ich will nur noch in den nächsten Hafen, BEA sichern, raus aus diesem Unwetter. Und Heeg ist nicht mehr weit.

Kurz darauf biegt das Motorboot auf den Kanal in die Stadt ab und schleppt mich, bis eine Brücke ihnen das Weiterkommen versperrt. Ich bedanke mich, bin erleichtert hier zu sein. Was ein Glück: Bei dem Unwetter da draußen auf dem Wasser, das wäre ein Kampf geworden. Das Boot entfernt sich, Heeg war eigentlich gar nicht ihr Ziel. Im Schutz der Häuser geht es weiter in die Stadt. Am Rand fallen mir einige schöne Boote auf, viele kleinere, traditionelle Plattbodenschiffe liegen am Rand des Kanals. Dann komme ich in der Altstadt an und mache BEA fest. Das Unwetter ist zum Glück weitergezogen, aber ich habe Hunger und bin völlig erschöpft. Neben BEA sitzend lasse ich es mir schmecken. Ich brauchte dringend Zucker.

Eine Jugendgruppe fährt mit Kanus auf die Gewässer hinter der Stadt. Ich denke nach. Eigentlich hatte ich vorgehabt, heute bis zum

Grutte Gaastmeer oder sogar Workum zu paddeln. Aber das schaffe ich auf keinen Fall. Mir fehlt die Zeit. Also Heeg. Die einzige Wahl, die ich habe, ist die zwischen dem Liegeplatz gleich außerhalb der Stadt und dem Passantenhafen. Schnell ist die Entscheidung gefallen, ich habe nicht mehr viel zu lesen und hier in der Stadt kann man sich besser vergnügen. Ich lege also ab und rudere raus aus der Stadt.

Das Heeger Meer empfängt mich mit schlechter Laune: Hohe, kurze Wellen packen BEA, werfen sie umher. Der Wind heult. Eigentlich ist es nur ein Katzensprung, das Heeger Meer tut aber alles, um mich aufzuhalten. Hinter jeder Welle kracht BEA ins Wellental, wird abgestoppt. Gischt fliegt über BEAs Schläuche und raubt mir die Sicht. Immer wieder werde ich zurückgedrängt.

Zu allem Übel ist der direkte Weg durch Fischernetze versperrt, ich muss außen herum und immer weiter vom Ufer weg. Es ist anstrengend. Ein Kraftakt, für den mir eigentlich die Kraft fehlt. Endlich bin ich auf Höhe der Fischernetze. Nur Zentimeter neben der Abgrenzung rudere ich entlang, der Wind kommt schräg von vorne und versucht, mich abzutreiben. Aber ich schaffe es, die Hafeneinfahrt liegt vor mir.

Mit den allerletzten Kraftreserven bringe ich BEA in den Vorhafen. Schnell werden die Wellen kleiner, der Wind schwächer, während ich BEA in den Hafen rudere. Erst lege ich an der Rampe im Vorhafen an, dann sehe ich, dass hier gebaut wird. Der Bereich ist, wenn man vom Hafen kommt, abgesperrt. Also geht es richtig in den Hafen rein und ich mache BEA in einer Ecke fest. Der Hafen ist zwar gut besucht, aber weit davon entfernt, überlaufen zu sein. Kurz nach dem Festmachen stehe ich beim Hafenmeister und bekomme die Erlaubnis zu bleiben. Ich habe 1,5 Stunden für die Strecke über das Heeger Meer gebraucht, ich kann nicht mehr.

Schnell ist das Zelt aufgebaut, meine Sachen lasse ich daneben liegen. Das Zelt ist noch klitschnass. In der Zwischenzeit beobachte ich ein Motorboot, das offensichtlich Probleme beim Anlegen hat. Es läuft zivilisiert ab, kein Geschrei, aber die Crew hat eindeutig Schwierigkeiten. Der ganze Hafen gönnt sich bereits das Hafenkino, nur ich entscheide mich, bereitzustehen, falls man an Bord Hilfe benötigt. Die Frau des Skippers bemerkt, dass ich sie beobachte. Kurz darauf bittet man mich tatsächlich um Hilfe. Ich nehme eine Leine an und ziehe das Boot in Position. Anschließend mache ich das Boot noch provisorisch fest – am Ende hat sowieso jeder Skipper seine eigene Vorstellung, wie sein Boot vertäut werden sollte.

Zurück beim Zelt räume ich meine Sachen ins Innere, bereite das Nachtlager vor und lese. Um 17 Uhr schnappe ich mir meine Sachen und gehe duschen. Später geht es in die Stadt. Erst laufe ich durch die Innenstadt, überall wird Deutsch gesprochen. Es ist viel los, für mich zu viel. Also drehe ich mich um und laufe in die Randbereiche. Hübsche Häuser, kleine Gassen und wenige Menschen, allesamt Einheimische, erwarten mich hier. Es ist schön, ruhig. Angenehm.

Während ich am Abend im Zelt liege, träume ich. Ich weiß, was ich will.

Freitag, der 4. September 2015

Endlich hört es auf zu schütten. Nachdem ich fertig bin mit Packen, ist auch das Zelt fast schon trocken. Ich will weiter.

Als ich den Vorhafen verlassen will, ergreifen mich Wind und Wellen. Es geht zunächst gegen den Wind. Wasser kommt über, alles ist weiß. Immer wieder fällt BEA mit einem lauten Knall die Wellen hinab. Ich muss gegenan rudern, um nicht in die Fischernetze getrieben zu werden. Eigentlich möchte ich nur an ihnen vorbei zurück in die Innenstadt, aber ich könnte wie ein Fisch im Netz enden. BEA wird hin- und hergeworfen, ich muss mich konzentrieren, um sie stabil zu halten.

Bumm.

BEA knallt wieder eine Welle runter. Das Wasser spritzt, für einen Moment sehe ich überhaupt nichts mehr. Die nächste Welle schlägt gegen den Rumpf, einige Liter Wasser laufen ins Innere. Ich sitze bis zu den Knöcheln im Wasser. Und BEA schlägt quer, die Wellen schieben sie schnell in Richtung der Netze.

Das Paddel greift ins Wasser, schiebt BEA die nächste Welle hoch.

Bumm.

Die Netze sind nur noch wenige Meter hinter mir. Meine oberste Priorität ist, von ihnen wegzukommen. Statt wie bisher zu versuchen, weiter rauszukommen, um sie zu passieren, rudere ich jetzt auf direktem Weg aus der Gefahrenzone.

Bumm.

Wieder schlägt BEA nach unten. Wasser spritzt, alles ist nass.

Bumm.

Eine Welle hat BEA von der Seite erwischt, erneut schlägt sie quer. Aber jetzt bin ich schon einige Meter von den Netzen entfernt. Mit etwas Glück könnte meine verrückte Idee klappen. Statt weiter gegenan, rudere ich querab zu Wind und Wellen. BEA wird mehr abgetrieben, als sie überhaupt vorwärtskommt.

Die Netze kommen schnell wieder näher. Ich habe nur noch Sekunden, dann hänge ich drin. Ein weiteres Mal hole ich mit dem Paddel aus, ein letzter, kraftvoller Schlag. BEA wird umhergeworfen, die Wellen heben sie an und drücken sie wieder runter. Im Vergleich dazu ist eine Achterbahn ein Kinderspielplatz. Dann packe ich die Pinne, reiße sie zu mir, drehe BEA auf Vorwindkurs. Wir treiben nur einen Fingerbreit neben dem äußersten Pfosten des Fischgebiets vorbei. Ich habe es geschafft! Wind und die Wellen kommen nun von hinten, nehmen BEA immer wieder mit, als besäße sie trotz allem, was sich auf ihr befindet, kein Gewicht.

Jetzt, mit dem Wind von hinten, ist es angenehm. Ich muss nicht weiter paddeln, werde einfach zum Kanal gespült. Eine schöne Strecke und eine Möglichkeit, mich zu erholen.

In der Innenstadt mache ich BEA fest, kaufe mir ein Frühstück und sehe mir den Wetterbericht an. Die heutigen Böen, sollen sich morgen beruhigen. Wenn ich also heute nicht weiter komme, war es das. Ich muss es versuchen. Also verlasse ich die Stadt über einen kleinen Kanal. Der Weg raus ist wunderschön. Ich finde mich in einem Naturparadies wieder.

Der Wind kommt direkt von vorn, ich muss wieder paddeln. Und das ist anstrengend. Jeder Meter will erkämpft werden. Trotzdem erfreue ich mich an der Umgebung. Je weiter ich komme, desto schwerer wird es. Ich versuche, mich im Windschatten zu halten, aber schnell wird klar: Einen Windschatten gibt es heute nicht. Ich befinde mich auf einem kleinen See, einem Randgewässer. Selbst hier erwarten mich Kreuzseen, Wasser spritzt mir ins Gesicht. Und dann fängt es schon wieder an zu regnen. Das Wasser kommt direkt von vorn, dringt durch die Kapuze unter mein Ölzeug. Aus Metern werden Zentimeter, aus Zentimetern wird Stillstand. Ich paddle mit aller Kraft und komme nicht vorwärts, muss darum kämpfen, meine Position zu halten. Durch die Böen werde ich zurückgetrieben. Und wenn ich mühevoll Strecke mache, wird der Wind nur noch stärker. Es hat keinen Sinn, ich drehe bei. Was ich zuvor in Stunden zurückgelegt habe, passiert nun in wenigen Minuten. Nur einmal greife ich zum Paddel, als mich der Wind auf eine Schilfbank drücken will. Ansonsten lasse ich mich von den Wellen zurück nach Heeg schieben. Es war unglaublich anstrengend, trotzdem habe ich es genossen. Es war ein letztes Auflehnen, ein letztes Entdecken. Mir ist klar, was das bedeutet: Montag muss ich zurück in Deutschland sein, wenn ich heute nicht weiterkomme, kann ich das auch morgen nicht. Und am Sonntag ist es zu knapp. Also endet der Törn heute.

Umso glücklicher bin ich, den Törn mit dem Ausflug in dieses Hinterland zu beenden. Es ist wohl fürs Erste der letzte Frieslandtörn mit BEA. Ich will raus aufs Meer. Und je nachdem, wo mir das gelingt, brauche ich dafür ein anderes Boot. Oder vielleicht nicht? BEA hat bewiesen, was sie kann. Solange ich die nötige Zeit habe, auch mal eine Schlechtwetterfront abzuwarten, traue ich ihr mittlerweile zu, überall zu segeln, wo das Ufer nahe und die Gezeiten schwach sind. Sie ist eine Kriegerin.

In der Stadt muss ich wieder paddeln. Ich rudere nach Osten, bis ich einen Ort finde, an dem sie an Land kann.

Dann geht es zu einer Bushaltestelle. Es gibt keine direkte Verbindung, die von hier nach Warns oder Heeg führt. Ich müsste über Sneek und darauf habe ich keine Lust. So laufe ich kurzerhand in vollem Ölzeug und Neoprensandalen weiter. Mein neues Ziel ist nicht mehr die Bushaltestelle, sondern Warns. Es geht aus der Stadt raus, zur Navigation habe ich nur die Wasserkarte. Sollte die Fähre über den einen Kanal führen ist alles gut. Ansonsten nehme ich morgen einen Bus.

Auf halbem Wege zwischen Warns und Gaastmeer hält neben mir ein Auto mit einem jungen Mann. Er bietet mir an, mich ein Stück mitzunehmen. Gerne nehme ich an und bin kurz darauf in Gaastmeer. Ein schöner Ort. Über eine Brücke geht es weiter, dann muss ich mich entscheiden. Bleibe ich auf dem geteerten Weg oder folge ich dem Pfad? Nach wenigen Metern auf dem geteerten Weg entscheide ich mich um. Gefühlsmäßig müsste die Fähre weiter südlich liegen, da wo der Pfad verläuft. Ich liege richtig und bald erreiche ich die Fähre, meine letzte Bootsfahrt beginnt.

Der Wind ist stark. Es dauert, bis die Fähre ablegen kann. Immer wieder wird sie zurück auf ihren Liegeplatz gedrückt.

Während ich weiter in Richtung Warns laufe, regnet es erneut. Es ist kalt. Mittlerweile ist meine Kleidung unter dem Ölzeug nass, Dank des extrem starken Windes fliegen die Regentropfen unter die Kapuze.

Immer wenn ich ein Auto von hinten kommen höre, hebe ich den Daumen. Die wenigen Wagen, die vorbeikommen, halten nicht an. Nicht dass ich etwas anderes erwartet hätte. Ich kann nicht sagen, ob ich angehalten hätte, wenn ich mich gesehen hätte.

Meine Füße schmerzen, meine Schuhe sind für solche Bedingungen absolut ungeeignet. Der Wind ist so stark, dass ich mich zeitweise dagegen lehnen muss. Obwohl ich an Land bin, orientiere ich mich an Landmarken. Seglerroutine eben. Trotz aller Probleme, die Umgebung ist abermals lieblich.

Wieder geht es durch einen Ort, wieder halte ich bei allen herannahenden Autos einen Daumen hoch. Wirklich Hoffnung habe ich nicht. Ich bin eigentlich kein Tramper, aber meine Füße schmerzen und ich bin wirklich erschöpft und habe nichts mehr zu verlieren. Ich habe den Point of no Return erreicht. Ich schaffe es zu Fuß weder zurück nach Heeg noch an einen Ort, an dem ich ein Nachtlager aufschlagen kann. Jedenfalls nicht rechtzeitig vor Sonnenuntergang. Aber ich habe auch schon mehr als die halbe Strecke bis Warns hinter mir, somit ist das nicht sonderlich schlimm.

Bis Koudum ist die Navigation mit der Wasserkarte erstaunlich effektiv, dann wird es schwierig. All die Straßen in der Stadt sind nicht eingezeichnet, schließlich halte ich mich sonst am Kanal. Mir bleibt nichts anderes übrig, als es weiterhin so zu halten. Das ist zwar etwas weiter, würde ich mich verlaufen, wäre allerdings auch nichts gewonnen. Je weiter ich in die Stadt komme, desto mehr Dekoration sehe ich. Es scheint, als würde ein maritimes Fest anstehen. Ich laufe weiter, vorbei am Yachthafen und bald geht es raus aus der Stadt.

Schließlich komme ich nach Molwerkum, ein Ort, der mir sofort gefällt. Es ist gemütlich hier. Soll ich vielleicht eine Pause machen? Nur eine kurze, denn wenn ich es vor Sonnenuntergang mit dem Auto zurück nach Heeg schaffen will, um BEA abzubauen, muss ich mich ranhalten.

Dann höre ich ein Auto, starte einen letzten Versuch und halte einen Daumen hoch. Das Auto hält. Drinnen sitzt eine etwas ältere Frau, die mich fragt, wo ich denn hin möchte. Schnell ist klar, dass sie sowieso nach Warns fährt und mich mitnimmt. Bei so einem Wetter könne sie mich nicht einfach stehen lassen, sagt sie. Wir unterhalten uns während der Fahrt. Nachdem sie hört, dass ich von Heeg komme, fährt sie mich bis zu meinen SMART.

Ich suche ein letztes Mal den Hafenmeister auf und unterhalte mich mit ihm. Es tut gut, ein angenehmes Gespräch. Als ich gehe, verabschiedet er sich mit einem „Bis zum nächsten Mal!“ Erst als ich im Auto sitze und losfahre, wird mir klar, dass es so schnell kein nächstes Mal geben wird. Jedenfalls nicht hier. Mehrfach muss ich unterwegs anhalten, meine Emotionen überrumpeln mich.

In Heeg ist BEA schnell abgebaut und verpackt, kurz vor Einbruch der Nacht fahre ich zurück nach Deutschland. Ich bin aufgewühlt. Das war‘s dann. Der letzte Urlaubstörn mit BEA nach Friesland. So ein tolles Boot – auch wenn sie stets das kleinste Boot war: Für mich ist sie die Tapferste von allen.

Sie hat mir eine neue Welt gezeigt, ein neues Leben. Sie ist die Größte.

Ich liebe dich, meine Kleine.

Ein Hauch von Schicksal.

Gemütlich laufe ich am Strand entlang. Gleich neben meinen Füßen rollen die Wellen der Nordsee an den Strand, der immerzu pustende Wind treibt die salzige Luft in meine Lungen. In der Ferne sehe ich Neuwerk, so weit ich sehen kann, erstreckt sich die See. Aufgereiht wie an einer Kette fahren die großen Tanker auf der Außenelbe, ganz gleich ob Tag oder Nacht. Obgleich ich jetzt schon seit ein paar Monaten hier lebe, kann ich es noch immer nicht so ganz glauben. Was für Wege das Leben nimmt. Verrückt. Es ist keine zwei Jahre her, da habe ich BEA gekauft. Sie war eine Notlösung. Mal ehrlich: So ein 2,40-Meter-Schlauchboot mit einem Segel dran? Aber der Preis war gut und für zwei Wochen auf einem Baggersee sollte es reichen. Macht ja Spaß. Ein wenig segeln, ein wenig am Badestrand entspannen. Vielleicht ein Spaziergang und ein gutes Buch lesen. Nichts Großartiges. Dann war der Campingplatz ausgebucht und ich hätte zu viele Kompromisse machen müssen. Also ging es statt auf einen Baggersee auf die Friesischen Meere.

Ich bin ein einziges Grinsen, als ich zum Horizont blicke. Zwischen den großen Frachtern entdecke ich auch immer wieder die aus der Ferne winzig erscheinenden Segel einiger Yachten.

Wie viele Zufälle doch zusammen gekommen sind. Dass ich ausgerechnet BEA gekauft habe, statt etwas zu chartern oder eine Jolle auf einem kleinen See zu mieten. Und dann, das Unwetter auf dem Sloter Meer. Es war auf meinem ersten Törn ein Wendepunkt. Gut möglich, dass ich ansonsten einfach weiter binnen gesegelt wäre. Doch nach dem Unwetter wollte ich ans Meer.

Und dann, jener schicksalhafte Tag: der 29. August 2014. Mit BEA habe ich mich bis ans Meer in Harlingen vorgearbeitet. Bin auf den Deich geklettert. Und wusste plötzlich, was ich wollte. Ein Ziel, das mich seitdem nicht mehr losgelassen hat. Etwas, an das ich jeden Tag denke, jeden Tag denken muss.

Heute ist ein schöner Tag. Am liebsten hätte ich schon ein eigenes, seegängiges Boot, damit ich jetzt dort draußen sein könnte. Wo genau? Eigentlich egal. Hauptsache auf See. Sie ist mein Ziel.

Erneut muss ich an BEA denken. An Tagen wie heute bin ich versucht, sie ins Wasser zu werfen und mit ihr Kurs auf Neuwerk zu nehmen. Doch abgesehen davon, dass mir die Ausrüstung fehlt: Ich weiß, dass dies zu viel für meine Kleine wäre.

Dabei bin ich nach wie vor begeistert von ihr. Nicht nur auf dem ersten Törn hat sie sich bewährt. Im Winter, bei eisigen Temperaturen und zu oft starken Wind hat sie mir tapfer einen Törn geschenkt, der nicht schöner hätte sein können. Und auch als sich Frost und Eis auf ihr niedergelassen hat, ließ sie sich nicht kleinkriegen.

Und schließlich während meines dritten Törns: wenig Zeit, ungünstiges Wetter. Und doch: Wirklich unsicher habe ich mich auf meinem kleinen Schlauchsegelboot nicht gefühlt. Tapfer erklomm meine Kleine jede Welle und trug mich durch – für Binnenverhältnisse – wüste Seen und gefahrvolle Brecher.

Inzwischen träume ich auch von einem anderen Boot. Nach einigen Irrwegen habe ich mich nun endlich für ein Schiff entschieden. Nach mehrmonatigem Durchforsten von Bootsbörsen und Kleinanzeigenportalen habe ich mich erneut verliebt. Die Entscheidung fiel mir dieses Mal bedeutend schwerer als beim ersten Mal. Kein Wunder: Außenelbe, Wattenmeer, Nordsee. Keine leichten Reviere. Und ich habe Pläne. Große Pläne.

Glücklich lächelnd beobachte ich das Spiel der Möwen über dem Wasser. Ja, da draußen gehöre ich hin. Das Meer ruft. Und ich folge seinem Ruf. Was mit BEA wird? Nun, auch für sie habe ich Pläne. An einen Verkauf denke ich noch nicht mal – zu viele Erinnerungen und Emotionen verbinden meine Kleine und mich.

Und doch: Die Törns mit BEA waren erst der Anfang. Bald werde ich wieder die Leinen lösen und Kurs auf neue, großartige Abenteuer nehmen. BEA hat mir das Tor zu einer neuen Welt geöffnet. Es ist an der Zeit, dass ich hindurchgehe.

Wie es weiterging.

Nervös beobachte ich, wie sich die großen Tore der Schleuse öffnen. Das also war schon das Schleusen? Bei meinen Frieslandtörns hatte ich mich immer gefreut, dass ich Schleusen vermeiden konnte. Jetzt stelle ich fest: Es ist halb so wild.

Und doch schlägt mein Herz wie wild. Ich sitze auf meiner neuen, alten BEA ORCA, einem 22 Fuß Kimmkieler. Für mich ist sie schon eine richtige Yacht, ein Segler wie geschaffen, die Welt zu entdecken. Der Inbordmotor schnurrt und ich löse die Leinen. Langsam bewegen wir uns durch den Vorhafen. Die Sonne scheint, ein angenehmer Wind kräuselt das Wasser. Die salzige Luft füllt meine Nase. Das Herz rast, ich muss mich zusammenreißen, um die nötige Konzentration aufzubringen. Zum ersten Mal in meinem Leben bin ich mit einem Segelboot auf dem Meer. Und dann gleich auf der Nordsee. Einhand!

Bald sind wir aus dem Vorhafen raus. Ich drücke den Gashebel ein Stück weiter nach unten. Auf der Jade läuft der Gezeitenstrom mit mehreren Knoten. Und ich muss, will ich nicht auf eine Untiefe gedrückt werden, erst ein Stück rausfahren – ohne mich vom Strom versetzen zu lassen. Dann ist es so weit. Der Vorhafen liegt hinter mir und wir halten zügig auf die erste Tonne zu. Blick nach hinten zum Vorhafen, Blick nach vorne zur Boje. Sie liegen in einer Linie – es passt. Dann: sehe ich mich um. Im Süden sehe ich den Industriehafen von Wilhelmshaven. Nicht hässlich – aber eben auch nicht schön. Und so wandert mein Blick nach Osten und nach Norden. Soweit das Auge reicht, sehe ich Blau. Die See ist blau, ein eher helles, liebliches Blau. Und der Himmel ... Wenige weiße, kleine Wölkchen, der Rest ein einziges strahlendes Blau. Nur mit Mühe gelingt es mir, den Horizont in dieser Symphonie meiner Lieblingsfarbe auszumachen. Meer und Himmel scheinen sich zu vereinen. Dann habe ich es geschafft, die Tonne ist erreicht, ich drehe den Bug gen Norden. Schon in Hooksiel im Hafen hatte ich das Boot vorbereitet. Das Reff ist eingebunden, die Genua angeschlagen. Und so muss ich nur noch an zwei Leinen ziehen, um beide Segel – man stelle sich vor, mein Boot besitzt zwei Segel – zu setzen. Ich stelle den Motor aus, dann segle ich. Es ist ... perfekt. Bis eben war ich aufgewühlt, regelrecht aufgeregt. Mein Herz raste, ich war kaum in der Lage, klar zu denken. Und jetzt ... ich lächle. Ein tiefer innerer Friede breitet sich in mir aus. Ich bin glücklich, absolut zufrieden.

Und ich muss an meine Kleine denken. BEA. Das hier ist ihr Geschenk an mich, gewissermaßen ihr Vermächtnis. Hätte sie mir nicht gezeigt, wie toll das Leben sein kann, wenn man segelt, ich wäre nicht hier. Ich würde weder am Meer wohnen noch – und das ist noch wichtiger – würde jetzt hier nicht auf dem Wasser sein, den Wind in meinen Haaren, die Sonne auf meiner Haut spüren. Bei dem Gedanken an BEA habe ich das Gefühl, als würde das Schicksal selbst seine Hand auf mich legen. So viele Kleinigkeiten. Wären sie nicht geschehen, ich wäre nicht hier. Fast erscheint es mir aberwitzig. Wäre meine Mitseglerin 2014 nicht abgesprungen, wäre ich nicht zufällig auf Schlauchsegelboote gestoßen … Wäre BEA nicht gerade zum Verkauf gestanden … Wäre der Campingplatz am Bostalsee nicht die erste halbe Woche meines geplanten Urlaubs ausgebucht gewesen … Und hätte ich mich nach den Problemen auf dem Sloter Meer nicht dazu entschieden, ans Meer zu segeln und zu rudern – egal wie. Ich wäre heute nicht hier. So viele kleine Dinge führten zu diesem Augenblick. Und doch kann ich es mir in diesem Moment nicht schöner vorstellen. Beim Gedanken an BEA erfüllt mich tiefe Dankbarkeit.

Es ist Zeit. Zeit für neue Abenteuer. Ich grinse fröhlich. Man hat mich für einen Spinner gehalten, als ich mit BEA auf Törn ging. Ha! Dabei weiß außer mir niemand, was ich mit meiner Neuen vorhabe.

Andererseits – warum sollte es bei ihr anders sein? Immerhin ist sie nach einem stolzen, aber häufig unterschätztem Segelboot benannt. Zärtlich streicht meine Hand über das schon etwas angegraute GFK. Dann umschließt sie wieder die Pinne. Mit rauer Stimme flüstere ich ihren Namen: „BEA ORCA."

EGANG
NBEVOEGDEN
461 W.v.S.

Tourenvorschläge.

Falls Sie selbst auf Törn gehen wollen. Eine Reiseroute für ein Schlauchboot-Wochenende.

Mit einem alten Schlauchsegelboot ist man stark vom Wind abhängig. Nicht der Mensch, sondern die Natur gibt den Kurs vor. Doch wer auf das richtige Wetterfenster wartet, kann auch an einem einzigen Wochenende einen tollen Törn erleben.

Freitag

Freitagnachmittag erreicht man mit Auto und dem verpackten Boot Warns und den Yachthafen De Vrijheid. Nach dem Anmelden beim Hafenmeister wird das Boot aufgebaut und ins Wasser geworfen. Obwohl der Hafen dafür gut geeignet ist, verbringen wir die Nacht nicht etwa hier, sondern auf einem Marrekrite-Platz ganz in der Nähe. Hinter der Brücke bauen wir das Rigg auf und nehmen Kurs Ost in Richtung De Morra. Am Nordufer des Sees mündet ein Kanal. Gleich hier finden wir einen Marrekrite-Platz. Ein ruhiger Ort, besonders abends, wenn die Radfahrer und Spaziergänger verschwunden sind.

Samstag

Früh am nächsten Morgen stehen wir auf: Sonnenaufgangssegeln ist angesagt. Mit Kurs auf die nun bald aufgehende Sonne verlassen wir De Morra und segeln in Richtung De Fluezen. Noch sind wir allein auf dem Wasser, es ist still. Auf De Fluezen heißt es Navigieren. Konnte man bisher immer dem Fahrwasser folgen, halten wir uns nun etwas weiter nördlich. Hinter der ersten Marrekrite-Insel peilen wir das Nordufer der nächsten Insel an. Nördlich davon gibt es ein kurzes Kanalstück, über das wir das Grutte Gaastmeer erreichen.

Wieder dem Fahrwasser folgend geht es nach Workum, wo wir endlich eine wohlverdiente Pause einlegen. Ein kurzer Schlag? Mitnichten. Bereits seit sechs Stunden sind wir auf dem Wasser, Zeit für ein kleines Mittagessen.

Doch schon bald sind wir wieder unterwegs. Über das Warkumer Trekfeart geht es nach Norden. Kanalsegeln vom Feinsten. Eine sanfte Brise, saftig grünes Schilf. Zwischendurch ein kleines Dorf am Rande des Kanals. Und obwohl wir sicher das kleinste Boot auf dem Wasser sind, öffnen sich die wenigen Brücken auch für uns.

In Tjerkwerd verlassen wir den Kanal und segeln über den Van Panhuyskanaal weiter nach Makkum, eine beeindruckende alte Hafenstadt. Nach dem Anmelden beim Hafenmeister bauen wir unser Zelt im Stadthafen auf. Was für ein Ort: Mitten in einer historischen Altstadt verbringen wir die Nacht im Zelt. Abends lässt es sich gut durch die Altstadt schlendern. Doch vermutlich wird es nicht spät: Gute 12 Stunden haben wir auf dem Wasser verbracht. Und am nächsten Tag steht ein nicht viel kürzerer Schlag bevor.

Sonntag

Sonntagmorgen. Nach dem Frühstück verlassen wir Makkum nach Süden. Nicht etwa über das Ijsselmeer – sondern über einen winzigen Kanal gleich hinter dem Deich. Dyksfeart.

Immer wieder versperren niedrige Brücken den Weg, wir müssen paddeln. Doch eine atemberaubende Landschaft ist Lohn genug. Weite Felder, dichtes Schilf auf der einen Seite. Auf der anderen der Deich, immer wieder mit grasenden Schafen. Unterbrochen wird dieses Idyll durch zwei kleine Dörfer: Piaam und Gaast.

Eine Handvoll Häuser zwischen hohen Bäumen. Ruhe. Selbst das Paddeln geschieht nur noch unbewusst.

Dann biegen wir ab, nehmen Kurs auf Ferwoude, bevor wir auf das Ferwoudstervaart nach Süden abbiegen. Ein etwas heikler Kanal. Es fehlt nicht viel und man könnte beide Ufer gleichzeitig mit ausgestreckten Armen berühren. Noch kritischer ist die Wassertiefe: Sie beträgt nur 50 Zentimeter, manchmal sogar weniger!

Schilf wächst hier praktisch keins und so bietet sich ein seltener Anblick: weite, grüne Felder. Die Brücken sind zahlreich und niedrig, aber kein Problem. Man ist fast schon traurig, wenn man Workum erreicht.

Der halbe Tag ist vorbei, Zeit für ein Mittagessen, bevor wir die Stadt verlassen. Statt in Richtung Grutte Gaastmeer geht es über De Horsa zum Nije Feart. Wieder so ein idyllischer kleiner Kanal. Bis auf wenige Ausnahmen liegen die Brücken hier weit voneinander entfernt und so kann man, wenn man mag, zwischendurch immer wieder den Mast stellen und Segel setzen. Über das Koudumer Far und De Grünzen geht es in Richtung Molkwerum.

Nun sind wir wieder am Ijsselmeerdeich – und in einem kleinen Paradies. Ein Häuschen, ein großer Baum. Der grüne Deich. Und auf der anderen Seite eine weite Schilflandschaft, die sich plötzlich öffnet und den Blick auf kleine Seen preisgibt. Schafe, die auf dem Deich grasen, eine kleine Hütte. Viel zu schnell liegt dieser Abschnitt hinter uns. Stavoren wird erreicht. Wir legen beim Supermarkt an, um uns mit friesischen Leckereien wie Käse und Vla einzudecken, bevor wir die letzten Meter nach Warns segeln, die Sachen packen und wieder nach Hause fahren.

Anreise

Törnstart in Warns, im Yachthafen „De Vrijheid". Zelten und Auto abstellen gegen geringe Gebühr möglich. Bei ungewisser Törndauer auch ganz unproblematisch bei der Rückkehr zu bezahlen. Sanitäranlagen selbst im Winter geöffnet.

Orte

Auf dem Wasser sind die wohl schönsten Orte jene, zu denen kaum jemand segelt. Egal ob man mit dem Schlauchboot oder der großen Yacht unterwegs ist: Frieslands versteckte Kanalwunder zu besuchen ist absolut empfehlenswert. Diese idylischen Kanäle erreicht man nur mit geringem Tiefgang und flachen Booten. Doch sollte man auch die Ortschaften nicht links liegen lassen. Neben den viel besuchten Hafenstädten am Ijsselmeer sowie Sneek, Heeg und Woudsend ist Boulsward empfehlenswert. Auch mit stehendem Mast kommt man hier hin. Eine bezaubernde alte Stadt mit prachtvollen Bauwerken aus dem goldenen Zeitalter und einer Altstadt zum Verlaufen.

Für kleinste Boote empfiehlt sich auch ein Ausflug nach Easterlittens oder Witmarsum. Beide Orte haben ihren Reiz. Wer einmal eine andere Seite von Friesland sehen will, die man als Dickschiff-Segler leicht übersieht, ist hier richtig.

Außerdem sehenswert: Harlingen. Eine fantastische Stadt direkt am Wattenmeer. Die Masten einer ganzen Flotte von Traditionsseglern recken sich über die Dächer der Stadt. Plattboden- und Rahsegler haben hier ihren Heimathafen. Die Stadt ist durchzogen von Kanälen. Dazu eine ganze Reihe uriger kleiner Geschäfte – hier kann man gut mehrere Nächte verbringen.

Marrekrite

Marrekrite-Website (Niederländisch):
http://www.marrekrite.frl/home

Infos zum Zelten auf Marrekrite-Plätzen auch auf dem Blog von Sebastian Janotta:
http://segeln-ist-leben.de/home/2015/12/10/segeln-blog-marrekrite-wild-campen-niederlande/

Impressum.

Verwaltungssitz: Nymphenburger Straße 101, D-80636 München.
Geschäftsleitungssitz: Osterseenstraße 10 B, D-82393 Iffeldorf.

Web: http://www.millemari.de

Autor: Sebastian Janotta.
Lektorat: Susanne Guidera/www.concepts4u.de
Korrektur: Leonie Zimmermann.
Layout: Susanne Guidera. Wolfgang Appun – bora-dtp.
Coverfoto: Jan Zier.
Covergestaltung: Susanne Guidera.

Buchausgabe: ISBN 978-3-946014-61-4
PDF-Ausgabe: ISBN 978-3-946014-58-4
Tolino-Ausgabe: ISBN 978-3-946014-60-7

Mehr im Web unter: www.millemari.de

Holger Peterson

MEIN BOOT
IST MEIN
ZUHAUSE.
Technik & Tipps, um das ganze Jahr in
Deutschland an Bord zu leben
millemari.
2., erweiterte Auflage.

Holger Peterson
WIE WIR
IM NORDEN
SEGELN.
Paloma
Eine Liebeserklärung
an Watt, Gezeit und Siel.
millemari.